상한 감정 버리기

KB192920

감정을 감성으로 리셋하라

상한 감정
버리기

도은미

규장

감정은 죽이고!
감성은 살리고!

지금처럼 감정이 중요한 시대는 없었다.

"내 행복이 중요해!"
"네 마음이 원하는 대로 살아!"
"네가 불행하면 아무 소용 없어."

이런 말들이 대세를 이룬다. 내가 죽겠는데 남 살리는 게 무슨 소용이냐는 자기주의, 개인주의, 이기주의가 우리의 자연적인 의식주가 되었다.

개인주의 세대와 상한 감정 이슈

연애, 결혼, 출산, 경력, 주택, 인간관계, 희망 등을 다 포기한 '한국의 N포세대', 결혼과 취업을 포기하고 최소한의 생계비만 벌며 돈을 쓰지 않고 바닥에 드러누워 지낸다는 '중국의 탕핑족', 금수저로 태어나 개인의 노력이나 능력과 상관없이 계급이 대물림된 '일본의 오야가차족', 그리고 'Financial Independence'와 'Retire Early'를 추구, 40대가 되기 전에 경제적 기반을 갖추어 조기 은퇴를 꿈꾸는 '미국의 파이어(FIRE)족' 등 앞으로 다른 어떤 새로운 세대가 일어난다 할지라도 그들은 더욱 '감정'으로 움직이는 세대들이 될 것이다. 문제는 강하든 약하든 상관없이 상한 감정이 가장 큰 에너지원이 된다는 것이다.

하나님은 지워가면서 사람의 가치가 더욱 중요해지는 이 세대와 오는 세대의 이슈는 '상한 감정'이다. 상한 감정을 다룰 줄 알면 부자가 되는 것은 물론, 막강한 권력을 얻어 절대적인 권세자가 될 수도 있다. 경제도, 정치도 감정 테크놀로지다. 모든 문화 역시 감정 코드이며, 교육도 감정 언어다. 과학이 대단히 이성적이라고 하는데, 지극히 이성적이어야 할 과학이 매우 감정적으로, 특히 상한 감정에 좌지우지되어 기울어진 결과를 만들어낸다는 사실도 알아야 한다. 법에 의한 재판까지도 권력자들의 상한 감정만큼 내려지는 판결 결과에 아연실색하게 된다.

한국 교회에서도 지난 30여 년간 내적 치유 사역을 통해 상한 감정에 집중하고, 상한 마음을 달래주고, 상처받은 사람을 조심스레 대우하고, 그 상처를 준 자를 나무라고, 상처의 문제를 중요하게 다뤄 그 사람이 다시 힘을 얻어 상처를 딛고 일어설 수 있도록 도와왔다. 믿음으로 다시 태어난 새사람을 강화시키는 데 집중하기보다 상처 입은 옛사람을 치유하고 회복시키는 데 집중해왔다고 할 수 있다.

우리의 모든 죄악과 허물을 사하시고, 우리를 구원하시기 위해 십자가에서 못 박혀 돌아가신 예수, 그분의 보혈의 공로를 믿음으로 말미암아 새사람으로 살아야 하는 하나님의 자녀, 하나님의 아들이 오히려 이미 예수 안에서 죽은 옛사람을 부활시켜, 그 옛사람의 상한 감정과 상처를 치유해달라고 애절하게 간청한다니…. 우리가 왜 이렇게 잘못되고 힘없고 권세 없는 크리스천이 되었는지 진지하게 생각하고 자기 자신에게도 질문해보아야 한다.

개인이 중요하고, 개인의 인권이 중요해서 개인이 받은 상처까지 신중히 다루어야 한다면 그것까지도 좋다. 그렇지만 우리는 더 이상 상한 감정으로 움직이는 옛사람이 아니다. 우리에게는 우리를 사랑하시는 하나님이 계신다. 우리의 구주가 되시는 예수님, 보혜사 성령이 계신다. 우리는 하나님의 아들이 되는 권세를 얻은 새사람이다. 하나님의 감성이 열려 새 생명과 새 생활과 새 언어를 획득한 새사람으로 살아가야 한다.

상한 감정만 잘 처리하면 가치 있는 인생을 살 수 있다

감정이란 상하고 변질된 감성이다. 이 책은 감정과 감성을 구분하여 설명한다. 죄를 짓기 이전의 사람의 감정 상태를 '감성'이라 정의하고, 죄로 인해 상하고 변질된 감성을 '감정'이라고 정의한다. 하나님은 감성을 소유하시고, 그 감성을 신의 성품으로 소개하신다. 구원받으면 우리의 상한 감정은 옛사람과 함께 죽어 없어지고, 새사람은 오리지널 감성으로 다시 리셋된다. 새 마음을 주신 것이다.

이 책에서는 상한 감정(상감)과 변질된 감정(변감)을 설명하고, 그 악함을 신고하고, 그 죄를 고발하고자 한다. 상감 때문에 얼마나 많은 사람과 가족들이 무너지는지, 그 피해의 심각성을 알리는 데 목적이 있다. 우리가 상한 감정이나 변질된 감정에 대한 기본 정보와 대체 방법을 인지하는 것은 우리의 일상을 건강하게 지킬 수 있는 중요한 준비가 될 것이다.

상감의 영향력은 한 사람의 내면의 아픔에만 머물지 않는다. 상한 감정은 자기 진리로 움직이기 때문에 쉽게 포기할 수 없고, 시간이 지날수록 복수에 불타는 악한 에너지로 창궐하게 된다. 코로나 확산보다 더 무섭게 전 세계를 죄와 악으로 장악한다. 이 상한 감정은 치유하는 것이 아니라, 예수의 이름으로 필히 제거해버려야 하는 악이다.

이 책의 1부에서는 감정이라는 기본 언어와 상감을 설명하며, 상감이 어떻게 가정 시스템을 형성하는지 설명한다. 2부에서는 감정이 뇌 시스템으로 작동하며, 감정을 가르쳐야 하는 기능으로 설명하고, 우리가 상감을 생활 언어로 다듬어가는 방법을 소개한다. 3부에서는 상감과 변감의 처리와 대처법 그리고 상감과의 전투를 준비하는 방법을 설명한다. 4부에서는 새로운 능력인 감성에 대해 설명하고, 사랑이라는 감성의 능력을 풀어내며, 신의 성품과 사랑으로 풀어내는 감성의 희로애락에 대해 설명한다.

　사실 인생은 별것 없다. 우리가 상한 감정만 잘 처리한다면 가치 있는 인생을 살 수 있다. 그렇지 않으면 상한 감정이 우리의 가치를 이기고, 우리는 상한 감정의 노예가 된다. 나 자신의 값과 격과 질을 갖추려면 상감을 다스릴 줄 아는 이 비즈니스에 성공해야만 한다. 우리나라가 진정한 선진국이 되기 위해서도 이 상감을 잘 다스릴 줄 알아야만 한다.

도은미 목사

Contents

감정 언어를 정리하라

1

01
상한 감정이 건드려지다

모든 만물은 각기 고유한 언어를 소유하고 고유한 방법으로 소통한다. 그중 탁월한 것은 당연히 사람이다. 하나님이 사람에게 만물을 다스리고 지키라고 당부하신 이유이기도 하다. 즉 사명을 이행하도록 하기 위해 다른 어떤 만물보다 사람에게 탁월한 언어 능력을 주신 것이다.

사람은 언어를 생활 도구로 삼아 자기 표현, 자기 방어뿐 아니라 과거를 기억하고, 현재를 풀어내며, 미래를 개척하는 능력도 발휘한다. 알지 못하는 영적 세계를 궁금해하고, 그 영원을 사모하기도 하며, 자기 보호를 위해 영적 국경선을 넘나들기도 한다. 이 모든 것이 감정과 감성의 언어와 직접적인 관련이 있다면 당신은 놀라겠는가?

감성은 변질된 감정의 오리지널 상태다. 사람이 창조되었을 때부터, 하나님의 형상과 모양대로 지음 받았을 때부터, 에덴동산에서부터, 죄를 짓기 이전부터, DNA처럼 장착된 선한 언어 시스템이다.

그래서 감성은 하나님의 오리지널 성품이다. 사랑, 기쁨, 은혜, 자비 모두 하나님의 감성이다.

사람이 자기의 욕구와 필요 때문에 발휘하는 감정과 하나님이 일을 행하시기 위해 사용하는 감성은 반드시 구별되어야 한다. 하나님이 진노하셔서 어떤 행동을 하셨다면 그것은 감정의 요동 때문이 아니다. 하나님의 거룩하고 건강한 감성에 의해 작정된 행동이기 때문이다.

첫 조상 아담과 하와

아담과 그의 아내 하와는 인류의 첫 조상들이다. 에덴동산에서 선악과를 먹기 전과 먹은 후 그들에게 어떤 변화가 있었는지 상세히 관찰하고 연구해보면 감정의 자물쇠를 열 수 있는 열쇠를 찾을 수 있을 것이다.

아담의 아내가 뱀과 대화했다. 대화의 대상자를 선택하는 일은 매우 중요한 사안이다. 문제가 생겼을 때 누구를 만나느냐에 따라서 일이 다르게 풀려가기 때문이다. 뱀은 가려운 곳을 긁어주는 간사한 동물이다. 문제는 아담의 아내가 가려웠고, 뱀이 그 부위를 긁어주게 되었다는 사실이다.

여자가 뱀의 말을 듣고 나무의 열매를 쳐다봤을 때 열매는 먹음직도 하고 보암직도 한 열매로만 보이지 않았고, 지혜롭게 할 만큼 탐스럽기도 한 열매로도 보였다. "지혜롭게 할 만큼 탐스럽다"라는 여자의 말이 끼어들어 있다. 꼭꼭 숨겨온 여자의 개인 언어가 살아나고 감정이 요동치기 시작한 것이다.

뱀은 이미 여자에게 "지혜롭고 싶다"는 언어가 있음을 알았다. '지혜롭고 싶음'의 대상은 아담과 하나님이었을 것이다. 그래서 나무의 열매를 먹으면 하나님과 같이 되어 선악을 알게 된다는 뱀의 말이 하와에게는 곧 아담이나 하나님처럼 지혜로워질 수 있다고 해석된 것이다. 결국 "탐스럽다"는 말이 그 결과가 되었다. 여자는 정말 지혜로워지기를 원했기 때문이다.

여자는 당연히 자유 의지를 사용했다. 여자가 자유 의지를 발동한 원인에 대하여 우리는 특별한 관심을 가져야 한다. 그 자유 의지는 여자의 마음대로 결정하는 것을 의미한다. 지혜롭기를 탐하는 마음이 여자의 마음속에서 이미 일하고 있지 않았다면, 절대 뱀의 말에 클릭되어 그 열매가 탐스럽다고 생각하지 않았을 것이다. 그래서 자유 의지의 다이내믹을 '상한 감정의 요동'이라고 해석하고 그 이유를 설명하는 것이다.

죄성과 상감의 가정 시스템

가족과 가정은 서로 다른 언어다. 가족은 사람이고, 가정은 그 가족들이 살아가는 생활 시스템이다. 아담, 하와, 가인, 아벨은 한 가족이고, 그들이 살아가는 생활은 가정 시스템이다. 여기서 아담의 가정에 대해 잠시 이야기해보자.

죄를 짓고 에덴동산에서 쫓겨난 후 하와가 임신하여 아들 가인을 낳았다고 성경은 알려준다(창 4:1). 가인에게 아벨이라는 동생이 있었는데, 성경은 아담의 두 아들을 직업으로 소개한다. 가인은 농사 짓는 자이고, 아벨은 양 치는 자이다(창 4:2). 따라서 당연히 가인은 여호와께 곡식을 바쳤고, 아벨은 양을 바쳤다. 문제는 여호와가 가인과 그의 제물은 받지 않고, 아벨과 그의 제물은 받았다는 것이다.

화가 난 가인이 동생을 죽이게 되고, 그 후 그는 땅에서 피하며 유리하는 자가 되는 벌을 받게 된다. 그러나 가인은 그것을 무시하고 에덴 동편, 놋 땅으로 가서 자식을 낳고 성을 쌓았고 그 성의 이름을 자기 아들의 이름을 따서 붙였다(창 4:16-17). 에덴에서 쫓겨난 지 겨우 한 세대밖에 지나지 않았는데 가족이 가족을 죽이고, 가정 안에 시기와 분열과 차별과 차이가 존재하며, 악은 팽창했고, 불순종이라는 성을 높이 쌓게 된 것이다.

가인은 여호와를 잘 몰랐다. 부모님을 통해 들은 이야기가 전부였다. 먹지 말라는 과일 하나 먹었다고 에덴에서 자기 부모를 쫓아낸 신으로 알고 있기 때문에 여호와에 대해 좋은 인상을 가지고 있지 않았다. 물론 자기와 자기 제물을 받지 않은 여호와에게 그 이유를 묻지도 않았다. 자존심이 상해 여호와가 선택한 동생 아벨을 죽였고 여호와를 조롱했다. 마치 부모에 대한 복수라도 하듯이 가인은 떳떳했다.

여호와로 인해 망가진 자신의 부모와 가정. 이제 겨우 안정을 찾고 살아가는데, 그 무책임한 여호와가 나타나 또다시 가정이 풍비

박산이 나다니, 가인은 치를 떨었을 것이다. 가인은 자신의 죄를 인정하지 않았고, 죄의 값을 받아들이지 않았다. 자기는 여호와가 없어도 잘 살 수 있음을 증명할 뿐이었다. 가인은 상한 감정(상감)으로 자기의 자존심과 생존 이외에 다른 어떤 것에도 '값'을 주고 싶지 않았다. 이것을 상한 감정(상감)이 영성을 이긴 상태라고 설명할 수 있다.

사람이 죄인이 되었어도 하나님은 먼저 사람과 관계 회복을 시도하셨다. 그러나 이미 상해버린 가인의 감정은 지속적인 반항과 불순종으로 응답했다. 상한 감정이 오해를 생산하고, 상한 만큼 상황을 악화시키는 것이다. 하나님을 원수 삼고, 복수심에 불타 하나님을 배척하는 상황까지 이른다. 동생 아벨을 통해서 하나님이 원하시는 제사와 제물이 가난한 심령임을 알게 되어 감사하는 것이 아니라, 자기중심적이고, 개인적이고, 이기적이고, 공로주의적인 가인이 자신의 인생과 가족과 가정으로부터 하나님을 제외하고 삭제해버리고 만 것이다.

먹지 말라고 한 선악과를 먹고 죄를 지어 에덴동산에서 쫓겨난 아담의 사건이 동생을 살인하는 죄로 증폭되어 죄질은 더욱 나빠졌고, 죄값은 심히 중해졌다. 사건의 동기와 이유 같은 것은 알 바 아니었다. '내가 바친 제물이 더 값진데, 나와 내 제물은 거부하고, 하찮은 동생과 그의 제물을 받은 여호와는 나와 상관이 없다.' 그의 상감이 이미 그가 처한 상황을 정리해버렸기 때문이다. 상한 감정이 만들어놓은 오해를 진리 삼아 긴 만리장성을 쌓고 무 자르듯 하나님을 베어낸 것이다. 이것이 아담이 가인에게 물려준 죄성이자 상한 감정이다. 그렇게 가정은 전염되어 상한 감정의 시스템을 형성했다.

아담 부부는 오랜만에 마음을 가다듬고 여호와를 만날 만반의 준비를 마쳤다. 다시는 볼 수 없을 줄 알았던 하나님이 아들들을 부르시니 얼마나 감격스러운 일인지 그들의 가슴은 감개무량했을 것이다. 만약 이번 일이 잘되면 다시 에덴으로 돌아갈 수도 있다는 소망에 부풀었을 것이다.

그런데 일이 좋은 방향으로 풀리지 않았다. 하나님이 큰아들 가인과 그의 제물을 받지 않으시자 자존심이 상한 가인이 동생을 쳐 죽이는 사건이 발생한 것이다(창 4:1-15). 가인은 이 모든 상황이 하나님의 잘못된 판단 때문이라고 확신했다. 그는 상감 때문에 상황 판단 능력이 온통 자기에게 기울어져 있음을 알지 못했다.

사탄, 마음이 상할 대로 상한 자

죄인이 된 이후 아담의 가족들은 상한 감정으로 작동했다. 상감이 퍼지자 상감이 사람을 주관하는 힘이 되었다. 상감이 사람의 마음을 좌지우지하는 강력한 언어가 된 것이다. 사람이 자기 마음대로 하거나 자유 의지를 사용한다는 말은 곧 "상감에 따라 움직인다"는 것이다.

이제 상감이 왕노릇 한다. 사람이 욕심을 내고, 탐심이 작동하여 악을 행하도록 부추긴다. 양심에 화인을 맞아 어떤 가책도 받지 않고, 철벽같은 자기중심성으로 자기 성을 쌓게 한다. 악한 힘이 작동한다. 상감으로 저지르는 악이 그 끝도 모른 채 두려움 없이 악을 행한다.

상감은 사탄의 언어다. 이 세상과 또 영원에서 사탄보다 더 상한 자는 없다. 하나님같이 되고 싶었는데 타락한 천사가 되지 않았던가. 사탄은 회개하지도 못하고, 용서받지도 못하는 처지에 놓여 상한 채 그대로 산다. 그러니 사탄이야말로 상한 감정의 끝판왕이요 끗발왕이다. 상감의 상감이다. 상감으로 작동한다면 그것은 다 사탄에게 속하는 것이다.

상감으로 사는 사람은 하나님의 영적 가치로부터 단절된다. 오리지널 감성 능력은 잠금 상태다. 죄와 악에 민감하지 못하며 그것을 불의라고 선포하지 못한다. 양심이 살아서 모든 착함과 의로움과 진실함으로 판단하여 결정할 수 없으며, 수치를 알아서 오히려 부끄러워할 줄 아는 능력을 상실했고, 약하고 부족하고 가난하고 아픈 자들을 긍휼히 여기며, 불의에 분노할 줄 아는 감성이 더 이상 정상적으로 작동하지 않는다.

상감으로 작동하면 상감으로 모든 것을 결정하고 행동하기 때문에 많은 사건 사고에 노출되어 살아간다. 악이 꼬이고 죄가 성행한다. 세대가 지나갈수록 사람들은 깊은 구덩이에 자기 양심을 파묻고, 선은 그 존재 자체도 알고 싶어 하지 않는다. 악이 판치는 세상에서 악에 길들여져 살아가고 악이 길라잡이가 된다.

상감자들은 자기 증명, 자기 강화, 자기 보호, 자기 유익의 '자기

세우기'를 진행하면서, 소통, 불통의 투쟁자로, 관계 능력의 불가자로 살아간다. 상감이 얼마나 악을 저지를 수 있는 능력인지 상상하기 어렵다. 아닌 척, 모르는 척, 착한 척하며, 척척 살아간다. 아닌 걸 알면서 자기가 하는 모든 짓은 다 옳다고 믿으려고 애쓴다. 모든 종류의 거짓말과 사기와 억압과 핍박은 물론 어린아이들을 선동하여 사람을 죽이게도 하고, 그들을 정치선전에 이용하기도 하며, 성적 쾌락의 대상으로 삼기도 한다. 이토록 파렴치한 악한 짓거리들이 다 상감의 능력이다. 선악과를 따먹은 결과이기에 선도 악이고, 악도 악이다.

나 홀로 생존하는 자궁 세상

전혀 다른 두 세포가 연합하여 만 9개월여 끊임없이 변화와 성장의 몸부림을 치는 것은 오직 태아가 사람으로서 적격한 모양을 갖추기 위해서다. 그 생명력은 가히 원자 폭탄급이다. 정말 놀라운 생명력이다.

자궁은 태아가 홀로 생존하는 세상이다. 거기서는 완벽한 개인주의가 통한다. 이기주의자라도 문제없다. 자기밖에 몰라야 살아남을 수 있다. 자기가 왜 자궁에서 사는지, 누가 영양분을 공급해주는지, 내일은 무슨 일이 일어날지, 보이는 것도, 들리거나 만져지는 것도 없지만, 이유와 목적은 몰라도, 홀로 자기 몸 만들기에 성공하면 된다. 이것이 자궁 세상이다. 세포가 태아가 되어 사람의 몸의 구조를 갖추는 것이 자궁-생존의 사명이기에, 자궁에서는 여기에만 집중하면 된다.

또 다른 태아의 사명은 출-자궁의 사명이다. 몸 만들기에 집중해 왔던 태아는 출-자궁의 '때'를 맞이한다. 자기 의지와 상관없이, 자기가 살던 자궁을 탈출하여 전혀 다른 세상으로 입성해야만 살 수 있다. 태아는 과연 출-자궁이라는 사명을 이해했을까? 절대 아니다. 완전 충격이고 또 충격이다. 엄마가 자궁에서 태아를 내쫓으려는 시도는 아기를 당황스럽게 하고, 배신감과 거절감과 공포에 휩싸이게 한다. 상상을 초월한다. 그러나 출-자궁을 하지 못하면 자기를 키워준 자궁은 곧 무덤이 된다. 그렇게 애써 몸을 만든 이유와 목적이 출-자궁이라니! 태아는 또 다른 라이프 스테이지(life stage)로 들어가기 위해 나 홀로 생존하던 자궁-생활을 청산하고 출-자궁을 해야만 살 수 있다. 아니면 죽는다.

자궁은 대기실 같은 곳이다. 정해진 시간이 되면 그 방을 떠나야만 한다. 출-자궁 할 때 태아는 실오라기 하나 걸치지 않은 알몸이다. 탯줄까지 끊어야 산다. 자궁은 세포가 사람이 되는 과정을 위해 특별하게 준비된 임시공간일 뿐 다른 어떤 값도 없다. 그야말로 대기실이다. 자궁에서 산 만 9개월은 백 년의 다른 세상을 위한 전주곡과 같다. 본격적으로 곡이 시작되면 기억도 나지 않게 된다. 자궁과 그 생활은 더 이상의 값이 없다.

태아는 만 9개월 동안 머리, 몸통, 손발을 갖추고, 뇌를 갖추고, 눈코입귀, 오장육부를 갖추고, 손발톱과 머리카락뿐만 아니라, 모든 세포와 핏줄과 힘줄과 근육과 골격을 갖추었다. 이 엄청난 일을 스스로 성실하게, 열심히, 홀로 이루어낸 것이다. 우리는 모두 이 엄청난 첫 번째 사명을 잘 해낸 장본인들이다. 그 자체만으로도 우리는 박수받고 축하할 만하다. 여기서 한 가지! 자궁생활이 지극히 개인주의적이었다는 것을 기억하자. 홀로 살아내고, 홀로 살아남았어야 한다. 나 홀로 자궁에서! 쌍둥이나 다둥이는 자궁 안에서부터 공생을 배웠고 홀로 사는 것이 무엇인지 한 번도 경험해보지 못해 외로움에 더욱 취약할 수 있다. 밀착된 공생을 경험했기 때문에 밀착된 관계가 더욱 필요 조건이 되어 오히려 취약점으로 작동할 수도 있다.

어쨌거나 일단 자궁을 빠져나온 아기는 스스로 아무것도 할 수 없다. 태어난 아기가 새 출발하는 데는 누군가의 도움이 절실히 필요하다. 그 상황적 조건에 적응하는 것이 아기의 첫 사명이기도 하다. 이 세상은 서로 도와야 살 수 있는 시공간이다. 그런데 어떤 이에게는 이것이 평생 이루어야 할 사명이 되기도 한다. 때로는 "네 이웃을 네 자신과 같이 사랑하라!"는 주님의 말씀을 평생 이루지 못하기도 한다.

출-자궁 한 아기는 누군가의 무조건적인 사랑을 받는 것으로 시작해야 하는 조건에 놓인다. 아기에게 젖을 주고, 기저귀를 갈아주고, 재워주고, 놀아주고, 웃어주고, 살을 비벼주고, 안아주고, 보호해주고, 아기를 대신해서 생활해주는 누군가의 헌신과 봉사와 섬김이 있어야만 아기는 성장한다.

그 영향력은 이루 말할 수 없이 크다. 홀로, 알몸으로 사는 것에 익숙했던 아기는 출-자궁 하자마자 사람들의 손에 닦여지고, 만져지고, 싸여지고, 입혀지고, 안겨진다. 그 무엇도 자기 의지대로 할 수 있는 것이 없다. 누군가의 도움에 온전히 의존해야만 살 수 있다. 다 새롭다. 아는 것이 없다. 할 수 있는 것도 없다.

그러나 아기의 홀로살이의 경험은 이미 세포 세포에 각인되어 있으며, 평생 사는 동안 영향력을 끼치는 언어 시스템이요, 생존의 기초 언어가 된다. 홀로 사는 것이 편안한 그 마음의 언어로 말이다.

난 혼자가 좋아

태아는 감정 언어로 소통한다. 세포가 무슨 소통을 하느냐고 묻지 말라. 아기의 세포는 엄마가 주는 모든 영향력에 감정 주파수로 반응한다. 아빠가 엄마의 배를 만지며 태아에게 사랑한다고 말했을 때, 아기의 세포는 아빠의 한국말을 알아듣는 것이 아니다. 감정의 주파수를 느끼고 반응하는 것이다. 엄마가 행복해하고, 아빠가 흐뭇해하는 것이 감정 주파수로 전달되고 입력된다. 태아의 기본 언어인 감정 언어는 어떤 언어보다도 강력하게 작동하기 때문에, 엄마의 미묘한 감정의 요동에도 민감하게 반응하는 능력이 된다. 이 능력이야말로 아기에게 가장 큰 능력임을 기억하기 바란다.

남편이 아내의 배를 만지며 태아에게 사랑한다고 고백했다고 상상해보자. 그 순간 임신한 아내에게는 관심이 없으면서 아내가 삐

칠까봐 다른 사람들이 다들 한다는 대로 흉내를 낸 상황이라면 태아는 엄마의 서글픈 행복을 감지한다. 아기가 태어나 불안해하고, 민감하고, 쉽게 놀라고, 잘 울고, 뭔가 불편하다면, 그것은 자궁에서부터 느껴왔던 감정의 결과라고 말해도 틀리지 않다.

자궁에서 자란 태아가 아기가 된다. 아기는 인형도 로봇도 아니다. 살아 있는 사람이요, 엄연한 존재다. 이런 뚜렷한 생명관이 없이 아기를 돌보면 아기를 온전한 사람으로 성장시키지 못한다. 캄캄한 자궁 세상에서 홀로 생존했던 태아는 새로운 세상의 돌봄이 무척 신선하고, 무척 이상할 것이다. 적절히 잘 돌보아주는 사람이 있다면, 그 경험은 '뭐지? 날 돌봐주는 사람이 있네. 참 좋은 세상이네, 엄마가 날 좋아하네, 자궁보다 낫네!' 이런 기억으로 기록되어 행복한 아이로 자라도록 도울 것이다. 혹 그런 좋은 돌봄이 없다면 자궁에서 경험한 홀로살이를 그리워할지도 모른다.

아기의 이런 홀로-생존력은 새로운 세상으로 진입해야 할 목적과 사명을 희석시키고, 가족으로 살아야 하는 새로운 사명을 깨닫지 못하게 하는 불상사를 일으킬 수도 있다. 가족이라는 울타리와 그 관계에서 오는 좋은 경험이 부족할 경우 가족성과 공동체성이 내재되지 못하여, 살면 살수록 외로운 늑대, 쓸쓸한 여우가 된다. 침대 밖으로 나오지 않고 자기 방에 틀어박혀 관계를 단절하고, 가짜 컴퓨터 세상에서 홀로 생존한다. 동굴을 찾아 들어가 나오지 않는 미성숙한 성인 아이가 즐비한 세상이 된다.

가족이 힘들어

자기가 가족의 일원이라는 진리는 생후 몇 개월 이내에 아기에게 각인되어야 하는 중요한 정보다. 그렇지 않으면 가르쳐도 알지 못하는 비밀이 되고 만다. 가족이 무엇인지 몸으로 체험하는 것이 출-자궁 이후의 으뜸 사명이다. 가족으로 묶여 상부상조하며 사는 것을 배우는 것이다. 먹고, 자고, 입고, 싸고, 관계하는 것을 배우면서 아기는 개별적인 한 사람이자 가족의 일원이면서 가족과 한 몸이라는 것을 깨달아야 한다.

어른이 된다는 것은 '가족 하는 능력'을 갖춰나가는 것이다. 우리가 세상에서 사는 목적은 열심히 일해서 물질적 성공을 이루는 것이 아니라 가족으로 사는 것이 무엇인지 몸소 체험하여 가족을 이루는 것이다. 이 세상 역시 출-세상 하기 위한 대기실과 같은 곳이기 때문이다. 그다음 세상은 진정한 '하나님의 가족'이어야만 입국할 수 있는 '가족의 나라'가 아니던가.

출-세상 후 영원한 세상으로 들어가려면 언어가 필요하다. 미국에 가더라도 영어가 필요한 것처럼 말이다. 우리가 이 세상에서 가족으로 살아가는 것이 영적 언어의 필수 조건이 되는 이유는 영원한 세상은 진정한 가족만 사는 세상이기 때문이다. 그 가족 언어는 당연히 자기의 모국어로만 깨달을 수 있는데, 가족이 다 상한 감정으로 작동하고 있어서 건강한 가족 언어를 경험하기 어렵다는 것이 문제가 된다. 상처로 뒤범벅되어 있으면서 어떻게 영적 세상을 그리워하며, 무슨 영원한 가족 세상을 소망하겠는가. 듣기 싫고 가기 싫은 곳이 천국이 될 것이다. 가족이어야 하고 가족으로 살아야 한다면, 천국도 싫다고 할 판이다. 이처럼 상감 언어는 이 땅에서 가장 개인적이고, 악하고, 강한 언어다. 죄로 변질되고 상해서 자기밖에 모르는 극치의 이기주의적 언어다.

아기는 아직 귀가 잘 들리지도 않는다. 눈 역시 6년 정도 성장을 거듭해야만 완성된다. 뇌도 10년 동안 발전에 발전을 거듭해야 제 기능을 다할 수 있다고 하니, 태어났지만 아직 뭐 하나 온전한 것이 없는 상태라고 할 수 있다. 따라서 태어난 아기에게 얼마나 건강한 돌봄으로 가족이라는 언어가 새겨지도록 돕느냐가 관건이다.

가족에서 영원으로

태아가 자궁에서 사람의 조건을 갖추고 출-자궁을 하듯이, 우리는 이 세상에서 가족성과 공동체성을 갖추고 나서 출-세상을 해야 한다. 그래야 가족-세상인 영원-세상에 입성할 수 있다. 우리가 영원한 세상으로 가려면, 반드시 하나님의 아들이어야 하기 때문에 그 가족성을 갖추지 않았다면 천국 입성은 어렵다. 자궁에서는 누가 부모인지 미처 모르고 세상에 태어나지만, 영원한 세상은 누가 자신의 아버지인지를 확실히 알아야만 입성할 수 있다.

개인주의자, 이기주의자, 홀로-생존자, 자기중심적인 자는 영원한 세상에 들어갈 수 없다. 그 자체가 지옥행이다. 만약 우리에게 죽음이 끝이라면 윤리니, 도덕이니, 법이니, 양심이니 다 쓸데없는 언어들이다. 오늘 내가 살고 싶은 대로 살면 그만이다. 훔치고 빼앗고 죽인다고 문제될 것이 무엇인가. 가족과 함께 공동체와 함께 살려니 윤리와 도덕이 필요한 것이다.

이 세상은 사람과 사람 사이에 차이가 있고 구별이 있으며, 갑과 을의 관계가 뚜렷하고, 사닥다리가 확연한 높낮이 관계에서 살아간다. 사람을 부리고, 사람 위에 군림하고, 사람을 종으로 삼으면서 자기는 하나밖에 없는 왕이 되기를 소망하는 세상, 자기만 행복하면 타인의 고생은 아무 상관이 없고, 혹 힘들면 일찌감치 자살하는 것이 최고의 지혜가 될 수도 있는 그런 세상 말이다.

홀로-생존에는 가족이 필요 없다. 하나님은 없다면서 살아간다. 그런데 지독한 독재자들도 자기 가족은 끔찍이 귀하게 여긴다. 아무리 험악한 사람이라도 자기 가족에 대해서는 기본 양심이 발동하는가보다. 가족이라는 언어가 가지는 가치는 몇천 년이 지나도 여전히 건재하다. 그래서 가족을 무너뜨리려는 사탄의 수고로움이 한층 더 고약해지는 것 같다.

가족 하는 능력

가족 하는 능력은 매우 의도적이어야 한다. 애쓰고 수고하고 희생하고 사랑하는 것은 물론, 합당한 값을 치르는 훈련이 일관되게 반복적으로 지속되어야만 한다. 홀로 생존하던 자궁-생활에 익숙했던 아기에게도 누군가가 전적인 책임감을 가지고 돌봐줘야 생존할 수 있는 가족생활에 적응하는 것이 무척 어려웠을 것이다. 목도 가눌 수 없고, 손 하나도 원하는 대로 움직일 수 없기에 억지로라도 가족 하는 것을 배워야만 하는 조건 가운데 놓인 것이다. 의존하고 의지해야만 생존할 수 있다. 그렇게 판이 짜여져 있다. '가족살이'야 말로 사람에게 가장 중요하고, 가장 어려운 과제다. 이 세상에서 가장 악한 중독이 뭐냐고 묻는다면, 나는 가족 할 줄 모르는, '가족 하기 무기력 중독'이라고 답하겠다.

이 세상에서 상감을 이길 수 있는 힘과 능력은 가족 하는 능력밖에 없다. 가족이니까 넘어가주고, 가족이라서 용서해준다. 뺨을 맞아도 용서하고, 억지로 오 리를 가자고 하면 기꺼이 십 리도 가준다. 가족이니까 속옷을 가지려고 하면 겉옷까지 주고, 멀쩡히 살아 있는 아버지에게 재산을 달라고 해도 가족이니까 내줄 수 있다. 가족이라면 가능하다. 남이라면 눈 하나 깜짝 안 할 일이다.

진짜 가족이 해야 하는 행동들이 꿈같은 이야기로 치부되는 것은 상한 감정으로 작동하는 개인들 때문이다. 모두 온통 상처를 입고 상대에게 상처를 입히는 관계로 살아간다. 갖은 중독과 각종 질병으로 값을 치르면서 말이다. 상한 감정을 이길 수 있는 힘은 다른 어디에서도 생산되지 않는다.

가족이 분열되고 가정이 붕괴되고 개인만 생존한다면, 이 세상은 이미 종말을 맞은 것이나 마찬가지다. 결혼하지 않고, 아기를 낳지 않고, 섹스가 그저 취미생활이 되고, 삶은 즐겨야 하는 어떤 것으로 정의된다면, 이 세상이 유지되어야 할 이유가 없다. 그러나 가족은 우리의 가장 중요한 뿌리요 기둥이다. 가정은 그 가족이 생활하는 시스템이다. 개인주의나 이기주의를 부추기는 행위는 악이다. 서로 부끄러워할 줄 아는 능력을 발휘하며 가족-살이를 추구해야 한다. 힘들어도 그것이 정석이요, 우리가 걸어가야 하는 바른길이다. 자녀들에게 이 길을 알려주지 않으면, 그들은 황폐한 사막에서 살게 될 것이다. '네 마음이 원하는 대로 해', '너만 행복하면 됐어' 같은 말들은 삼가야 한다. 더욱 험난하고 어려운 시대가 다가오는데, 가족 하는 능력으로 그 위기를 돌파해야 한다. 갖은 위협을 이기고 같이 살아가고 함께 만들어가는 '가족 세상'이어야 악을 이기고, 살맛나는 세상이 될 것이다.

가족 하는 능력에 필요한 두 가지 지혜

이 세상에서 가족만이 끝까지 지속 가능한 생명체다. 가족은 서로의 희생과 수고를 먹고 사는 사랑 생명체다. 사탄은 어떻게든 가족이 분열되고, 가정이 붕괴되기를 원한다. 죄인과 그 죄로 하여금 가족을 망가뜨리려고 한다. 자기는 가족이 될 수 없으니 온갖 행패를 다 부리는 것이다. 따라서 우리는 끊임없이 가족 하는 능력을 배양하고 그 능력을 향상시켜야 한다.

가족 하는 능력은 영적 능력이다. 물질 세상의 법을 거스르는 힘이기 때문에 저절로 되지 않고 쉽게 되지도 않는다. 건강과 행복이라는 목표를 가지고, 의도적으로 지속적인 연습과 훈련을 해야만 그 능력을 자기 것으로 할 수 있다. 가족 하는 것은 마치 운동과 같아서 며칠만 안 해도 하기 싫어진다. 일 년 내내 다이어트로 체중을 조절하다가도 한 주만 마음대로 먹으면 체중이 늘어나는 것처럼 가족 하기도 매일 균형 있게 먹어야 하는 식사와 같다. 매일 균형 있게 해야 하는 운동이다. 절대적인 훈련과 균형의 예술이 되어야 한다. 하늘로부터 오는 지혜와 훈련된 소통의 기술이 필수 조건이다.

비둘기같이 순전한 지혜

이 세상에는 두 가지 선한 지혜가 있다. 첫째는 비둘기같이 순전한 지혜다. 하늘로부터 오는 지혜, 하나님을 경외함으로 얻는 순전하고 아름다운 지혜, 모든 물질적 세상의 지식과 경험을 이기는 지혜, 성경은 그것을 비둘기같이 순전한 지혜(비순지)라고 부른다. 비둘기같이 순전한 지혜는 오늘이라는 한 날이 자기에게 던져주는 문제를 풀어내고, 생명을 풍성하게 하며, 세상을 선순환시키고, 평강을 더욱 견고히 하는 하늘 어력(語力)이다. 하나님께 속한 영원한 가족 어력이다.

이 선한 지혜가 부족하면 가정과 나라와 민족이 혼란에 빠지고, 거짓이 난무하며, 언어의 악순환으로 마음이 혼란스러워진다. 그 결과 관계가 무너지고, 가족은 분열하며, 나라가 망하게 된다. '비순지'는 악의 생성을 제어하고, 악의 활동을 차단한다. 악의 작업을 선명하게 본다. 선한 지혜는 진리를 풀어 더러움을 씻어내며 단번에 악을 끊어낸다. 혼동과 혼란을 바로잡고, 질서와 평강의 두 기둥을 세운다. 이것은 가족성에서 생산되는 영적 지혜다.

'비순지'는 축복하고, 격려하고, 지원하고, 칭찬하고, 가르치고, 깨닫게 하고, 용납하고, 용서하며, 연합하고, 화목을 도모하여 서로 한 몸으로 건축해 나가는 믿음, 소망, 사랑이 포함된 가족 어력이다. 우리 가운데 이 '비순지'가 충만하면 싱그럽고 즐거운 생활 환경이 생성되고 그야말로 천국을 이룬다. 진짜 살맛 나는 세상이 되는 것이다. 상한 감정으로 작동하는 사람이라도 건강한 감성을 되찾으며, 행복한 언행으로 가족성을 회복할 수 있게 된다. 선한 영적 환경이 조성되는 것이다.

뱀같이 지혜로운 지혜

두 번째 지혜는 뱀같이 지혜로운 지혜다. 이것은 악한 뱀의 지혜를 의미하는 것이 아니다. 동일하게 하늘로부터 오는 지혜이지만 비둘기같이 순전한 지혜와 그 용도가 다를 뿐이다. 뱀같이 지혜로운 지혜(뱀지지)는 뱀을 대적할 때, 악에 맞서 싸워야 할 때 반드시 사용해야 하는 지혜다. 에덴동산에 뱀이 나타났을 때 여자는 진리를 알지 못한 상태였기 때문에 비둘기같이 순전한 진리의 지혜로 단번에 악을 처단할 수 없었다. 더군다나 뱀을 상대해본 경험도 없기 때문에 뱀의 언어를 알아차릴 수도 없었고, 결국 여자는 무방비 상태로 뱀에게 당했다.

뱀은 진리를 가진 사람에게 무작정 덤벼들지 않는다. 왜냐하면 자기가 질 것이 뻔하기 때문이다. 그래서 틈을 보다가 틈을 탄다.

아담의 틈이 진리를 알지 못하는 여자였기 때문에 그 여자에게 달려든 것이다. 오염되지 않은 순전한 진리의 지혜를 가지고 있지 않았던 여자는 뱀의 말에 꾀임을 당해 비참하게 넘어졌다. 뱀의 길을 전혀 몰랐기 때문이다.

뱀은 유혹하고, 꾀고, 속이고, 분열시키고, 망가뜨린다. 뱀의 그 사악한 길을 아는 것이 바로 뱀같이 지혜로운 지혜다. 뱀의 말은 이론적으로 상식적으로 틀리지 않는다. 그러나 이론이나 상식이 진리가 아님을 아는 것, 이것이 뱀같이 지혜로운 지혜다. 뱀이 악하다는 사실과 뱀이 어떻게 움직일지 그 꼬불꼬불한 언어의 길을 아는 것이다. 그래야 뱀을 대적할 수 있다. 세상의 언어를 알아야 세상에 대비하고, 대처하고, 대적할 수 있지 않겠는가. 뱀의 언어를 알아야 뱀을 다스릴 수 있다. 그것이 이 지혜의 능력이다.

삼대째 기독교 집안 출신의 아내가 불신자 남편을 전도하려면 반드시 남편의 언어를 알아야만 한다. 순수한 기독교 신앙의 언어로는 남편을 전도하기가 어렵다. 술 담배가 기본인 남편에게 "술 마시지 마라", "담배 피우지 마라"와 같은 언어 사용은 적대감만 높일 뿐, 소통은 되지 않고 정만 떨어진다. 배우자의 술 담배는 건드리지 말고, 다른 언어의 길을 선택하여 우회해야 한다. 남편을 연구하고 파악하여, 무엇이 남편을 감동시키는지, 무엇이 남편의 간절함인지를 알아내는 것이 더 효과적이다. 남편의 언어를 모르면 남편을 전도할 수 없다. 이럴 때 필요한 것이 뱀같이 지혜로운 지혜.

가족을 모르는 뱀의 지혜

사실 사탄은 예수만 죽이면 온전히 승리할 줄 알았다. 더 이상 자신을 건드릴 수 있는 어떤 힘도 이 세상에 없을 것으로 믿었다. 사람을 지극히 사랑하시는 것이 하나님의 유일한 약점임을 알고 있는 사탄이지만 사탄은 하나님께서 사람과 가족으로 살기 위해 예수를 십자가에 못 박혀 죽게 하신 것까지는 몰랐다. 예수가 가장 비참한 패배자의 모습으로 죽는 것을 보면 사람들이 하나님을 떠나서 상한 감정에 얽매여 더욱 형편없이 살 것이라고 믿었다. 예수를 십자가에서 처절하게 처형해버렸는데, 그것이 영원한 하나님의 사랑의 불씨가 되어 활활 타오를 줄 어떻게 상상이나 했겠는가. 죽음 이후의 부활과 승천과 재림과 결혼 그리고 하나님의 가족 나라의 실현을 위한 대문을 사탄 스스로 직접 열어놓은 꼴이 되었다. 하나님은 그야말로 뱀처럼 지혜로운 지혜까지 초월하시고 하늘 문을 뚫어버리셨다.

사탄은 전지전능하지 않다. 사탄은 모르는 게 많다. 예수가 부활의 첫 열매가 되실 줄 몰랐다. 알았다면 죽이지 않았을 것이다. 예수가 흘리신 피가 어린 양의 대속의 피가 될 줄 몰랐다. 십자가에서 저주받아 죽은 예수의 피가 구세주의 보혈이 될 줄은 상상도 하지 못했다. 그 피 흘림을 믿기만 하면 누구든지 다 구원받아 예수 안에서 하나님의 아들이 되고, 가족성이 회복되고, 아들이 가져야 했던 오리지널 권세를 되찾는다는 사실을 전혀 몰랐다. 예수의 죽으심과 십자가가 온 인류를 구원할 복음이 될 줄 어찌 상상이나 했겠는가. 하나님은 사망 권세를 움켜쥔 사탄의 거만한 언어를 꺾으셨고 예수 안에서 영원한 생명으로 역전시키셨다.

뱀의 언어는 가족을 모른다. 사탄은 가족이 아니기 때문이다. 종으로 지어져 단 한 번도 가족을 해보지 못했기 때문에 가족에 대한 언어가 전무하다. 사랑도 모르고 헌신도 모른다. 수고도 모르고 인내도 모른다. 그래서 사탄을 이기려면 우리가 가족 하면 된다. 가족 할 줄 아는 능력, 그것이 악을 이긴다. 우리가 사탄을 물리칠 수 있다.

뱀은 상한 감정을 건드려서 자기의 유익만 챙긴다. 어쩌다가 세상이 이렇게 이기주의가 팽배하게 되었느냐고 투덜대지만, 그것은 사람들이 뱀의 지혜인 상한 감정으로 살아가는 결과일 뿐이다. 상감은 사람을 점점 더 개인주의자로, 이기주의자로 무장하도록 만든다. 가족 하는 능력은 점점 더 희미해지고 가족 하기 싫어하는 능력은 더욱 팽배한다. 가족 하는 것은 힘들고, 상처받고, 괴롭고, 낙심되고, 쉽게 지치는 일이다. 기대치는 크고, 발전하지는 않는 것이 가족이기 때문이다. 가족 하기를 포기하는 편이 오히려 쉬운 해결책 같다. 마치 가족 할 줄 모르는 중독에 걸린 것 같다.

우리와 가족 하시려는 하나님

가족이 되는 것은 운명적인 관계다. 그러나 가족 하는 것은 지속적인 생활 능력이기 때문에 상한 감정으로 작동하는 우리에게는 정말 어려운 과제다. 건강하지 않은 가족은 가족 한다면서 서로 상처 주고받기를 생활화하고 있고, 가족이 제일 가족 할 줄 몰라서 가족을 괴롭힌다. 따지고 계산하고 지적하고 등을 돌린다. 뱀의 악한 지혜 때문에 허우적거린다.

진리로 단칼에 베어내는 것이 가장 효율적인데, 우리의 상한 감정이 진리를 배제하기 때문에 상황이 더 복잡해진다. 어디서 틈이 생겼나 파악하고, 회개와 용서와 용납과 하나됨과 화목함으로 가족 하는 능력을 발휘해야 역전시킬 수 있는데, 그러려니 억울해서 죽을 지경이다. 참을 수가 없다. 가족이니까 서로 믿고 소망하며, 사랑하기를 멈추지 않아야 하는데, 매번 자기만 그러는 것 같아 화가 나서 죽겠다. 하나님은 지금도 가족 하려고 참고 기다리시는데, 우리는 좀처럼 인내하지 못한다.

가족 하는 것은 하나님이 좋아하시는 거룩하고 선한 하늘 능력이다. 이를 위해 두 가지 지혜가 다 필요하다. 가족 하는 능력인 비둘기같이 순전한 지혜로 돌파하고, 역전을 이루는 뱀처럼 지혜로운 지혜를 사용하라. 그것이 비밀이다. 상황을 역전시키는 가족 하는 능력은 참으로 행하기 어려운 과제다. 그러나 이제 우리가 성령으로부터 뱀처럼 지혜로운 지혜를 얻어 역전의 역사를 써내려가는 장본인들이 되기를 소망한다.

상한 감정은 악한 시스템이다

우리는 '사랑'이라는 단어보다 '상처'라는 단어가 더 강한 시대를 살고 있다. 사랑은 식고 없어진 것 같은데 상처는 더 현명하고 왕성해졌다. 개인의 인권을 중요시하는 시대이기 때문에 개인의 마음 상태에 매우 민감하다. 자기 마음을 중요하게 여기는 것을 가장 앞선 가치로 여기니 상처받은 것을 무시하거나 참는 선택은 매우 야만적이며, 스스로 자기 인권을 포기하는 행위라고 평가당한다. 그래서 상처가 곧 매우 유명한 셀러브리티, 인플루언서가 되었다.

자기에 대해 민감한 세대가 일어나고 있다. 작은 상처에도 파르르 떨고, 자기를 과시하고, 자기를 자랑한다. 교만하고 시크해야 값을 쳐주는 세대가 팽창한다. 상처에 지대한 관심을 주기 때문에 갖가지 병과 중독과 새로운 정체성에 대한 문까지 활짝 열리고 있다. 누구나 할 것 없이 마음이 상해 있어서 상한 것이 정상이 되었다. 상처에 민감한 이 시대는 인권을 운운하며 상처 주는 일들을 죄로 정했다. 자기 선악과를 따먹고, 자기 진리로 선악을 규정하고, 상한 감정에 따라 율법과 규례를 정하고 있다.

언어의 공간인 마음이 상감 언어로 가득 채워져 있어서 매우 이성적이고 논리적인 사람마저 감정을 건드리면 대책 없이 요동하고, 선 넘는 언행을 마다하지 않는다. 특별히 그 사람의 '주제 감정'이 건드려지면 급격히 무너져내려 순간 바닥을 치는 모습을 볼 수 있다.

상처라는 주제 감정

어떤 종류의 상처를 입었다면 그 종류의 상처가 반복된다. 일부러 그런 것이 아니라 상처의 경험이 그 종류의 상처에 더 민감하게 반응하기 때문이다. 아버지에게 상처가 있는 사람은 남성, 어른들에 대해 불편함을 느낀다. 선생님한테 상처가 있는 사람은 권위자들에 대해 민감하게 반응한다. 결국 상처는 일관성 있게 반복적으로 지속되어서 습관성이 다분한 시스템이 된다.

상처는 항상 주제가 있다. 비슷한 종류의 상처이기 때문에 주제 감정이 형성된다. 주제 감정은 풀리지 않은 사연에서 발생한다. 부모가 이혼하고 아이가 고아원에 보내졌을 경우 그 사건으로 아이가 겪었을 경험은 '버려짐'이나 '값없음'일 수 있다. 그 두려움과 공포를 불안으로 표현할 수도 있다. 당연히 사건이 생길 때마다 분노, 우울, 외로움 같은 감정들이 요동치며 쏟아져 나온다.

하지만 진짜 전달하고 싶은 내용은 "나 화났어!", "나 슬퍼!"보다는 "왜 날 버렸어?", "내가 그렇게 값이 없었어?"라는 울부짖음이다. 줄 끊어진 연처럼 소속감이 없고, 중요감이 없고, 친밀감이 없고, 누구도 신뢰할 수 없는 무너진 마음을 전하고 싶은 것이다. 그래서 쉽게 정을 줄 수 없고, 동떨어져서 살아갈 수밖에 없는 버림받은 아이의 주제 감정! 어른이 되어도 그것만 건드려지면 한순간에 바닥을 친다.

한 가지 주제 감정은 수만 가지 감정들을 동반한다. 주제 감정은 일차적 감정이다. 가장 중요하고 으뜸가는 감정이다. 상처받은 사람에게는 이 감정 말고는 알고 싶은 것이 없다. 확연하게 그 감정이 군림하고 있지만 직접 드러나지는 않는다. 다른 감정들을 사용해 표현하기 때문이다. 자기의 진짜 모습을 감춰야 힘 자랑이 더 커지고, 지지 않으려면 일단 약점 감추기는 기본이다.

문제는 주제 감정을 언어화하지 않았기 때문에 스스로도 잘 알지 못한다는 것이다. 느끼고는 있는데 잘 모르고, 매번 작동하는데도 깨닫지 못한다. 그래서 세상이 가르쳐준다. 그냥 그렇게 있으라고, 쉽게 마음을 열지 말라고, 아픈 데를 끝까지 감추라고, 다른 사람이 당신을 알지 못하게 하라고, 가면을 쓰라고, 그래야 적어도 넘어지지 않고 바닥을 치지 않는다고 말이다.

상한 감정은 가장 강한 언어가 된다

이 세상에서 가장 강하고 무서운 언어는 상한 감정의 언어, 즉 상감의 언어다. 경험에서 시작되어 세월로 다져진 감정은 크게 세 가지로 구분된다. 상한 감정(상감), 변질된 감정(변감) 그리고 단절된 감정(단감)이다. 속이 상했다, 마음이 아프다, 우울하다, 화가 난다, 삐졌다, 울적하다, 외롭다, 멋쩍다, 어색하다, 신경질이 난다, 짜증난다, 허무하다, 실망했다, 비참하다, 비겁하다, 쪼잔하다, 질척거린다, 지친다, 지겹다, 답답하다, 억울하다, 캄캄하다, 암울하다, 참담하다 등등 이 수많은 부정적인 느낌의 단어들이 다 상감의 언어요, 변감의 어력이다. 사용할수록 구정물이 세차게 흘러나오는 어력이 된다.

당연히 상감으로 사용되지 않은 다른 많은 감정들도 있다. 그러나 그것들이 건강하고 선순환적이라고 말할 수는 없다. 상감이 시작된 사람은 어떤 감정이든 자기 상감을 표현하는 데 그것들을 사용하게 되고, 상처받은 자의 자기 증명은 끝이 없기 때문이다.

감정은 자기를 표현하기에 가장 친밀하고 적합한 언어다. 감정만큼 자기를 잘 묘사해줄 수 있는 언어는 없다. 그것이 비록 엉망이고, 부정적이고, 폭력적이라도 그 자체가 자기이기 때문에 거기서 벗어날수 없다. 상감은 자기중심적이며(self-centered), 자기 의로움적이고(self-rightous) 자기 주장적(self-affirming)이다. 자기밖에 모른다. 감정은 죄로 인해 변질된 언어이기 때문에 사용할수록 더욱 상하고 아프다. 결국 사랑하는 사람들과의 관계를 분열시키고, 무너뜨리고, 파괴한다. 그래서 상감 언어를 사용한 결과는 대부분 상함이요, 변질이요, 단절이다. 상감 언어는 그 자체로 죄성이 농후한 악한 언어다.

상감의 괴물적 능력

모든 사람이 마음이 가는 대로 행하면 가정과 사회와 나라가 어떻게 될까? 아마 사회 시스템이 혼란에 빠지고, 아나키(Anarchy)가 성립될 것이다. 끔찍한 묻지마 폭행, 성폭력, 영아유기, 아동학대, 존속살해까지 어쩔 수 없는 일이 될 것이다. 자기의 상감을 조절하지 못하면 그것은 그 자체로 악을 생성하는 힘과 능력이 된다. 특별히 상감은 자기 마음이 가장 중요하기 때문에 이기의 극치로 악이 편만해진다.

그런데 상한 사람일수록 상감에 민감하지만, 생존을 위해 상감과 친밀하지는 않다. 어떻게 하든지 자기의 상감과 거리를 둬야 정상인으로 살아갈 수 있다. 그래서 자기 마음을 닫고, 감정을 무시하고, 목적, 비전, 사명, 일이나 돈벌이에 집중하며 살아가는 사람들이 많아지는지도 모른다. 자기 성공에 올인하고, 몰입하고, 집중하고, 미쳐야만 상감을 잊을 수 있다고 믿기 때문이다.

자기를 조정하고 있는 상감의 정체를 모르기 때문에 상감이 요동치면 혼동과 혼란은 물론 스스로 분열하고 자폭하여 무너지기 때문에 오히려 상감을 모른 척하면 해결되는 줄 안다. 그러나 그럴수록 상감의 파워는 더욱 커진다. 은밀한 가운데 팽창해가는 상감의 능력은 정말 무섭다.

자기가 어떤 사람인지 드러내는 것은 위험천만한 일이기에 자기가 속한 시스템 속에서 감정은 감추고, 상감은 더 감추고, 절대 드러내지 않는 것, 그것이 부부든 부자지간이든 마찬가지다. 상감을 드러낼 경우 그것을 약점으로 이용하지 않는 사회 시스템은 없기 때문이다.

상감은 사람을 가장 약하게 하고, 가장 악하게도 한다. 상감으로 움직이면 어떤 상황도 좋게 풀어갈 수 없다. 우리가 알지만 틀린 방향으로 치닫게 되는 이유는 상감이 조정하고 있기 때문이다. 문제는 감정이 사람에게 가장 중요하고 친밀한 언어라는 것이다. 상감은 쉽게 끊어버릴 수 없는 결핍이요, 장애요, 중독이요, 병이다. 그래서 상감이 작동하면 괴물 같은 능력이 치솟는다. 무섭도록 악한 능력으로 사용될 수도 있다. 그만큼 상감은 두려워해야 할 만한 악한 에너지다.

상한 감정은 매우 강력한 능력으로 상식적으로 중요한 것을 선택하지 않는다. 마음이 원하는 대로 선택한다. 슬프다는 느낌 하나만으로 자기 목숨을 끊어버리기도 하고, 화가 난다고 야구방망이로 부모를 때릴 수도 있다. 자기가 원하는 해소감과 통쾌감 때문에 강간도 서슴지 않고, 그 죄를 덮기 위해 살인도 마다하지 않는 것이 상감이다. 생존과 유익을 위해서라면 거짓과 권모술수는 물론, 수많은 생명을 담보로 전쟁도 불사한다. 이렇듯 상한 감정으로 살고, 관계하고, 정치하고, 전쟁하면 그야말로 우리는 다 망한다. 상감은 함부로 풀어내서는 안 되는 괴물이다.

상감, 어디로 튈지 모르는 럭비공

감정은 위험한 순간을 알아차리게도 하고, 자기 보호를 위해 스스로를 방어하게도 하는 인간의 본능적인 보호 기능이다. 변질되고 상했지만, 감정이 인간의 기본 능력이기 때문에 기분이 좋으면 주머니가 열리고, 마음이 통하면 목숨도 내어준다. 그러나 상감은 자기밖에 모르는 능력이다. 마음이 상하거나, 원하는 것을 성취하고자 하거나, 화가 나거나, 슬프거나, 불안하거나, 두렵거나, 스트레스가 극심할 때 상감의 에너지는 요동치고 그 사람은 '악바리'가 된다. 무엇이든 목숨을 걸고서라도 해결해내려는 악한 자가 된다. 때로는 복수로 자기 인생을 다 허비하기도 한다.

상감은 죄의 경험과 상처의 경험으로 형성되었기 때문에 항상 치우쳐 있다. 무엇을 결정하는 순간에도 상감의 영향을 받으면 좋은 결과를 얻을 수 없다. 차 사고를 당해본 사람은 운전면허증을 따기도 어려워지고, 배신을 당해본 사람은 사람을 신뢰하기가 하늘의 별 따기보다 어렵다. 아버지와의 관계에서 상처가 많은 사람은 남편과의 관계도 쉽게 풀리지 않고, 엄마에게 눌려 산 아들은 아내를 손아귀에 넣으려고 애쓴다. 때로는 상감 때문에 거짓, 간음, 폭행까지 불사한다. 상감은 전쟁하는 능력이다.

상감은 항상 자기가 옳다고 주장하는 자가 변호사다. 자기를 위해 이보다 더 열심히 일하는 변호사는 없다. 상감은 자기를 변호하고 증명한다. 상감은 자기를 기준으로 선과 악을 선택한다. 기쁘면 간도 빼주고 슬프면 목도 맬 수 있다. 우리는 상감에서 엄청난 에너지가 쏟아져나온다는 사실을 간과해서는 안 된다.

우리의 감정은 반드시 그 주제 감정을 파악하고, 상감의 움직임을 알고 사용해야 하는 에너지이자 힘이며 능력이다. 두 가지의 아픔이 공존할 경우 우리는 항상 덜 아픈 쪽을 선택한다. 옳거나 좋아서가 아니라 그나마 덜 아프기 때문이다. 부패한 모든 것이 열을 내듯이, 상한 감정은 부정적이고 엄청난 에너지를 생산한다. 그래서 상감을 강한 능력이라고 정의하는 것이다. 마음만 먹으면 못할 것이 없고, 두 주먹을 불끈 쥐고 마음을 담대히 하는 것도, 누구를 사랑하거나 미워하거나 보호하는 것도, 무관심까지도 다 상감의 능력이요, 상감의 생산력이다. 상감이 그러하면 그 사람이 그런 것이다. 다른 공식은 없다.

> 노하기를 더디하는 자는 용사보다 낫고 자기의 마음(감정)을 다스리는 자는 성을 빼앗는 자보다 나으니라 잠 16:32

어느 부잣집에 아들이 태어났다. 그 아들은 어릴 때부터 집안의 부를 등에 업고, 교만이 하늘을 찌르고, 갑질할 줄 아는 능력자로 성장했다. 그러나 자수성가한 아버지로부터는 늘 부족하다는 지적을 받았고, 인정받지 못했고, 그때마다 엄마는 그의 보호막이 되어주지 못했다. 그는 분노가 많고, 폭력적이며, 말을 함부로 했다. 아버지 앞에서는 꼼짝하지 못하다가 아버지만 없으면 혼자 왕처럼 구는 막무가내가 되었다. 뒤틀린 인격으로 사람들과 소통할 줄 모르고 자기 말만 고집하면서 온갖 말썽을 피웠지만 아버지의 재력이 문제를 해결해줬기 때문에 큰 어려움을 겪지 않고 성장했다.

뒤틀린 아들의 감정 판은 지속적으로 상한 감정을 생산해냈다. 그 결과 그의 생활 전반에 상처 입은 사람들이 즐비했다. 그도 이 못되고 악한 사이클에서 벗어나고 싶었지만, 이미 상감으로 익숙해져서 스스로 조절이 불가능했다. 하고는 싶었지만, 반드시 해야 할 필요가 없기도 했다. 그는 한편으로 욕을 먹고 지적을 당하면서 상처를 쌓아갔고, 다른 한편으로 화내고, 폭력을 행사하고, 약과 술에 취하고, 여자들을 거느리며, 어떻게든 사회 시스템에 적응하려고 애썼다.

아버지의 부로 그는 학교를 졸업했고, 성인이 되고, 아버지 회사에 취직도 하고, 결혼하여 자식들도 낳았다. 상감에도 불구하고 그는 보통 사람이 거치는 삶의 과정을 거쳐갔고, 아버지에서 아들의 세대로, 그리고 아들의 아들 세대로 번성해갔다. 감정은 치료하거나 치유될 사이 없이 지속적으로 악랄한 악바리들을 생산해냈고, 악인들은 번성해나갔다.

앞서 정의했듯이 상감은 경험에 의해 상하고, 뒤틀리고, 변질된 언어다. 상감은 무척 빠르고, 강하고, 더욱이 고장 난 언어이기 때문에 아예 작동되지 못하도록 빠르게 대처할 필요가 있다. 우리는 감성을 사용할 줄 아는 건강한 사람이 되어야 한다. 사람의 존재 목적과 기능을 이룰 수 있도록, 창조 때부터 세팅된 능력의 언어인 감성을 속히 가동시켜야만 서로 잘 살 수 있다. 감성의 선한 능력이 풀리면 건강하고 선순환적인 관계가 왕성해지고, 행복을 누리고 복을 나누며, 복된 사람으로 살 수 있게 된다. 우리의 감성이 술술 풀어지기를 기대해보자.

감정은 자동 클릭 시스템으로 작동한다

무언가 일관성 있게 반복적으로 지속하고 있으면 그것은 시스템이다. 시스템화되었다는 것은 습관화되었다는 말이고, 당연히 예측 가능하다는 말이기도 하다. 일단 시스템으로 작동하면 그 작동을 멈추는 데 큰 값을 치러야 한다. 감정이 그렇다. 감정은 시스템으로 작동하기 때문에 작동하기까지는 시간이 걸리지만 일단 작동하면 멈추기도 어렵다.

사람은 감정 언어로 구별된다. 그 사람이 사용하는 감정이 그 사람의 성격과 행동을 결정하기 때문에 감정이야말로 사람을 다른 사람과 구별하는 강력한 기준 언어다. 사람은 경험으로 개인 모국어를 구축하고, 구축된 모국어는 주제와 주제 감정을 그 기둥으로 삼는다. 따라서 그 사람이 어떤 가치관으로, 어떻게 작동할 것인가가 여기서 정해진다. 사건 사고가 생겼을 때 무엇을 선택하고, 어떻게 움직일 것인지는 모국어로 이미 정해진 상태이기 때문에 매번 같은 결과가 나타난다. 그렇기 때문에 '변화'가 우리에게 쉽지 않은 과제가 되는 것이다.

'화'가 주제 감정인 경우 그는 화내는 것을 일관성 있게 반복적으로 연습하는 사람이기 때문에 사건이 터질 때마다 일단 화부터 내고 본다. 호흡이 빨라지고, 인상 쓰고, 소리를 지르고, 언행이 과격해진다. 그래야만 한다고 느끼는 것이다. 그래야 속이 시원해지는 것 같다. 감정이 그 사람의 생활-풀이 공식을 이미 정해놓았기 때문에 자기도 모르게 그렇게 행동하는 것이다. 나중에 후회하기도 하지만, 그 순간만큼은 자동으로 클릭된다.

화가 주제 감정인 사람은 화를 연습하게 되어 있고, 슬픔이 주제 감정인 사람은 슬픔을 연습하게 되어 있다. 의도적이라고 하기에는 너무나 자동적이다. 감정 언어로 생활을 풀어가고 있기 때문에 조절이 어렵다. 상한 감정과 주제 감정이 일관성 있게 반복되어 이미 시스템화된 상태라면 지적이나 훈계 등의 웬만한 교육으로도 변화되지 않는다.

그럼에도 불구하고 이 습관적인 상감을 내버려두면 '주제 감정-중독 상태'에 빠져서 정서적 정신적은 물론 육체적 질병까지 일으키는 요인으로 작동하게 된다. 결과적으로 상감은 매일 사람을 상하게 하고, 계속 관계를 무너뜨리며, 돌이킬 수 없을 정도로 생활을 망가뜨린다. 문제는 우리에게 상감이 주된 생활 에너지원으로 사용되고 있기 때문에 그 악한 영향력을 막을 길이 없다는 것이다. 얼마나 위험천만한 일인지 말로 다 설명할 수 없다.

상감, 사람을 조정하는 강력한 무기

상감은 마음을 점령하여 마음을 조정한다. 생활 에너지원이자 생활 속에서 습관화된 상감은 그 사람을 조정하는 강력한 무기다. 상감은 운명도 이긴다. 상감은 자기를 주장하는 언어다. 상감이 더 크고 강하면 무엇도 상감을 이길 수 없게 된다. 상감 언어를 사용하면 자기는 지워지고, 상감이 자기화되는 결과를 통제할 수 없다. 상감으로 자신의 값이 정해지다보니 상감의 시스템으로는 자기 값의 변화가 불가능하다.

상감으로 시간을 보면 상처받은 과거밖에 보이지 않는다. 상감으로 공간을 보면 공황장애 상태일 뿐이고, 상감으로 사람을 보면 다 자기를 해치려고 하는 것 같고, 상감으로 사회를 보니 부정부패와 악이 만연한 블랙홀처럼 느껴지고, 상감으로 하나님을 보면 하나님이 정말 무능하고 무책임한 존재로밖에 보이지 않는다. 비참한 인생이 따로 있는 것이 아니다. 바로 이것이 비참함이다.

아담의 상감 시스템*

아담의 가족은 상감의 연구 대상이다. 하나님이 먹지 말라고 한 선악을 알게 하는 나무의 실과를 아담의 아내가 따먹고 난 뒤 함께

---

* 아담과 아담 가족의 상감에 대한 서술은 성경을 기반으로 저자가 개연성 있게 상상해본 것이다.

있던 남편에게도 주어 그것을 먹게 하였다. 아담은 선악과를 먹지 말라는 하나님의 말씀을 직접 들은 자이기 때문에 아내가 그에게 열매를 주었더라도 먹지 말았어야 했다. 하와는 선악과를 먹지 말라고 하신 하나님의 말씀을 아담으로부터 들었기 때문에 메시지의 변질 가능성이 있었고, 잘못해도 변명의 여지가 있었다. 그래서인지 뱀이 동산 나무의 열매에 대해 물었을 때 아담의 아내는 동산 중앙에 있는 나무의 열매는 먹지도 말고 만지지도 말라고 하셨다고 답했다. 당연히 진리와 다른 변질된 대답이었다.

여자는 진리를 정확히 몰랐고 진리로 답하지 못했다. 그래서 여자의 행위를 실수라고 말할 수 있고, 혹시 아담이 아내를 데리고 하나님께 갔다면 용서의 여지도 있었지 않았을까 하는 것이다. 그러나 하나님의 말씀을 직접 들은 아담의 경우는 다르다. 아담이 하나님의 말씀을 기억하고 그 열매를 끝까지 먹지 않았다면, 그리고 아내를 하나님께로 데려가 어떡하면 좋을지 물었다면, 하와의 실수를 바로잡을 가능성도 있었을 것이다(그것은 물론 가능성일 뿐이다).

그러나 아담은 선악과를 먹었다. 자신이 가진 진리에 불순종한 것이다. 아담이 아내를 사랑해서 선악과를 먹었다고 하더라도, 그가 자기 마음의 언어를 따랐다는 문제가 있다. 그로 인해 두 사람의 눈은 죄와 악에 대해 동시에 밝아졌다. 성경은 그 순간을 사람이 죄인이 된 순간으로 조명해준다. 선악과를 먼저 먹은 아내가 아니라 아담이 죄를 지은 첫 사람으로 인침을 받은 것이다. 그래서 모든 죄의 근원이 첫 아담에게 있다고 전해지는 것이다.

상감의 통치

죄를 지은 후 아담의 언어에 변질이 일어났다. 자기 실수와 죄를 인정하고 용서를 구하는 것이 아니라 오히려 상황을 모면하기 위해 아내는 물론 하나님까지 원망의 대상으로 삼은 것이다. 악은 말의 틈을 타고 들어왔고, 그 죄의 결과는 더 심한 말의 변질과 황폐한 사람으로 확장되었다. 죄의 결과로 두 사람은 하나님과 그분의 임재로부터 쫓겨나 에덴동산으로부터 추방당했다.

아담의 변질은 '자격지심'으로 작동했다. 그는 하나님이 데려다준 여자가 열매를 주어 먹게 되었다는 핑계와 변명, 하나님에 대한 원망과 불평도 모자라 하나님을 믿지 않았다. 눈이 밝아진 순간 영성은 상실되고, 자기에게 맞춰진 눈이 열린 것이다. 물질 세상의 원리와 법칙에 눈이 밝아져 자기를 위한 손익 계산에 여념이 없다. 이제 하나님의 말씀이 주된 생활 언어가 아니라 자기 마음을 사로잡는 감정 언어가 주된 생활 언어가 된 것이다.

특별히 상한 감정의 언어가 그 위력을 과시하기 시작했다. 상감은 아담을 통해 자기 어둠을 드러냈고, 결국 상감 통치의 막이 올랐다. 상감의 기본은 불신이다. 불신은 불평과 불순종을 낳는다. 불신은 의심하고, 감시하고, 지적과 원망이 생활 언어가 되게 한다. 신뢰할 줄 모르는 것이 능력이 되었다. 신뢰와 친밀감이 바닥을 쳤고, 관계는 점점 망가지는 운명의 길을 걷는다.

아담은 자신이 모든 생물을 다스렸는데, 자기 입에서 나오는 말로 에덴동산을 통치했는데, 이제는 에덴동산에서 쫓겨나 땀을 흘려 수고해야만 땅에서 나는 것을 먹을 수 있게 된 자기 자신이 너무 초라하고 비참했다. 그뿐인가? 한 몸이었던 부부는 남남이 되어 서로 신뢰하지 않았으며, 마음 편히 의견을 나누고 의존할 수 있는 사이가 더 이상 아니었다. 험악한 죄인의 삶의 막이 오른 것이다.

선악과 사건, 영원한 사건이 되다

그 결과는 매우 심각했다. 이제 상감이 사람의 생활을 활동 무대로 삼고 쳐들어와 죄인의 마음과 생각, 즉 언어 세계를 접수해버린 것이다. 그때부터 사람은 딱 상감만큼 생활하게 된다. 더 큰 문제는 하나님과 소통하고 교류할 수 없게 되었다는 것이다. 하나님이 하시지 않는다면 사람이 하나님과 소통할 수 없고, 그 임재 가운데로 들어갈 수 없고, 하나님과 사귈 수 없고, 하나님과 같이 생활할 수 없다. 사람은 하나님으로부터 단절되었다.

영은 영원하기 때문에 죽을 수 없다. 그래서 하나님은 하나님과 교제할 수 있는 영을 죄인으로부터 거두신 것이다. 사람이 영원토록 죄인으로 살지 않도록 하나님의 빠른 조치가 있었던 것이다. 이는 하나님의 특별한 배려요 사랑이었다. 다른 것은 몰라도, 하나님은 그 상황만큼은 막으셔야 했다. 하나님의 거룩한 대책은 죄인이 예수의 구속사를 믿고 하나님의 아들이 되어, 하나님과 생활할 수 있는 영이 다시 회복되는 것이다. 그것을 위해 성령이 오시는 것이다. 하나님의 대책이 너무 놀랍지 않은가! 죄의 삯은 사망이라는 말씀에 따라 흙-사람의 육체는 죽음으로 처리되고, 그 상황에서도 영으로 영원에서 하나님의 아들로 살 수 있는 '가족의 길'을 열어놓으셨으니, 참으로 하나님은 빛의 아버지이시며, 찬양받기에 합당하신 분이다.

선악과를 먹은 사건은 아담 부부의 문제로 끝나지 않았다. 그 사건은 영적 사건이며 영원한 사건으로 처리되었다. 영원은 지속적인 현재다. 흘러가는 시간대가 아니기 때문에 한 번 일어난 일은 지속적인 현재의 사건으로 남는다. 지금도 계속 진행되는 사건이라는 뜻이다. 끝이 없고, 없어지지 않고, 변하지 않고, 영원하다. 선악과 사건에는 하나님이 개입되어 있었고, 사탄도 개입한 사건이라 영원한 사건이다. 그 사건이 사람을 영원한 죄인이 되게 하였고, 그 자식에 자식까지 영원토록 죄의 영적 DNA가 자동 전수되도록 가동되었다.

가인, 농사짓는 능력자

여기서 가인을 주목해보자. 아담으로부터 단 한 세대밖에 지나지 않았다. 그런데 가인은 부모 세대와 비교했을 때 그 죄질이 더욱 나빠졌다. 가인은 에덴동산 밖에서 태어난 아들이다. 태어나면서부터 생존 생활에 적응해야 했고, 거기에 익숙한 자로 성장했다. 농사를 지어 먹고 살 뿐만 아니라 부모님도 먹여 살렸다. 얼마나 능력 있는 자인가.

아담의 죄로 말미암아 상감이 가인 속에도 주리를 틀었다. 가인은 존재적 부적절감과 부족감에 빠져 있었다. 인생이 다 끝난 것처럼 살아가는 아버지, 그의 눈치를 보며 살고 있는 어머니, 누구도 부모가 왜 그렇게 사는지 그 자초지종을 알려주지 않았을 것이다. 어린 가인이 얼마나 당황스럽고 방황하고 힘들었을까? 게다가 가족의 생존까지 자기 손에 달려 있으니 가인은 어려서부터 이를 악물고 살았을 것이다.

가인에게 가장 중요한 일은 자기가 누구인지를 증명하는 일이었다.

"나예요, 아버지의 첫째아들, 가인이에요."

매 순간 자신의 가치, 존재 값을 증명하느라 얼마나 애썼을지 상상이 된다. 그는 이미 뻥 뚫린 자기 속에 빠져 있었다. 에고 중독에 빠진 것이다. 아무리 채워도 채워지지 않고, 아무리 성취해도 값이 올라가지 않는 '자기' 말이다.

"네가 잘해야 해, 네가 아빠 대신이야, 네가 우리 집 가장이다."

코앞에 닥친 생존의 문제가 가인을 집어삼켰을 것이다. 이를 악물고 거칠고 완악하게, 하루하루 처절한 생존 전쟁을 치러 나갔을 것이다.

그는 농사짓는 자였다. 하나밖에 없는 동생을 멀리 떠나보내 양치기를 시켰으니 집안에서 그의 권세가 대단했던 것 같다. 농사를 지으면 일손 하나가 아쉬운데 동생을 다른 일을 하도록 다른 곳으로 보낸 것을 보면 둘째가 엄마의 사랑을 빼앗아 가는 것을 두고 보지 못할 정도로 시기와 질투가 심한 아들이었을 수도 있다. 가인은 그렇게 엄마의 아들로, 엄마의 남편으로, 엄마의 해결사로, 엄마의 영웅으로 살아갔을 것이다.

상감의 활약은 상상을 뛰어넘는다. '여기까지'라는 한계가 없다. 자기의 상함이 가득 차기까지 악을 멈추지 않는다. 가인의 자기 증명, 자기 강화, 자기 보호, 자기 유익이 동생을 죽여 마땅한 자로 결정 내린 것이고, 죽이고도 조금의 죄책감도 느끼지 않았다.

상감은 사람을 하나님보다 더 높은 자리에 앉히고, 하나님을 배반하고, 하나님을 깔아뭉개는 방식으로 문제를 해결하게 한다. 사탄이 죄인을 통해 자기 복수를 이루는 것이다. 사탄의 도구가 된 것도 모르고 죄인은 자기 우월주의에 빠져 병적 자기애를 낳는다.

가인에게 아벨은 죽어 마땅한 놈이었다. 자기의 체면과 공로를 낚아챈 자이다. 괘씸한 하나님! 하찮은 동생을 선택하다니! 가인은 그 하나님을 벌해야 했다. 하나님이 무엇을 원하는지 알 바가 아니다. 하나님조차 자기한테 잘 보였어야 한다. 가인은 자존심의 덫에 걸려들었고, 모든 생활의 에너지를 거기에 쏟아부었다. 상감이 화려한 왕복을 입고 빛나는 왕관을 쓰고 도도하게 보좌에 앉는다.

화근 아벨

둘째 아들 아벨이 태어났을 때, 온 가족의 상감은 처절할 만큼 심각했다. 하와는 둘째를 낳으면 남편과의 관계가 좀 나아질 줄 알았다. 그렇지만 아무런 도움도 되지 못하자 아벨을 '하찮은 자', '쓸모 없는 자'라고 불렀다. 아벨은 가인에 의해 양치기가 되어 가정으로부터 멀리 내쫓긴 것이 아닌가 싶다.

어느 날 들판에 있는 아벨에게 하나님이 제물을 바치라고 하셨다는 부모님의 전갈이 왔다. 아담과 하와는 에덴동산으로 돌아갈 기회가 생겼다고 소망을 품었을 것이다. 하나님과 다시 생활할 수 있는 기회가 왔다고 믿고 싶었을 것이다.

"하나님, 에덴 밖 세상살이가 얼마나 힘들었는지 아세요?"

"우리 부부가 더 이상 예전 같지 않아요. 아시지요?"

아담 부부는 이번 기회가 절호의 찬스가 되기를 간절히 소망했을 것이다.

에덴동산 타령만 하는 부모를 대신해 가인은 모든 신경을 곤두세우고, 자기의 모든 지혜를 짜내서 농사를 지었고 그 일에 성공했다. 그래서 그의 직업이 명실공히 '농사짓는 자'였다. 가인 역시 부모님의 치유와 회복을 기대하며 정성껏 하나님께 바칠 제물을 준비했을 것이다. 자기를 증명할 수 있는 좋은 기회이기도 했다. 그분이라면 내가 얼마나 고생하고 애쓰며 살아왔는지 아실 거라고 믿었다. 자기의 땀과 수고의 결정체이자 자기의 정체성인 소중한 곡식을 제물로 바치면서 가인이 하나님께 걸었던 기대는 매우 컸을 것이다. 나를 찾으시는 그 하나님이 부모님까지 회복시켜주시기를 바란 것이다.

그러나 상황은 원했던 것처럼 흘러가지 않았다. 하나님이 자기와 자기 제물을 열납하지 않은 것이다. 그렇지 않아도 참아왔고, 견뎌왔고, 기다려왔다. '인생이 이게 다는 아니겠지'라고 생각해왔다. 성실하게 매일매일 열심히 일하고 있으면 뭔가 달라질 거라는 희망을 품었는데 돌아온 것은 거절이었다. 어떻게 이런 일이 일어날 수 있는지 이해 불가였다. 그것도 잔혹할 만큼 깔끔하게 거부당했다. 태어나서 이렇게 당황스러운 경험은 처음이다. 가인은 어떻게 해야 할지 몰랐다.

자기 상감에 집중한 가인

'어? 뭐지? 왜? 난 시키는 대로 최선을 다 했는데, 뭐가 문제지? 곡식을 원한 게 아니었어? 제물을 바치라며? 농사꾼이 농작물을 바치지 그럼 뭘 바쳐야 하는데? 양을 원했던 거야? 그 더러운 양을? 하찮은 양을? 그런 거였어? 그럼 처음부터 양이었다고 말했어야지? 처음부터 아벨이었어? 그 못난이를? 그 자식을? 걔가 나보다 더 나은 게 뭔데? 집에서도 내쳐진 놈인데? 하나님이 정말 정신 있는 거야? 누가 부모를 먹여 살렸는데? 누가 내던져진 이 가정을 지탱해왔는데? 누가 한 가닥 희망이라도 붙잡고 열심히 살아가고 있는데? 나야! 나라고! 나같이 성실한 자가 있으면 나와보라고 해! 나같이 최선을 다해 사는 자가 있으면 나와봐! 부모도 못 하고, 동생도 못 하는 걸 내가 하고 있는데, 하나님이라고? 자기가 대체 뭔데 날 거절해? 어떻게 나를 거절할 수 있어!'

잘못된 질문과 답은 문제를 키운다. 지속적으로 같은 질문을 남기고, 같은 결과만 생산한다. 이미 정해진 답으로는 해결할 수 없는 문제들만 쌓이고, 더 큰 절망과 혼란만 야기된다. 답을 할 수 없는 질문, 답이 없는 질문, 같은 질문에 같은 답은 이제 그만할 때가 왔다. 모두가 만족할 수는 없지만, 문제를 풀 수 있는 적절한 언어가 생산되어야 한다. 그렇게 새로운 언어를 생산할 수 있는 열린 관계의 공간이 필수적이다. 혹 상감으로 상황을 정의하고 판단해서 잘못된 질문을 한다면 문제를 풀어도 정답이 아닐 때가 많고, 상황은 꼬이고 관계는 더 어려워진다.

가인이 그랬다. 그의 상황 정의와 질문 그리고 모든 답이 자기와 부모가 처한 상황보다 더 크신 하나님을 볼 수 없게 했다. 무엇을 어떻게 해야 하나님의 마음에 맞는 정답을 구현할지 그 답을 구했어야 했는데, 그는 자기 사연에서 벗어나지 못했다. 상황의 주인이신 하나님께 집중해야 문제를 풀 수 있는데 자기 상감에 집중했기 때문에 문제는 풀리지 않고, 답은 빗나갔다. 상감은 자기 맞춤 언어이기 때문에 상황 분별력이 딱 자기만큼이다. 자기에게 에너지를 쏟으면 자기 증명, 자기 강화, 자기 보호, 자기 유익을 챙기는 것이 기본이 된다. 상감에 집중하면 상한 자존심이 발동하여 곧바로 생존 전쟁에 돌입하게 되는 것이다.

가인의 마음은 상감에 완전히 점령당해 추락했다. '감히 나의 곡식을 거절하다니, 감히 나를 거절해? 하나님이 뭔데? 난 하나님 없어도 잘 살았다. 이제 와서 무슨 하나님! 내겐 하나님이 없다.' 자기 값을 찾겠다고 나서서 자존심 싸움에 모든 에너지와 목숨까지 걸었다. 사람은 상감보다 크다. 그러나 상감에 집중하면 사람은 한없이 작아진다. 상감에게 점령당하면 상감의 포로가 되고, 썩은 물에 잠겨 물이 가고 만다.

아벨의 불행

당시 농사꾼이던 가인은 화이트 컬러, 그의 동생 아벨은 양치기로 블루 컬러다. 에덴동산에서 쫓겨났을 뿐인데, 죄는 가족을 네 가지 노동자로 전락시켰다. 가정 노동자가 된 엄마는 옐로 컬러, 무능력자 아버지는 레드 컬러로 말이다.

아벨은 '쓸모없는 자', '하찮은 자'라는 이름을 가졌다. 가족이 겨우 넷인데, 가인을 중심으로 농사짓는 집안에서 양치기를 배출했다. 더 좋은 일과 일꾼이 아니라 하찮은 자의 하찮은 일이었다. 죄의 본질은 사람과 가족을 분열시키는 것뿐 아니라 서로 경쟁하게 하여 한 사람이 다른 사람의 존재의 값을 낮추고 파멸의 길로 떨어지게 하는 것이다. 상감은 사탄의 충성스러운 하수인으로 그 작업을 쉬지 않는다.

죄는 가족성을 말살시킨다. 가족이 남보다 못하다. 한 지붕 아래에서도 가족은 남남으로 흩어져 살고, 경쟁과 싸움이 일상이 된다. 누구는 집을 떠나 가족을 그리워하며 살고, 누구는 가족을 부양하면서 가족이라면 진절머리를 치며 산다. 자존심 하나로 살아가는 가인에게 농사는 자신이 전권을 가진 분야였다. 누구의 도움으로 농사를 지었다는 공식은 절대 용납할 수 없었다. 자기 공로로 철저히 자기 값을 내야 했기 때문에 동생을 생활 속에서 철저히 배제해야 했으리라.

어릴 때부터 수많은 날과 밤을 홀로 지새우며, 양들과 함께 지내야 했던 아벨은 그 하찮은 존재의 값이라도 다하기 위해 양치는 자로 최선을 다했다. 옳고 그름을 따지지 않았고, 운명을 탓하지 않았고, 양들을 가족 삼아 양을 아끼며 양과 함께 살았다. 그러던 중 하나님이 부르신다는 전갈을 받았다. 하나님이 제물을 바치라고 하셨고, 부모님이 오라고 했다는 것만으로도 아벨은 너무 좋고 감지덕지였다.

'난 이제 집에 간다. 엄마 아빠를 볼 수 있고, 형도 볼 수 있고, 같이 밥을 먹고, 한 지붕 아래 잠을 잘 것이다. 생각만 해도 너무 좋다. 기쁘다. 행복하다. 절로 미소가 지어진다.'

아벨은 하나님이 누구신지도 모르지만, 부모님이 가장 귀히 여기고 두려워하는 그분이라는 것은 안다. 그분을 위해 가장 좋은 양을 선별했다. 가족을 만날 기쁨에 가득 차서 가족 상봉의 길에 올랐다. 힘들지 않았고, 어렵지 않았고, 고단하지 않았고, 피곤하지 않았다. 힘이 절로 났고, 그동안 있었던 일들을 어떻게 전할지 여러 이야기로 머릿속이 가득했다.

드디어 부모님과 형을 만났다. 그러나 기대와 달리 가족들의 반응은 별로였다. 이번에는 조금 다를 것이라는 기대가 무색했다. 하나님이 부르셨기에 이번에야말로 가족으로 받아주는 걸까 기대했는데, 가족은 아벨이 여전히 부담스럽고 번거롭다는 분위기였다. 아벨은 다시 느꼈다.

'아차! 정신 차려야 한다. 여긴 가인의 집이다.'

아담의 상감과 상감 유전자

죄를 짓고 에덴동산에서 쫓겨난 아담은 가인을 낳았어도 기뻐할 수 없었다. '이게 뭐지? 죄의 결과인가? 혹시 하나님이 용서하시는 걸까? 다시 받아주실까?' 에덴 바깥의 세상을 경험해본 적이 없는 아담에게 세상은 너무 생소했고, 두렵고, 너무 무서웠다. 물론 모든 것이 에덴보다 못했다. 선악과를 먹은 것이 이렇게 엄청난 결과를 가져올 줄은 꿈에도 상상하지 못했다.

당장 먹고사는 일도 해결하기 어려운데 아내의 임신과 출산이라니? 에덴동산에서는 그냥 열려 있는 열매를 따 먹으면 됐고, 생물들에게 각각 이름을 지어주면 됐고, 하나님과 아내와 교제하면 되는 별 어려움이 없는 생활이었는데…. 충격은 너무 컸고, 아담은 거기 그 시간에 멈춰버렸다. 이 상황으로부터 자기를 보호할 수 있는 유일한 방법은 디스커넥트(disconnect), 그냥 모든 것으로부터 연결을 끊는 것, 바로 단절이었다.

그렇다. 아담은 아내 탓이라고밖에 말할 수 없다. 그래야만 했다. 그래야 이 모든 일을 하나님 탓으로 돌릴 수가 있었다. 그래야 하나님이 해결하셔야 할 일로 몰아갈 수 있다. 하나님이 아내를 자기에게 보냈기 때문에 자기가 곤란해진 것으로 해결을 봐야 했다. 아내가 아니었다면 자기는 절대 그 선악과를 먹지 않았을 것이기 때문이다. 결국 아내가 문제고, 그 아내를 만든 하나님이 문제라고 상황을 정리했다. 왜 선악과를 만들었으며, 왜 먹지 말라고 했으며, 왜 아내를 만들어 내게 주셨으며, 왜 나로 하여금 아내의 말을 듣게 했으며, 왜 선악과를 먹게 했는지 다 하나님의 탓으로 돌려야만 자기가 살 수 있었기 때문이다.

그러나 상황은 그렇게 돌아가지 않았다. 자기중심적 정의와 정리는 그를 죄와 두려움과 불안과 무능력에 빠지게 했고, 쫓겨난 현실에 집중하지 못하고, 모든 것을 감당할 수 없게 만들었다. 살려면 현실로부터 도피해야만 했다. 아담은 아내로부터 거리를 두고 살았다. 물론 하나님과도 마찬가지다. 자기가 처한 상황이나 새로운 세상에 대해 관심을 가지면 책임져야 하니까 어쩔 수 없었다. 이 모든 상황이 자기 책임이 아니라고 정의했기 때문에 문제로부터, 그리고 현실로부터 자기를 소외시킨 것이다.

고통을 겪으며 자식을 낳고 가인을 키우며 생존에 애쓰는 아내를 챙겨야 했지만, 그러면 자기가 죄에 대해 책임을 지는 꼴이 될까 봐 그럴 수 없었다. 자기를 보호해야 한다는 마음밖에 없었기 때문에 그래야만 했다. 태어난 자식도 아내의 자식이라 생각했다. 그래야만 했다. 절대 책임질 수는 없었다. 그래서 아담은 가인을 나 몰라라 했다. 남편이 되지 않았고, 아버지가 되지 않았다. 결국 가인은 거절당한 아들이 되어 쓸쓸한 어미 밑에서 가짜 남편 노릇을 하며 홀로 성장했고, 생계를 책임지는 가장으로 농사를 짓는 직업인이 된 것이다.

둘째 아벨이 태어났지만 아담은 여전히 무기력과 무관심을 선택했다. 무엇 하나 책임지려고 하지 않았고, 원망과 불평과 핑계를 무기 삼아 생활했다. 자기 보호에 바쁘고 자기 연민에 빠져 자기 구원 중독에 걸린 채 살았던 것이다. 정신적으로는 가장 바쁜 사람일 수 있지만, 육체는 자기 정당화를 위해 게으름 중독자가 되어서 말이다. 아버지 아담은 자기 생존 때문에 온 가족을 버렸고, 아내에게 복수했다. 그렇게 하나님을 응징했다. 가인은 엄마의 가짜 남편으로 가족을 책임졌고, 생계를 해결했고, 아벨을 내쫓았고, 그렇게 하나님의 흔적이 지워진 가족이 되었다. 에덴에서 나온 첫 가정인데, 이미 천만년쯤 산 병든 가정의 모습을 완벽하게 다 갖추었다.

D-Day

드디어 디데이(D-day)가 왔다. 아담은 오랜만에 정신을 차렸고, 청결한 옷을 입고 잔뜩 긴장한 상태로 아내 옆에 섰다. 하와는 온갖 눈치를 살폈다. 언제 들이닥칠지 모를 위험을 감지해야 했기 때문이다. 큰아들 가인도 무척 두려웠지만 당당한 척하느라 진땀을 뺐다. 겉으로는 할 일이 태산인데 불렀다는 듯 못마땅한 얼굴이었다. 아벨은 어디가 자기 자리인지, 누가 뭘 하는지 온 신경을 세워 주변을 살피고 있었다. 두 아들은 드디어 하나님 앞으로 나아가 제물을 바쳤다.

그런데 정말 생각지도 못한 큰 문제가 터져버렸다. 하나님이 장남 가인과 그의 제물은 받지 않고, 하찮은 아벨과 혐오스러운 양을 제물로 받으신 것이다. 큰 걱정이 아담을 강타했다. '아니 어쩌다 이런 일이… 가인이 뒤집어지겠구나. 이거 큰일이네. 이제 어쩌지….' 아니나 다를까 가인은 화를 참지 못해 얼굴이 울그락불그락 달아

올랐다. 가인은 노골적으로 분노했다. 코에서는 단내가 나고 눈은 충혈되었다.

'가족을 위해 그렇게 고생한 나를 몰라보다니, 아벨 그 못난이 천한 놈과 그의 제물은 받으시다니, 뭘 몰라도 너무 모르는 자가 대체 무슨 하나님이야? 내가 엄마 아빠를 먹여 살렸는데, 그동안 이 불행한 가족을 살려보려고 온갖 노력을 쏟고, 수고를 마다하지 않았는데, 그걸 알아보지 못하다니! 조금이나마 기대하고 존경하려고 했다는 게 너무 억울하다. 엄마 아빠가 왜 선악과를 먹었는지 이제야 알겠어. 이분은 뭘 모르는 자야, 상황 판단이 안 되는 자라고, 이제부터 하나님은 없어! 날 무시했으니 나도 깡그리 무시할 거야!'

그 순간 가인은 아벨을 응시하며 생각했다.

'죽여도 속이 시원찮은 놈, 내 인생을 흔들고 망치는 놈, 저놈이 문제야!'

순간적으로 아벨은 죽일 놈이 되어버렸다. 아벨은 아벨대로 이런 상황이 너무 당황스러운 눈치다. 자기 성질에 못 이겨서 화를 내고 있는 가인에게 하나님은 이렇게 말씀하셨다.

여호와께서 가인에게 이르시되 네가 분하여 함은 어찌 됨이며 안색이 변함은 어찌 됨이냐 네가 선을 행하면 어찌 낯을 들지 못하겠느냐 선을 행하지 아니하면 죄가 문에 엎드려 있느니라 죄가 너를 원하나 너는 죄를 다스릴지니라 가인이 그의 아우 아벨에게 말하고 그들이 들에 있을 때에 가인이 그의 아우 아벨을 쳐죽이니라 창 4:6-8

아담 가족의 오해

아담은 문제를 직시하지 않으려고 또다시 무관심과 무능력 모드로 들어갔다. '지금부터 아무것도 안 보고, 안 듣고, 안 느끼고, 안 생각해야 살 수 있다. 큰아들이 무슨 짓을 할지 모른다. 가인이 동생을 어떻게 할지 생각만 해도 무섭다. 이번에는 쫓아내는 것으로 만족하지 않을 텐데…. 걱정이 태산이군. 그렇지만 이번에도 나는 모른 척하는 게 최선이다. 아내가 알아서 하겠지. 내 말은 듣지도 않는데 뭐.'

큰아들은 하나님으로부터 벌을 받고 땅에서 유리하는 자가 됐다.

'세상에, 하나님이 기어코 아들까지 내쫓으시다니, 나 하나로 만족하지 않으시는구나. 잔인한 하나님, 나와 내 가족을 망가뜨리려고 작정하셨구나. 난 또 혹시 하나님이 나와 가족을 받아주시기로 한 줄 알았지 뭐야. 역시 그럴 리가 없지. 오히려 날 피 말려 죽이려고 나타나신 거야. 그래. 날 쫓아내실 때 알아봤어야 해. 그렇게 성실히 에덴동산을 다스리고 지켰는데, 먹지 말라는 과일 하나 먹었다고 이렇게까지 날 홀대하실 수 있어? 자식들까지 건드리시다니 걔들이 뭘 잘못했다고? 정말 해도 해도 너무하네. 정말 잔인한 하나님이야. 큰애가 얼마나 애썼는데, 내가 힘들어서 아무것도 못할 때 큰애가 이 가정을 세우느라 얼마나 애썼는데, 누가 봐도 큰애와 그의 제물을 받으셔야지, 왜 하필 둘째냐고…. 그놈은 정말 평생 도움이 안 돼.'

아담은 또다시 하나님을 원망했다. 그의 마음의 길은 큰아들 가인을 위해 뚫려 있었지만, 하나님의 마음은 그렇지 않았음을 인지하지 못했다. 그런데 가인이 악착같이 생존하지 않고, 온 가족이 땅에서 절망했다면, 아담이 절실히 회개하고, 빨리 하나님을 찾아 용서를 구하고, 간절히 도움을 구했을 수도 있었을 텐데, 사실 가인은 아버지가 회개하고 하나님께로 돌아갈 수 있는 길을 막아선 장본인이었다. 이 모든 불행의 시작이 하나님이라면 그 하나님을 더 알기 원해야 했는데, 가인은 하나님과 상관없이 자기의 힘과 노력으로 모든 문제를 해결해온 것이다. 그러니 어찌 가인과 그의 제물을 받을 수 있으며, 어찌 그 공로를 공로라고 보상해줄 수 있겠는가.

　그뿐만이 아니다. '곡식'(바르)과 '아들'(바르)은 히브리어로 같은 단어다. 소제는 곡식을 말려 볶아, 찧어, '가루'(샤바르)로 만들어 바치는 제사다. 곡식은 곧 양식으로, 십자가에서 돌아가실 하나님의 아들 예수를 상징할 뿐만 아니라, 가루(샤바르)는 아들의 형상을 의미하는 단어다. 그 가루로 누룩이 없는 진설병을 만들어 하나님의 제단에 항상 올리고, 하나님을 섬기는 제사장들이 나눠 먹을 수 있는 떡을 만든다.

　아담이 그런 하나님의 마음과 그 상징적 가치를 어떻게 알 수 있겠는가. 어떻게 가루가 되지 않은 생곡식을 제물로 받을 수 있겠는가. 이런 하나님의 마음도 모르면서 자기에게만 너무 집중했다. 자기와 자기의 소중한 곡식을 받지 않았다는 것에만 꽂혀서 분노했다. 그런 가인에게 하나님께서 "네가 분하여 함은 어찌 됨이며 안색이 변함은 어찌 됨이냐"고 말씀하신 것이다. 그만큼 가인은 아무것도 아는 것이 없다.

하나님의 말씀이 히브리어로 '다바르'인 것도 결코 우연이 아니다. 다바르는 '바르'(아들)에 히브리어 알파벳 달렛을 붙인 것인데, 달렛은 "문"이라는 뜻이 있다. 아들을 여는 문, 아들이 곧 하나님이시니 하나님을 여는 문이 말씀이며, 하나님을 여는 문은 곧 아들이라는 뜻이다.

아담의 습관적 불신

아담과 가인은 하나님과 하나님의 마음에 대해 오해가 깊었다. 자기가 받은 상처만 생각했지, 하나님이 왜 그렇게 하시는지 묻지도 않았다. 생존하기 바빠서 하나님의 의도와 목적에 대해서 궁금해하지도 않았다. 상감은 그렇게 자기에게만 집중하게 한다. 자기밖에 없다.

아담의 아들 가인은 그 죄질이 무척 악한 죄인이다. 아담의 상감이 아들에게 몇 배로 배가되어 유전된 것 같다. 어떻게 화가 난다고 자기 동생을 죽일 계획을 할 수 있는가? 들로 불러내어 이 말 저 말을 하다가 쳐 죽였다고 하니, 동생에게 화풀이를 하다가 자기 화를 못 이겨 살인까지 저질렀던 것 아닌가.

아담은 아들 가인이 하나님께 제사드리는 과정과 그 결과와 동생을 죽인 가인에게 땅에서 유리하는 자가 될 것이라는 형벌이 내려지는 과정을 다 보고 들었을 것이다. 그런데 아담은 왜 그때마다 자기 아들을 위해 하나님께 매달리며 아들을 용서해달라고 하지 않았을까? 자기가 잘 가르치지 못해서 그렇다고, 자기 잘못이라고, 아들은 자기 때문에 고생한 죄밖에 없다고, 불쌍히 여겨달라고, 아들은 용서해달라고, 아들을 대신해서 자기가 벌을 받겠다고 왜 매달리지 않았을까? 왜 그 일을 아들의 일이라고 여겨 아들이 해결하도록 맡겨놨을까? 아들은 아버지의 하나님이라서 순종하며 제물을 가지고 나온 것인데, 왜 아비 된 자로서 자기는 아무 죄가 없다는 듯 쏙 빠져버렸을까?

이런 엄청난 일이 일어났는데도 아담은 가인의 인생에 출현하지 않는다. 아내의 인생에서 사라진 것처럼 아들의 인생에서도 아버지 아담은 사라지고 없다. 마치 자기 잘못이 아니라는 것을 증명하려는 듯 거기 있지 않았다. 아담은 여전히 부재된 남편이었고, 부재된 아버지였다. 그것밖에 할 줄 몰랐다.

일관성 있게 반복적으로 지속하면 시스템이 된다. 습관적 빠지기, 습관적 부재가 그가 살아가는 시스템이다. 아담은 불신이 시스템으로 작동되는 순간부터 불신의 습관적인 증상인 'no-self'로 살아간다. '나 없다' 증상은 "너 없다 → 우리 없다 → 가족 없다 → 하나님 없다"로 결론이 지어진다. 불신은 안 믿는 것이 아니다. 자기가 없듯이 상대가 없는 상태다.

죄질이 나쁜 죄인

가인은 동생을 들로 불러내어 조목조목 따졌다.

"네가 무슨 짓을 했기에 하나님이 너와 너의 제물은 받았느냐? 내가 너보다 못한 게 뭔데 너를 선택했지? 무슨 짓을 했기에 하나님이 네 편이 되었어? 내가 너보다 선하지 않은 게 뭐고, 내가 너보다 못한 게 뭐야? 아벨, 절대 착각하지 마! 너는 나와 경쟁 상대가 못 돼. 알아? 과일 하나 따먹었다고 에덴동산에서 부모를 쫓아낸 자가 하나님일 수 없어! 뭘 보고 그가 하나님이야? 사람도 제대로 못 알아보는데. 그래서 난 절대 두렵지 않아. 난 하나님이 하나도 무섭지 않고, 이제부터 나는 그 하나님과 아무 상관없이 살 거야. 내가 너를 죽여서라도 그 하나님이 얼마나 잘못 판단한 건지 보여줄 테다."

동생에게 자기 모국어에 해당하는 진리를 쏟아낸 가인은 화를 못 이기고 동생을 쳐 죽였다. 한 가족이 하나님께 나아와 첫 예배를 드리고, 두 아들이 제물을 바치고, 하나님의 음성을 직접 들은 결과가 살인이라니 정말 끔찍하다. 형은 살인자가 되고, 동생은 형에 의해 살해당하고, 부모는 망가지고, 가족은 무너졌다.

사탄은 예배 행위를 너무 싫어한다. 그 순간조차 틈을 노려 사람이 넘어지기를 기대한다. 사탄은 자기를 버린 하나님을 예배하는 자가 무조건 싫은 것이다. 악으로 그 악을 갚는다. 사탄이 하나님과 전쟁을 선포한 것이다. 상감으로 예배하면 자기밖에 보이지 않아 결국 반드시 망가진다.

그러므로 예물을 제단에 드리려다가 거기서 네 형제에게 원망들을 만한 일이 있는 것이 생각나거든 예물을 제단 앞에 두고 먼저 가서 형제

와 화목하고 그 후에 와서 예물을 드리라 마 5:23-24

망한 예배, 망한 가족

한 사람의 잘못된 예배와 그가 드린 제물이 얼마나 큰 재앙을 불러오는지 우리는 한 번쯤 깊이 사고해야 한다. 하나님을 깨닫지도, 알지도 못하면서, 상한 감정을 가진 사람이 예배하는 행위와 그가 드리는 제물이 관련된 사람들에게 얼마나 큰 재앙이 될 수 있는지에 대해서 말이다. 사탄은 그 순간에도 자기 땅따먹기와 자기 소유 주장하기를 쉬지 않기 때문이다.

이 사건으로 인해 가인은 하나님과 가족과 자기 삶의 터전에서 쫓겨나 친숙했던 모든 것으로부터 단절되어 땅에서 유리하는 자로 전락한다.

땅이 그 입을 벌려 네 손에서부터 네 아우의 피를 받았은즉 네가 땅에서 저주를 받으리니 네가 밭을 갈아도 땅이 다시는 그 효력을 네게 주지 아니할 것이요 너는 땅에서 피하며 유리하는 자가 되리라 창 4:11-12

그러나 이미 광란의 칼자루 위에 올라탄 가인은 동생을 죽인 뒤에도 그 죄와 심각성을 깨닫지 못하고 하나님의 명령을 따르지 않았다. 가인의 마음에 이미 하나님은 없었다. 더 큰 문제는 그가 죄에 대한 책임을 지도록 내려진 하나님의 처방책을 따르지 않았다는 것이다. 가인은 하나님의 말씀대로 땅에서 유리하는 감옥살이를 살지 않았다. 오히려 넘어지면 코 닿을 에덴 동쪽 놋 땅에 성을 쌓고, 그 성을 자기 아들의 이름으로 에녹이라 이름하여, 보란 듯이 가족 도시를 건축하였다. 하나님 없이도 스스로 잘 살 수 있다고 첫 가족 국가를 탄생시켜서 "하나님은 없다", "사람이 먼저다", "내가 나의 주인이다", "사람이 계획하고 사람이 이룬다"라고 부르짖는 첫 인본주의적 독재국가를 탄생시킨 것이다.

사람이 충격을 받으면 그 충격으로 거기 머물러 있게 된다. 아담이 그랬고 가인이 그랬다. 부족했던 모든 경험을 거기에 덧대어 온갖 치장을 다한다. 자기의 모든 생활 에너지를 충격받은 그 사건, 그 시간에 쏟아붓는다. 아버지에게 사랑과 인정을 받지 못했던 것, 자기만 바라보며 사는 엄마, 도움이 되지 않으면서 평생 자기 값과 격과 질을 떨어뜨리는 동생, 그리고 자기가 생존해야 했던 모든 험악한 생활과 상황들이 전부 아버지를 그 지경으로 만든 하나님이라는 작자의 소행이라는 정의를 끝마친 것이다.

자기는 어떻게든 그 하나님과 회복해보려고 최선을 다했는데, 하나님이 이제는 자기마저 넘어뜨린 것이다. 이 집안을 박살 내려고 작정한 것이다. 아니면 미안해서라도 자기 제물을 받았어야 하는 것이 아니냐는 공식이다. 누가 봐도 형인 자기가 더 똑똑하고, 더 성실하고, 자타가 공인하는 집안의 영웅이요, 구원자요, 해결사인데 하나님의 눈이 삐었다. 자기의 곡식이 아벨의 더러운 양보다 얼마나 더 좋은 제물이었는지 모두 다 아는 사실이니 하나님의 실수를 그냥 넘길 수 없는 노릇이다. 그렇지 않아도 누구에게 이 분

풀이, 한풀이, 살풀이를 해야 했는데, 마침 그 대상과 사건을 찾은 것이다.

자기는 무능한 아버지처럼 쪼그라들지 않을 것이라고 다짐한다. 자기가 얼마나 잘난 놈인지 증명하고 선포한다. 하나님의 말을 들으면 아버지처럼 무능력자가 되고, 하찮은 동생보다 못난이로 살아야 하니, 그것은 절대 용납할 수 없다. 바보 같은 자식을 죽어버렸으니, 이제 자기라도 잘 돼서, 이 집안을 일으켜 세워야 한다고 다짐하고 다짐한다. 이것이 상감의 능력이다.

밭을 갈아도 땅이 다시는 그 효력을 주지 않을 것이고, 땅에서 피하며 유리하는 자가 되라고 했지만, '누구 맘대로! 이제 나까지 넘어뜨려? 우리 가정의 씨를 말리겠다는 수작인데 그리 호락호락 넘어갈 수는 없지. 절대 그렇게 되지 않을 거야.' 가인은 이를 악물고 최선을 다할 수밖에 없었다. 농사를 못한다고 해도 상관없었다!

때로 우리도 예배하거나 기도하는 행위를 통해 자기의 옳음을 증명하려고 한다. 그것이 하나님은 내 편이고, 너희는 틀렸다고 알리는 도구가 된다. 조금 일하고, 조금 고생하고, 조금 헌신하면 스스로 공로자요 영웅심리에 빠진다. 하나님 앞에서도 당연히 자기 몫의 전리품을 챙기려고 안달한다.

출-에덴 후 아담의 가정 시스템은 가인을 중심으로 작동한 것이 틀림없다. 가인에게 아담의 부재가 상감이었지만, 가인은 아담보다 더 심각한 사연의 강자가 되어 그 가정 시스템의 마스터로 등급하였고, 자기의 모국어로 가정을 작동시켰을 것이다. 가인은 자기의 상감으로 정의된 법을 만들어 선포하여 살인 이후에도 너무 당당하다. 하나님의 법과 벌은 이미 가인과 아무런 상관이 없었다.

하나님의 위대하심과 광대하심을 경험한 적 없는 가인에게 하나님은 그저 과일 하나 따먹었다고 화가 나 자기 부모를 에덴동산에서 쫓아내 폐인으로 만든 쪼잔하고 치사한 신일 뿐이다. 그런데 이제 자기까지 코너로 몰아 집안을 완전히 망가뜨리려고 하니 그런 신에게 치를 떨 수밖에. 그런 가인이기에 자기 죄까지 사하여 구원해주실 예수님을 상징하는 양과 겸손한 예수님의 마음을 원하시는 하나님의 계획을 알 수 있는 기회를 놓친 것이다.

가인은 자기 인생에서 하나님을 없애버렸다. "신은 죽었고 하나님은 없다"가 가훈이다. 가인은 반드시 에녹 성을 발전시켜서 자기를 증명해야 했다. '나보고 땅에서 유리하는 자가 되라고? 내가 왜? 아벨 때문에 땅에서 저주를 받는다고? 내가 뭐 그런 말에 겁먹을 줄 알아! 아무것도 몰랐지만 내가 농사를 지어낸 사람이야. 농사 아니면 할 줄 아는 게 없는 줄 알아? 내가 어떻게 사는지 보여줄 테니, 두고 봐!'

가인의 정착

가인은 여자를 만났고, 자식을 낳았으며, 성을 쌓고 정착했다. 아들의 이름인 에녹으로 성의 이름을 삼았고, 가인의 5대손인 라멕은 일부다처제의 조상이 되고, 그의 아내 아다가 낳은 첫 아들 야발은 장막에 거하며 가축 치는 자의 조상이 되었고, 둘째 아들 유발은 수금과 퉁소를 잡는 모든 자의 조상이 되었다. 다른 아내 씰라가 낳은 두발가인은 구리와 쇠로 여러 가지 기구를 만드는 자의 조상이 되었다. 결국 가인은 농사짓지 않는 자들의 조상이 되었을 뿐만 아니라 온갖 쾌락과 전쟁의 불씨를 낳는 무기 장사꾼들의 조상이 된 것이다.

> 라멕이 아내들에게 이르되 아다와 씰라여 내 목소리를 들으라 라멕의 아내들이여 내 말을 들으라 나의 상처로 말미암아 내가 사람을 죽였고 나의 상함으로 말미암아 소년을 죽였도다 가인을 위하여는 벌이 칠 배일진대 라멕을 위하여는 벌이 칠십칠 배이리로다 하였더라 창 4:23-24

라멕이 이렇게 말했다. 가인이 시작한 이 가족 국가를 망가뜨리지 않고 영위하기 위해 라멕이 얼마나 무고한 생명들을 해쳤는지 말한다. 가인을 위하여는 벌이 칠 배라면 라멕을 위하여는 벌이 칠십칠 배라고 하니, 언뜻 듣기에 라멕이 자기 죄가 얼마나 중한지를 말하는 것 같지만, 아니다! 오히려 라멕은 자기를 해치는 자가 칠십칠 배나 되는 벌을 받을 것이라고 말한 것이다. 지독한 자기중심적 해석이다.

하나님이 땅에서 유리하는 벌을 내렸을 때, 가인은 혹 사람들이 자기를 해치면 어떻게 하느냐고 물었다. 그때 하나님의 대답이 너를 해치는 자는 벌을 칠 배나 더할 것이라고 하셨다. 가인에게 내린 벌은 그를 죽이려는 것이 아니라 깨닫고, 회개하고, 돌아서게 하기 위함이었다. 혹 사람들이 가인을 해친다면 가인이 그 벌을 받지 못하게 되고, 회개할 기회가 없어지니까 가인을 해치는 자에게 벌을 칠 배나 더할 것이라고 하신 것이다. 그러나 가인은 후손들에게 그 말씀을 전할 때 자기의 죄 때문에, 벌을 받는 상황에서 그 벌을 잘 받도록 하신 하나님의 배려였음을 알리지 않고, 자기가 특별해서, 하나님이 자기를 특별하게 보호하신 것이라고 거짓말을 한 것이다.

그 거짓말이 라멕에게까지 내려와 엉뚱한 신화를 만들어냈다. 가인이 이 가족 국가를 건설하기 위해 많은 나쁜 짓을 했지만, 나는 이 나라를 더욱 강건하게 만들기 위해 더욱 나쁜 짓을 할 수밖에 없었으며 사람들을 죽였고 소년들을 죽였다는 것이다. 그러나 가인을 해하는 자는 벌이 칠 배였지만, 나 라멕을 해하는 자가 있다면, 그 벌은 칠십칠 배가 될 것이니 나를 건드리면 하나님이 혹독한 벌을 주실 것이라고 말이다.

단 한 번도 하나님에 대해 관심을 갖지 않았지만, 자기 증명, 자기 강화, 자기 보호와 자기 유익을 위해서는 막무가내로 하나님을 이용할 줄 아는 사람이 일어난 것이다. 라멕은 그 국가의 일인자다. 일부다처제에 땅과 상관없는 직업을 가진 여러 자식들까지, 가인이 세운 국가는 하나님 없이 강성해져갔다.

가인은 약간의 진리와 많은 거짓을 버무려 나라를 건축했다. 부분적으로 진리이니 거짓말이 아니라고 스스로를 위로했다. 성공하는 것이 중요하기 때문에 과정은 어쩔 수 없다는 것이다. 모른 척,

당연한 척, 어쩔 수 없는 척, 하는 척하고, 필요하다면, 그리고 유리하다면 없다고 정의한 하나님마저 도구로 이용할 뿐이다.

죽이고 죽는 생존 경쟁 시스템

아담과 가인의 가정 이야기는 상감으로 작동하는 사람들의 거울이다. 불신으로 시작해서 변질된 수치감과 변질된 죄책감으로 발전하는 본보기다. 에녹 성 가족 국가는 인본주의적이고 이기주의적이다. 힘과 능력 위주의 가족 나라다. 말 그대로 죄가 넘치는 악의 성이다. 약육강식과 힘의 원리로 작동하는 철저한 빵의 전쟁터다. 그러므로 라멕의 벌이 칠십칠 배라는 말은 자기 악의 자랑이요, 타인들에게 자기를 넘보지 말라는 강한 엄포다.

라멕은 가인이 낳은 악이다. 가인의 악이 5대를 지나며 칠 배에서 칠십칠 배의 세력으로 증폭했다. 땅에서 피하며 유리하는 자로 저주받은 가인의 후손이 땅의 소산과 직접적인 연관성이 없는 직업으로 생존하면서 더 강력해졌다. 가축과 쌀을 바꾸고, 노래와 흥으로 거래하고, 도구와 무기를 판매하고, 당연히 여자와 어린 소년을 팔고, 죽여도 어쩔 수 없었다는 말이다. 가인과 그 후손들은 놋 땅을 본거지로 삼아, 변질에 변질을 거듭하며 상한 감정 시스템으로 똘똘 뭉친 개인과 가정과 사회와 도시와 국가로 날로 번창했으며, 서로 해치고 죽이며 살아가는 생존 경쟁 시스템으로 운영되었다.

방황하는 땅, 놋

놋은 히브리어로 "앞뒤로 왔다 갔다 하며 갈피를 못 잡아 방황하는 땅"이라는 뜻이다. 하나님과 가족, 땅으로부터 추방된 자의 현실이 어떤지 명확히 알려주는 땅이다. 땅에서 피하며 유리하는 자는 어딘가에 거하면 안 된다. 그러니 가인이 거했다면 그 땅이 방황하는 땅이 되는 것이다. 길에서 방황하며 하나님을 찾고 찾아야 안식을 얻을 수 있는데, 그는 길에서도, 성에서도, 안식을 찾지 못했다. 그 땅은 가인 때문에 놋이라 이름하였고, 놋 땅에 거하는 자마다 방황하는 자가 되는 것이다.

땅의 정체성과 죄의 유전자

하나님을 제외하면 땅은 사람의 원천이요, 정체성이다. 죄지은 이후 "너는 흙이니 흙으로 돌아갈 것이니라"(창 3:19)라는 하나님의 말씀이 이를 증명한다. 땅이 곧 사람의 값이 된 것이다. 하나님의 형상을 따라 모양대로 사람을 지으신다는 말씀은 사람이 흙으로 지어지기 이전이다(창 1:26-27). 그러므로 사람의 원천은 하나님이요, 그의 정체성 또한 하나님인데, 사람이 죄를 지은 이후 사람의 값과 정체성이 흙으로 변환되었다. 하나님이 아니면 사람의 존재 목적이나 이유, 역할과 기능 등 그 어떤 것도 설명해줄 근거와 근간이 없다. 하나님이 사람의 정체성의 근원이신데, 하나님은 없다고 정의해버리니 그 근원을 찾을 수 없어 원숭이까지 들먹이게 된 것이다.

"너는 하나님이니 하나님께로 돌아갈 것이니라"라고 선포되었어야 했다. 그러나 죄가 하나님으로부터 사람의 영적 탯줄을 끊어버렸기 때문에 사람은 땅에서 유리하는 자가 되고, 흙밖에는 달리 자기를 설명할 수 있는 근거가 없게 된 것이다. 죄를 지은 농사꾼 가인에게 주시는 하나님의 메시지는 "가인아, 땅에서 떨어져라. 땅은 너의 정체성이 아니다. 원래 나 하나님이 너의 근원이다. 땅과 멀어져라. 하늘을 봐라. 나를 찾아라. 그래야 산다"였을 것이다. 땅이 자기의 원천이 된 사람이 땅과 긴밀하게 관련되어 있으면 땅은 그 사람에게 끊임없이 영향력을 발휘한다. 땅이 망가지면 사람도 망가지고, 사람이 망가지면 그 땅 역시 망가진다.

아담의 죄 이후로 사람이라면 죄라는 영적 유전자를 가지고 태어난다. 사탄은 영적 존재다. 영적 존재 중에서도 타락한 존재인 사탄이 가장 하급이고, 그의 언어가 가장 천하고 악하다고 정죄된 언어라는 것을 깨달아야 한다. 문제는 죄인이 사탄에게 속하여 순종해야 하는 관계가 설정되었다는 것이다. 그래서 사탄이 사람을 부리고 악용하고 자빠뜨린다.

죄인은 누구 할 것 없이 상감 언어를 주된 언어로 사용한다. 회개도 용서도 할 수 없는 사탄은 영원 세계에서나 물질 세상에서도 가장 상한 존재다. 그렇기 때문에 상감 언어를 사용하는 사람을 자기 손아귀에 넣고 삼켜버린다. 그러므로 상감자는 절대 사탄을 이길 수 없다. 악으로도 사탄을 이길 수 없고, 물질의 법으로도 사탄을 이길 수 없다. 죄와 사망의 권세를 가진 사탄에게는 죄인이 맛있는 양식이 되고, 죄인을 죽이고 멸망시킬 때 비로소 배가 불러 만족할 것이다.

죄의 유전자는 사람을 상하게 하여 뒤틀린 상감 언어에 목숨을 걸고 살게 한다. 사탄은 식은 죽 먹듯 쉽게, 사람을 조정하고, 싸우게 하고, 관계를 분열시켜서 서로 망가지게 한다. 상감자는 관계하면서 싸우고, 일하면서 분열한다. 자기 유익과 보호와 안 보장을 위해 언제 어디서나 누구와도 전쟁을 마다하지 않는다. 온 사방이 적이요, 원수다. 상한 자는 상감을 무기 삼아 상한 만큼 능력을 발휘한다. 사탄은 오늘도 여지없이 상한 자의 머리 위에 악의 관을 씌우고, 자기 승리의 깃발을 휘날린다. 쓰러진 상감자를 전리품으로 취하면서 말이다.

03
상한 감정에 무너지지 마라

언어 중 가장 탁월한 언어는 하나님의 영적 언어다. 가장 고상하고 가장 귀한 언어라서 어떤 상황에서도 모든 것을 초월한다. 영적 언어는 사람이 하나님과 소통하고, 사람이 사람과, 그리고 자연과도 소통할 수 있는 유일하고 탁월한 언어다. 영적 언어는 그 자체로 능력임에 틀림이 없다. 영적 세계에 가보지 않았어도, 그 언어를 안다면 영적 세계를 경험할 수 있는 길이 열리고, 하나님과 그분의 세계를 알 수 있도록 직접 경험하는 것도 가능하다.

한 사람이나 한 나라를 안다는 것은 먼저 그의 고유한 언어를 아는 것이다. 누구를 알려면 그 사람의 상감 언어를 알아야 한다. 그 상감의 사연을 알게 되면 결국 그 사람의 상함의 정도도 알게 된다. 상감이 그 사람의 값이기 때문이다.

죄가 가져온 네 가지 큰 비극이 있다. 첫째, 사람마다 죄의 유전자를 가지고 태어난다는 사실이요, 둘째, 하나님으로부터 단절된 삶을 살아간다는 것이며, 셋째, 상감이 기본 언어가 되었다는 것이고, 넷째, 사람이 이 사실을 모르고 산다는 것이다. 이 네 가지 비극을 알아야 대책을 세울 수 있는데, 그것을 모르니까 매번 상감에 속수무책으로 당하는 것이다. 상한 감정 시스템은 작동하고 있고, 매번 똑같은 문제로 상처를 받는다. 같은 방법으로 아파하고, 똑같은 일 때문에 마음고생이 심하다.

오리지널 감성 언어의 능력

죄의 유전자가 되물림된다는 이 큰 비극 앞에서 그저 하나님이 없다는 식의 안정제를 복용한 상태로 자가 치료를 해나간다면 더 큰 병을 만들게 된다. 죄인이자 상감자는 무척 강하다. 강한 법과 큰 두려움으로 억압하고 조정한다 해도 쉽게 조정이 되지 않는다. 왜냐하면 그들이 이기주의자요, 워낙 각자도생이기 때문이다. 처절한 투쟁의 결과로 자유를 얻었다 해도, 막상 자유를 손에 쥐면 사유화된 힘과 능력으로, 썩은 권력과 권세의 두루마리를 입고, 부정부패로 배불리게 된다. 타락과 방종은 가족과 사회를 망가트리고 나라를 망하게 한다. 하나님과 다시 연결되어야만 해결되는 인생인데, 하나님이 없다는 정답을 이미 내버렸으니 쾌락, 타락, 하락은 막을 수 없는 쓰나미일 뿐이다.

사람의 격과 질과 그 값은 하나님만이 회복시킬 수 있고, 다시 세워주실 수 있다. 상감자는 누구를 막론하고 마음의 병과 육체적 질병으로 얼룩진 인생을 살아간다. 돈이 있으면 조금 편하게 살 수 있겠지만, 알다시피 세계 1위 부자라도 불행한 상감자이기는 마찬가지다. 해가 뜨는 게 무섭고, 사는 게 싫다. 못 살겠다. 죽고 싶다. 의미가 없다. 불행의 굴레에서 벗어날 수 없어 약물에 의존하고 온갖 중독에 빠진다. 가장 상하고, 가장 아픈 방법으로, 자신의 병적인 사랑을 풀어낸다. 상감은 사용하면 할수록 썩은 내를 풍기는데도, 상한 자는 그 냄새를 맡지 못한다. 상감이 이미 온몸에 배어 있어서 그것이 자기 냄새인 줄 안다는 것이 큰 비극이다.

감성은 감정의 오리지널 상태라고 이미 정의했다. 감성은 죄로 변질되거나 뒤틀리지 않은, 사람의 오리지널 언어의 틀이자 능력의 틀이다. 우리의 존재 목적을 이룰 수 있도록 민첩하게 도울 수 있는 강력한 도구다. 감성은 사람의 능력치를 최대로 올려줄 수 있는 언어의 틀이다. 어떤 상황과 문제도 넉넉히 풀어갈 수 있는 따뜻하고 폭넓은 언어다. 아량과 배려와 긍휼과 은혜가 하늘만큼 높은 언어다.

사기꾼이라고 떼어 말려도 이미 믿어버린 그 사람을 저버릴 수 없어서 끝내 사기를 당하게 되고, 그러고 나서야 관계를 단절하는 경우가 있다. 그것이 상감이 하는 짓이다. 어떤 사람과는 하나가 되고자 엄청 노력한다. 그것을 의리라고 부르기도 한다. 그런데 사랑할 줄 모르면 의리로 산다. 의리는 선악과를 먹은 상태라고 할 수 있다. 안 믿어야 할 때 믿게 하고, 때로는 어떤 사람의 죄와 허물도 덮어줄 수 있는 능력까지 발휘한다. 흔히 눈에 넣어도 안 아픈 내 새끼라고 표현하는데 틀리고 잘못된 것을 알지만, 눈 감고 모른 척해주는 능력이기도 하다.

상감도 이렇다면 오리지널 감성은 어떻겠는가? 사람이 계산할 수 없는 능력이요, 이기를 초월하고 한계를 뛰어넘는 능력이다. 기억하는가! 감정은 죄로 변질되고 상해버린 생존 언어 시스템이다. 감성이 살아나지 않는 한, 이 세상에서 상감을 이길 언어 시스템은 없다. 불신이라는 감정이 극도로 발휘되면 살인도 마다하지 않는 힘이 되고, 자국의 유익을 위해 전쟁을 불사하는 능력도 된다. 말도 안 되는 명분을 내걸고, 자기 자신을 속이는 일조차 힘들어하지 않는다. 다 상감이 탐심을 부려 생산하는 능력이요, 결과요, 악이다. 그러니 다시 생각해보라. 오리지널 감성 언어의 능력은 어떨지 말이다.

감성의 끌개와 상감의 자기 기만

사람을 죄에서 구원하기 위해 하나님의 독생자 예수를 십자가에서 죽게 하신 하나님 아버지의 사랑의 능력이 바로 하나님의 감성의 결과다. 하나님의 영성이 아버지 되는 것이라면, 그 아버지의 감성은 사랑이다.

그 감성이 다시 재작동하게 되면 그 사람은 친구를 위해 기꺼이 자기 목숨도 내어주고, 배신하고 살인한 자까지도 용서하고, 가족이 되게 한다. 그러니 오리지널 감성이 회복되어 작동한다면, 이 세상이 얼마나 살 만할지 한번 상상해보라. 단 한 명이라도 우리 주위에 그런 사람이 살고 있다면, 거기에는 이미 천국이 이루어져 있을 것이다.

결혼하지 않은 처녀가 아프리카의 고아들을 위해 자신의 인생을 바쳤다. 누군가는 온 가족을 데리고 척박한 아마존 정글에 들어가 인디언 한 명의 영혼 구원을 위해 평생 수고하기도 한다. 자기 아들을 죽인 공산당을 양자로 입양하여 사랑하며 살았던 손양원 목사님, 나치의 핍박에서 유대인들을 구해낸 독일인 오스카 쉰들러가 그렇다. 고멜과 같은 창녀를 아내로 맞아 품어주고 위로하며 감싸준 호세아도 그렇다.

이런 일들은 지금 우리가 살고 있는 생활 환경에서 본다면 비정상적인 이야기들이다. 상한 감정이 펼쳐가는 세상은 자기 공로 아니면 열등으로 계산될 뿐이다. 이런 현실 속에서 대가를 바라지 않고 헌신하고 수고하는 단 한 명만 있어도 마음이 푸근해지고 존경심이 절로 일어난다. 우리는 그렇게 살고 싶다. 누구라도 이 오리지널 감성과 능력이 발휘되는 환경에서 살기를 갈망한다. 때로는 미치도록 사모하고 뜨겁게 열망한다.

우리는 마땅히 사랑해야 할 사람을 사랑하는 것 이상으로, 어떤 고귀한 것을 위해 목숨을 걸고, 자기의 열정과 감성을 불태울 수 있는 기회가 주어지기를 소망하기도 한다. 이것을 감성의 끌개라고 부른다.

서로 의심하고 미워하며, 경쟁하고, 거리 두고, 각자 제 할 일만 하며 사는 그런 세상은 정말 경멸스럽다. 이유 모를 슬픔이 올라오고, 아무리 화를 내지 않으려고 애써도 화를 조절할 방법을 모른다.

슬픔, 불안, 분노, 쾌락에 점령되어 상감에 두 손 두 발 다 들어버리는 경우가 너무 많다.

당뇨 때문에 단 것이나 탄수화물 섭취를 조절해야 한다는 것을 알지만, 도넛을 먹고 싶다는 충동의 방아쇠가 당겨지면 그 충동을 조절할 능력이 없다. 불면증 때문에 저녁에는 커피를 마시지 않아야 하는데, 좋아하는 커피도 한 잔 자유롭게 못 마신다면 그것이 사는 것이겠냐고 하며 그윽한 커피 향에 빠져든다. 결국 한숨도 자지 못한다. 이것이 다 상감의 끝개요 자기 기만이다.

기만과 모순의 거짓 언어를 대체하라

우리는 자기 기만과 자기 모순이 판치는 거짓 게임을 결국 끝내지 못한다.

* 내일 김 선생을 만나야 하는데, 마땅히 입고 나갈 옷이 없군. 옷장이 터질 만큼 옷이 많아 쇼핑할 명분이 없었는데, 마침 너무 좋은 이유가 생겼지 뭐야. 나에게 마땅한 치마가 없어.

* 사실 사무실 김 과장은 생각만 해도 구역질이 난다. 느끼한 얼굴과 능글능글한 눈웃음, 징그러운 몸짓…. 교통사고라도 나서 잠시라도 안 볼 수는 없을까?

* 남편인 내가 좀 더 신경쓰고 관심을 주면 해결될 일이라는 것을 안다. 하지만 사랑에 굶주려 매일 환자 놀이나 하는 아내가 그냥 귀찮고 지겹다. "당신이 좀 알아서 해", "의지하려는 버릇 좀 버려", "회사 일만으로도 머리가 터질 것 같아!" 으름장을 놓아 가까이 오지도 못하게 한다. 나는 그냥 그러는 게 싫다.

* 둘째는 귀엽고 너무 좋은데, 첫째는 자기 아빠를 쏙 빼닮아 왠지 싫다. 큰애가 다가와 말만 걸어도 왠지 신경질이 난다. "당신이 제일 좋아하는 아들이니, 당신이 놀아줘!", "난 둘째 보기에도 버거워! 너무 힘들어", "내 시간은 없고, 하루 종일 집안 살림에 자식들 돌보느라 늙지 늙어!", "당신은 집에 들어오면 아무 일도 할 게 없지? 어휴 지겨워." 불똥이 엉뚱한 데로 튄다.

* 김치 좀 더 달라는 내 말을 들은 척도 안 한다. 목소리가 작았던 것도 아닌데. 사람들은 왜 좋게 말할 때 말을 안 듣지? 인상 쓰고 화를 내야 듣나? 소리를 질러야 해? 어휴, 관두자. 내 품격만 떨어져. 인품 좋은 내가 참아야지.

　　자기 기만은 자기의 모순을 알면서도 그것은 철저히 은폐하고 자기의 정당성만을 내세우는 중독이다. 기본적으로 자기는 옳고, 자기는 항상 남을 배려하고, 자기가 참고, 자기가 손해 보고, 자기가 애쓰고, 자기가 수고한다. 자기의 값을 드러내기 위한 순간 모면의 거짓 수단이다. 자기만 아는 값질이요, 자기가 자기에게 하는 갑질이다. 그러면서도 마치 상대를 위한 자신의 자원봉사처럼 믿는 것으로 이것을 자기 기만이라고 정의한다.

상감은 사탄이 사람을 넘어뜨리기 위해 사용하는 무기 언어다. 언제든지 필요하면 정곡을 찔러 사람을 쓰러뜨린다. 상감 언어를 사용하면서 사탄의 조정권에서 벗어난다는 것은 불가능한 일이다. 놀라운 것은, 예수를 믿고 말씀을 접하면, 상한 감정으로 살아가는 자기 모습을 보게 되고, 그에 대해 비참함을 느껴 치유되기를 원하고, 온전한 모습으로 회복되기를 소원한다는 것이다.

그래서 도움을 요청하고, 필요한 상담도 받고, 치유 집회에도 가고, 기도하며 청소와 수리를 원한다. 그런데 문제는 상감은 청소하고 수리하고 정리정돈을 잘할지라도, 상감 언어 시스템이 제거되지 않고 여전히 작동한다는 것이다. 언어 구조가 그대로 있다는 뜻이다. 미국에 갔지만 작동하는 언어 시스템이 한국어라면 그 말밖에 할 수 없는 것과 같다. 상감을 대체할 다른 언어 시스템이 없다면 아무것도 변한 것이 없다.

새로운 언어를 준비하라

더러운 귀신이 사람에게서 나갔을 때에 물 없는 곳으로 다니며 쉬기를 구하되 얻지 못하고 이에 이르되 내가 나온 내 집으로 돌아가리라 하고 가서 보니 그 집이 청소되고 수리되었거늘 이에 가서 저보다 더 악한 귀신 일곱을 데리고 들어가서 거하니 그 사람의 나중 형편이 전보다 더 심하게 되느니라 눅 11:24-26

겉으로 드러나게 작동되는 잡다한 상감을 청소했더라도, 그 시스템 자체를 다른 것으로 바꾸지 않았다면 오히려 상감이 일하고 싶은 더 좋은 환경을 만들어주는 꼴이 된다. 귀신이 나갔다가 일곱 귀신을 데리고 들어왔다는 이야기로 이해하면 좋겠다. 자기의 상감에 대한 이해와 깨달음은 그에 대한 면역력과 근육을 키워주지만, 상감과 싸우는 것만으로는 그 사람의 형편이 좋아지지 않는다. 다른 언어 체계가 작동하지 않는 한, 자기 언어 시스템은 여전히 근실하다.

매일 똑같은 상감으로 사람을 넘어뜨리던 귀신이 어느 날 그 사람에게서 나갔다가 들어와 보니, 그 집이 청소되고 수리되어 있었다. 악을 저지르기에 더 잘 정리된 상황, 무엇을 건드려서 넘어뜨릴지 더 명확해진 것이다. 상감 게임이 더 재미있어졌다. 자기 기만이 더 세련되어졌기 때문이다. 그래서 수리된 집을 풀가동시키기 위해 악한 귀신 일곱을 더 데리고 들어와 놀이를 시작한다. 성경에서는 그 사람의 형편이 더 나빠졌다고 한다.

따라서 우리가 새 언어를 준비하지 않고 청소만 하면 소용이 없다. 변화는 불가능하다. 사건을 새롭게 해석할 수 있는 선한 언어 시스템이 준비되지 않으면 여덟 귀신이 함께 더 놀기에 좋은 터전을 제공할 뿐이다. 옛사람을 치유하고 옛 언어를 청소했지만 해결된 것이 아니라는 뜻이다. 옛사람은 사탄의 소유이기에 치유하고, 고치고, 또 고쳐도 다시 돌아가고, 더 나빠지기도 한다. 상감은 악의 다이내믹이다. 반드시 상감과 상관없는 다른 언어 체계를 갖추어야만 돌파할 수 있다. 새로운 언어 시스템만이 해결책이다.

상감에 상감을 더하는 한 변화는 없다

우리 인생은 고생과 고난이며, 행복은 하나님의 은혜 안에서만 누리는 덤이자 복이다. 그러니 불행해서 쓰러질 일은 없다고 자기를 다잡는 다른 언어가 우리에게 작동해야 한다. 당연한 불행에 놀라지 말고, 순간 상감을 건강한 감성으로 변화시킬 줄 아는 능력을 키워야 한다. 이것이 진짜 하늘이 내려준 지혜로움이다.

물 없는 곳을 헤매던 뱀은 에덴동산에서 살고 있는 아담과 그의 아내의 일거수일투족을 관찰하고 연구했을 것이다. '여자를 넘어뜨리려면 어디를 찔러야 할까? 어떻게 하면 물이 넘치는 저 여자의 집이 내 집이 될 수 있을까?' 그리고 발견한 것이 여자의 바닥을 치고 있는 존재 값이었다. 아담의 아내는 자기 값에 불만족했다. 에덴동산의 모든 일은 남편의 말과 손으로 다 경영되고 이루어지는 상태였다. 에덴동산에서 살림을 해야 하는 것도 아니고, 남편이 자기의 도움을 필요로 하지도 않았다. 여자는 자기 값을 몰랐고, 어떻게 자기 값을 내야 하는지도 몰랐다. 그냥 남편과 함께 있기만 하면 되는데, 그것이 그리 쉽지 않았다.

존재는 기능값으로 그 존재 값을 증명한다. 그녀는 아무것도 하지 않아도 되는 삶의 값이 무엇인지 알지 못했다. 아담은 아는 것이 많은데, 자기는 아는 것이 없었다. 할 수 있는 것도 없었다. 아무 일도 없고, 아무 공로도 없는 자신과 자신의 값에 허(虛)가 생긴 것이다.

사람은 자기 존재의 값, 기능의 값, 성취의 값, 공로의 값이 동일하다. 그런데 그녀는 존재의 값의 허를 가지고 있었고, 아담은 하나님이 데려다주신 그녀에게 잘 보이고 싶은 관계의 값의 허를 가지고 있었다. 남편의 갈빗대로 지어져 자기 값이 온전히 남편에게 있었던 아내, 하나님이 데려다주신 아내가 좋았고, 자기를 좋아해주기를 바라서 아내의 눈치를 살폈던 아담, 뱀은 바로 거기에 불화살을 쏘아 적중시켰다. 하와는 자기도 아담처럼 지혜롭고 싶었다. '어떻게 저렇게 아는 것이 많을까. 그런 아담이 여호와의 지혜를 우러러본다. 그분의 모든 것을 감격스러워한다. 나도 하나님처럼 되고 싶다.' 지혜로움이 탐스러운 열매가 되어 그녀 속에서 무럭무럭 자라갔다.

사탄은 바로 상감자들의 우두머리다. 그의 상처는 회복 불가능하기 때문이다. 사탄은 속이고, 헐뜯고, 복수하고, 죽인다. 잔혹하고, 무섭다. 상감은 죄의 결과요, 악을 생산하는 언어 체계다. 사탄은 이 상감 언어를 애지중지한다. 상감은 더 강한 상감으로 풀어가는 사악한 공식에 의해 작동한다. 상한 아비로부터 자식이 상하면, 자식은 더 악한 상감자가 되어 아비에게 복수한다. 그런 사람이 자기 자식에게는 잘할까? 보편적으로 상처만큼의 아버지가 된다. 그 악을 끊으려고 하면 오직 예수의 성령에 점령되어 사는 방법밖에 없다.

복싱 선수 조지 포먼의 이야기를 알 것이다. KO승으로 승승장구하던 조지 포먼이 무하마드 알리에게 KO패를 당했다. 그 후 그는 은퇴하여 예수를 믿고 전도사가 되어 자기 화를 다스릴 수 있었다. 10년 후 그는 다시 링으로 돌아와 두 번째 챔피언이 되었는데, 이제 그는 상대를 쓰러트려야 하는 적으로 보지 않고, 복싱을 건강한 스포츠로 보고, 건강한 방법으로 경기하여 승리했다. 상감은 끊이지 않는 악한 사이클이다. 그래서 저주다. 그러나 건강한 감성은 선순환을 일으킨다.

상감 시스템은 더 큰 악을 선택하는 것으로 상황을 해결하고, 좀 더 담대한 악을 선택함으로 복수하고, 좀 더 강한 악을 선택함으로 제압하고, 좀 더 교활한 악을 선택하여 기만한다. 그것이 상한 이 세상 시스템에서 생존할 수 있는 악한 상감의 언어 능력이다. 착하면 바보, 약하면 빼앗기고, 정직하면 진다는 공식이 작동한다. 자기를 보호하기 위해서는 더 큰 힘과 더 강한 권력이 필요한데, 상감이 아니면 아무것도 얻을 수 없는 현실을 피부로 알게 된다.

에덴에서 쫓겨나 뭔가 부적절한 사람들처럼 살아가는 아담의 식구들, 에덴 밖에서 태어나 부모보다 빠삭하게 세상을 파악하여 생존했던 가인, 패기 넘치는 농부로 살아가는 젊은 가인은 하나님이라는 존재 자체를 자기의 사전에서 없애버리고, 자기가 전능자요,

왕이요, 주인이요, 지도자로서 자기 집, 즉 자기 가족 국가를 이루고 왕이 되었다. 그렇게 비롯된 것이 모든 왕조의 이야기다.

'하나님도 내 기준이 아니고, 내 부모도 내 기준이 아니고, 내가 내 기준이다. 내가 원하는 대로, 내 마음이 이끄는 대로, 내 능력대로 살 거야. 하나님은 내 인생에 없어. 난 하나님이 필요하지 않아. 날 방해하는 자는 누가 되었든 다 없애버릴 거야!'

하나님으로부터 선한 영성의 탯줄이 끊기면 선한 감성의 문은 닫히고, 오염되고 변질된 상감만 활개 친다. 상감에게는 변화란 없다. 세월과 함께 상함이 강해지면 상감은 자기를 더 보호하기 위해 송곳도 들어가지 않을 만한 단단한 갑옷으로 그를 둘러싼다. 그러면 자기 심장을 후벼파는 아픔을 가진 사람이라면, 수백 개의 감동도 부족하다. 무감각하다. 상처받기 싫어서 차단한다. 간신히 매달려서 살아간다. 죽을 힘을 다해 살아간다.

매 순간 자신을 더욱 상함에 내어주면서까지 상한 자기 값을 더해 간다. 그렇게라도 해서 자기 값을 올려야 살 것 같기 때문이다. 자기 값을 올려보겠다고 갑질을 하지만, 모두 상감자들이기 때문에 상대의 값에 신경 쓸 겨를이 없다. '갑질'로도 해결되지 않으면 '병질'을 하고, 그래도 안 되면 '악질'이 되고 그러다가 망한다. 이렇듯 상감자는 치유가 어렵고, 변화도 불가능하다.

언어의 전쟁을 수행하라

기독교는 옛사람과 새사람을 구별한다. 옛사람은 상감으로 움직이는 사람이라서 사망 권세 아래 있고, 새사람은 예수를 믿음으로 구원을 받아 하나님의 아들이 되어서 그 아들이 되는 권세를 얻고, 영생을 선물로 얻은 사람이다. 옛사람은 상감으로 말미암아 악순환을 경험한다. 새사람은 하나님의 감성이 열려 생명력이 풍성하고 선순환되는 언어를 많이 사용하는 사람이 된다. 매일 하나님의 말씀을 묵상하고 깨달으며, 예배하고 찬양하고 기도하며, 감사하고 수고하고 사랑하고 인내하고 순종하고 섬기고, 생활 속에서 감성의 새 언어를 연습하고 훈련하려고 애쓰면 옛사람의 상감 언어 사용을 금할 수 있다. 영어를 알면 미국에서 굳이 한국말을 사용하지 않아도 되는 것처럼 말이다.

한 번 해병은 영원한 해병이라는 말이 있다. 한 번 내재된 상감 언어를 자기 언어라고 우기면 아무것도 할 수 없다. 그러나 믿음으로 하나님의 아들이 되는 권세를 얻어, 새 생명과 새 생활과 새 언어를 획득한 새사람으로 살아가기로 작정한다면 영원 세계에 속한 감성 언어 사용에 목숨을 걸어야 한다. 언어 전쟁, 즉 '사파'의 전쟁을 해야 한다.

사파는 형상, 입, 신성이라는 뜻의 히브리어 알파벳의 조합이다. 자기 형상을 입으로 드러내는 것이 영성이라는 뜻이 된다. 옛사람은 옛 언어를 사용하는 것이 마땅하다. 죄인 된 자기의 형상을 그 입으로 말하여 자기의 죄인 됨을 그 입으로 시인하는 것이 말의 영성이다. 그래서 말을 조심해야 한다. 상감을 따르는 언어 사용을 금하고, 하나님의 입에서 나오는 말씀을 내 언어로 사용해야 한다. 조금만 방심해도 상감의 언어가 저절로 튀어나온다는 사실을 간과해서는 안 된다. 하나님의 아들이 되었으니 하나님 아버지의 말씀이 입에서 쏟아지는 것이 맞다.

상감 언어를 이기는 가족 언어

예수를 만나면 그 사람의 존재 목적을 이루기 위한 기능이 작동되어 선한 감성이 클릭된다. 이를 2차적 언어라고 한다. 선한 영성과 감성의 콤비는 세상 그 어떤 언어도 이길 수 없는 능력과 권세와 권위의 조합이다. 사람의 1차적 언어인 상감 언어는 더 큰 상감 언어에 지도록 세팅되어 있다. 하나님은 우리가 창조의 목적이요, 사람의 존재 목적인 하나님의 아들이 되는 정체성을 얻으면, 사람이 물질세상의 법과 한계를 초월하도록 세팅해 놓으셨다. 그것은 바로 감성 언어를 회복하여 하나님처럼 능력을 베푸는 것이다. 하나님의 능력은 다른 것이 아니라 사랑과 인애와 불쌍히 여김과 용서다. 세상이 감당할 수 없는 가족 감성이며 가족 언어다.

사람의 상감 언어로는 영적 세계로 진입할 수 없다. 그래서 사탄은 귀신과 미신과 여러 싸구려 영적 정보로 사람을 혼미케 하고, 상감을 작동시켜 불안과 두려움과 공포로 얽어매서 인지 능력을 막아 인지 부조화로 상감을 대적하지 못하도록 한다. 사탄은 사람이 상감으로 작동해야만 자기에게 맹종한다는 것을 알기 때문에 사람을 더욱 상하게 만들어 결국 낭떠러지에서 떨어뜨린다. 사람을 향한 사탄의 상감은 세상 어떤 악으로 잴 수 없을 만큼 크다. 처절하고, 비참하다. 하나님이 자신은 내치고 보잘것없는 흙-사람을 아들이 되도록 그토록 많은 값을 치르셨으니 지금도 이를 갈며 억울해하는 것이다. 그래서 어떻게든 사람을 건드려서 아들이 되지 못하게 하는 것, 그것이 사탄의 목적이다.

이제 상감을 냉정하게 생각해보자. 상감에 속지 않는 것이 하나님을 존중하는 지름길이다. 우리가 상감에 매여 있는 동안에는 아들로서 그 기능과 역할을 감당할 수 없다. 상감에 속지 말자. 상감의 그림자라도 제거해버려라. '상처 좀 받는다고 뭐 그리 대수인가!'라고 생각하자. 상처는 교훈을 얻는 자료로 삼되 갑옷이 되도록 방치해서는 안 된다. 하나님의 성품을 열매 맺는 삶을 목표로 해야 한다. 그러면 그 목적을 위해 필요한 영적 감성과 기능이 클릭되어 그것을 마음껏 사용할 수 있도록 문이 열릴 것이다. 기대하라! 서로 돕고 사랑하는 가족으로 살도록 생활의 채널이 바뀔 것이다.

개인이 건강한 모국어를 가져야 하는 이유

유엔에서 통역사로 일하는 것이 꿈이었던 어느 선교사 자녀가 있었다. 어려서부터 외국어를 공부하여 6개 국어를 자유자재로 구사할 수 있는 성인이 되었다. 그리고 시험을 잘 치렀는데 예상과 달리

합격하지 못했다. 그 사람에게 기준이 되는 모국어가 없다는 것이 이유였다. 그에게는 6개 언어가 다 외국어였다.

개인의 모국어는 그 사람의 경험에서 구축되고 형성된다. 그 사람이 누구냐 하는 것은 그 사람이 어떤 경험을 했느냐다. 같은 사건을 경험해도 상감의 종류와 정도에 따라 이해력이 다를 수 있다. 사람은 모국어로 구별된다는 말을 흘려듣지 말라. 자기의 모국어를 이해해야 타인의 모국어도 이해할 수 있다.

모국어는 사람 간의 차이를 나타낸다. 개성을 구별하게 해준다. 맛에도 절대적 기준점이 있어야 상대적인 맛을 구별하고 다른 맛을 알 수 있다. 아내를 사랑한다는 절대적 기준의 사랑이 있어야 다른 여자들을 똑같은 사랑으로 사랑하지 않을 수 있다. 절대적 기준으로 엄마를 사랑하던 아들이 결혼을 하면 그 절대적 기준의 사랑을 아내에게 옮겨야 한다. 그렇지 않을 경우 엄마와 아내 사이의 고부 갈등에 불이 붙고 문제가 생긴 것을 알아도 말로 그 상황을 풀어내지 못한다.

절대적 기준이 되는 사랑은 다른 사랑과 차이를 내고, 필요한 내적 힘을 생성한다. 개인의 모국어도 그렇다. 건강한 모국어는 자기를 지켜내는 언어이자 타인으로부터 자기를 구별시키는 언어이기도 하다. 모국어가 강건하면 필요 적절한 자존감을 생산하는 힘의 언어가 되기도 한다. 상감으로 휩싸인 모국어라면, 당연히 그 치우침 때문에 자기중심적인 언어밖에 사용할 수 없고 편파적인 기준 언어가 되겠지만, 건강한 모국어는 그 자체가 풍성한 어력을 발휘하기 때문에 포괄적인 언어 사용이 가능해진다.

문제는 모국어의 주된 에너지원이 우리의 상한 감정일 때이다. 건강하고 선순환적인 언어를 개인의 모국어로 갖추기 이전에 상처와 아픔이 많은 상감이 모국어의 기준 언어가 되면 전체 어력이 마이너스에서 시작된다. 생활 속에서 일관성 있게 반복하고 지속적으로 연습하는 언어가 상감 언어라서 그 사람의 인생은 불행 그 자체일 수밖에 없다.

상감은 그 자체가 결핍이요, 부족하고 불만족스러운 최악이자 최저의 언어다. 빈약하기 그지없는 악바리 언어다. 상감은 자기를 상하게 하고 아프게 하지만 관계하는 상대도 상하게 하고 아프게 한다. 자기의 최선이 상대를 위한 최고가 아님을 깨닫지 못하는 자기밖에 모르는 언어다. 결국 상한 모국어는 기준 언어가 되어서는 안 된다. 건강한 새 언어로 바꿔야만 살 수 있다. 따라서 어린 자녀의 모국어가 건강할 수 있도록 우리가 얼마나 선순환적인 사랑과 관심으로 돌봐야 하는지는 아무리 강조해도 부족하지 않다.

하나님을 닮으면 언어도 닮는다

언어는 깊이와 폭이 있다. 깊고 넓을수록 그 언어의 능력은 엄청난 결과를 가져온다. '사랑'이라는 단어의 깊이와 폭은 얼마나 될까? 사랑은 허다한 죄를 덮는다(벧전 4:8). 사랑하면 국경이 없어지고, 사랑하면 오래 참고, 사랑하면 다 주고도 더 주고 싶어서 목숨까지 내어준다. 사랑하면 별도 달도 따준다는 그 마음을 이해할 수 있다. 사랑하면 불가능이 없어지고, 희망으로 가득 차서 용서하고, 아들 삼고, 죽음을 이긴다. 사랑하기에 부활도 하는 것이다. 영원히 함께 살고 싶어서 영원한 생명을 준다.

사랑은 삶의 에너지를 증폭시키고, 생명 에너지를 폭발하게 해준다. 그 넓이와 길이와 높이와 깊이는 어떤 계산기도 숫자로 표현해 낼 수 없다. 땅이 하늘과 만나고, 육과 영이 만나고, 보이지 않던 세계가 보이고, 절대 변할 수 없는 상감의 모국어적 가치까지 바꾼다. 상처는 물거품처럼 사라지고, 사랑하기에 받아야 하는 상처가 두렵지 않다. 상처받지 않는 사랑이 있을까? 혹 있다면 그것은 틀림없이 가짜다. 사랑하기에 용서는 당연하고, 사랑은 미안해하는 것조차 불편해한다.

사랑은 미움받을 용기를 생산한다. 사랑은 죽음도 불사한다. 사람들이 자기 주머니 챙기기에 바쁠 때, 사랑은 상대의 유익을 위해 손해도 감수한다. 바보짓이라고? 맞다. 사랑은 계산기를 고장내고 현명한 바보로 살게 한다. 절대 해서는 안 될 일이고, 가르쳐서도 안 될 일인데, 손발은 이미 그 수고를 마다하지 않는다. 코가 막혀서 숨쉬기 어려워하는 아기의 코를 빨아 시원하게 뚫어주는 엄마의 행동이 이상하지 않고, 중풍으로 누운 시아버지의 기저귀를 갈아주는 며느리의 행위도 그저 당연한 사랑의 한 예일 뿐이다. 독립군 남편을 보호하겠다고 연약한 여자의 몸으로 일본 순사에게 달려들 수 있는 애국의 힘, 그것이 사랑이다.

하나님이 사람을 지극히 사랑하신 나머지 사람을 하나님이 되게 하시려는 것이 복음의 결국이다. 예수와 결혼하게 하셔서, 예수와 한 몸을 이루게 하시고, 함께 보좌에 앉아 세상을 다스리는 왕이 된다는 사실이 영광스러운 복음의 결국이 아니던가. 할렐루야! 강아지를 사랑해도 자기 아들이라 칭하며, 자식처럼 재산까지 물려주고, 정성을 다해 대우하지 않던가. 창조주 하나님의 사람-사랑이 사람을 신이 되게 하셨다. 사람을 하나님의 아들 되게 하셔서 영원토록 하나님처럼 살게 하셨다. 사랑이라는 단어 하나가 얼마나 큰 능력을 발휘하는지 보라.

건강한 사랑을 경험한 사람은 그 단어를 사용할 때마다 화해와 화평과 화목과 하나됨의 능력을 발휘한다. 당연히 그 결과는 건강한 가정과 사회이며 그 나라도 강해진다. 반면에 상한 감정으로 인한 상한 사랑은 질투와 분열을 낳고, 경쟁과 질병을 생산한다. 그 악은 절대 간단하지 않고, 한 세대로 끝나지 않는다. 온 인류가 아담 집안의 상한 사랑 때문에 지금까지 아픔과 중독과 질병과 사망으로 괴로움을 당하고 있다. 악은 점점 더 팽창하고, 사람도 점점 더 상하고 악해진다.

관계가 복잡하게 꼬여 있고 상처가 작동하는 관계라면, 융통성 있는 해석과 관계의 유연성이 필수다. 그런데 상한 감정으로 사무친 모국어는 변화를 거절한다. 스스로 자기 안에 갇혀 융통성이나 유연성을 조금도 부릴 줄 모른다. 융통성 있는 해석과 유연한 관계를 위해서는 풍부한 어력이 필수다. 나이를 먹어가면서 성숙함이 필수인 것처럼 말이다. 눈짓, 웃음소리, 얼굴 표정 하나하나가 다 언어요, 어력이요, 품격이다. 하나님을 닮은 사람이 하나님의 어력을 갖추는 것은 매우 당연하다.

복원 능력은 가족 하는 능력이다

사람이 가족으로 태어나 가족으로 사는 이유는 '우리', '서로', '같이', '함께'라는 단어를 배우고 익히기 위해서다. "네 이웃을 네 몸과 같이 사랑하라"고 하신 말씀도 우리에게 맡겨진 가족 사랑이라는 가장 중요한 사명을 성취하기 위함이 아닐까 싶다. 가족으로 산다는 것은 가장 중요하고 아름다운 사명이다. 그러나 어력이 부족하고 복원 능력이 약하면 그 사명은 쉽게 좌절되어 땅에 팽개쳐지고 만다.

혹 절망에 빠졌을 때, 어두운 골짜기를 같이 걸어가주는 가족이 있다면 복원 능력이 배가되고, 극복할 수 있는 용기가 생기지 않겠는가. 그래서 가족이 있는 사람이, 없는 사람보다 훨씬 건강하다. 없는 아버지보다 병든 아버지가 낫다는 말이 그래서 있는 것이다. 아버지가 없는 고아와 상감의 아버지라도 있는 사람의 존재 값의 차이는 하늘과 땅 차이라는 사실도 알아야 한다.

인생을 살다보면 실족하고 절망하는 일들이 수없이 많다. 그 순간들을 어떻게 해석하여 풀어가느냐가 관건인데, 그 순간을 기회로 잡지 못하는 것이 안타까울 뿐이다. "실직하고 돈이 없어 앞이 캄캄

해도 나는 아빠다. 그렇게 때문에 자녀들을 위해서 뭐라도 한다!"
이렇게 주먹을 불끈 쥐고 일어설 수도 있는데, 그 순간을 도와줄 언어가 없고, 진짜 가족이 없어서 쉽게 좌절한다. "이 아빠를 무너뜨릴 수 있는 환경은 없어! 우리 딸을 위해서라도 아빠는 반드시 일어설 거야! 걱정 마!" 어려운 순간 어력을 사용해 복원 능력을 일으켜야 한다. 벌써 몇 번째 취업에 실패하여 불안해하는 아들에게 아버지가 이렇게 말해주는 것은 어떤가.

"빨리 취직을 하는 것도 중요하지만, 네가 뭘 원하는지, 네가 뭘 잘할 수 있는지, 먼저 네 안에서 그것을 찾는 것이 더 중요할 수 있어. 너무 조급해하지 마. 괜찮아, 네 속에 이미 열려 있는 길을 찾아봐. 아빠가 앞으로 1,2년은 더 널 먹여 살릴 수 있단다! 우리 아들이 도움을 줄 수 있는 회사를 아직 못 만났을 뿐이야!"

복원 능력은 스스로 생성하기도 하지만, 가족이 함께하면 두 배, 세 배의 능력 향상도 가능하다. 누군가 엎어지면 밟아버리는 가짜 가족들 말고, 어려울수록 '우리, 서로, 같이, 함께'라는 가족 언어가 살아나야 한다. 가족, 친구, 누구라도 서로 필요한 순간에 다시 일어설 수 있도록 복원 능력을 응원해준다면, 한 개인은 물론 가정과 나라까지 힘내서 일어설 수 있다. 절대 쉽게 무너지지 않는다.

나는 개인적으로 남편의 도움을 참 많이 받았다. 특별히 넘어지는 순간마다 복원 능력이 배가되도록 남편이 많이 도와주었다. 불안과 긴장이 끊이지 않는 삶을 살아왔기 때문에 한순간도 편할 수 없었고, 작은 일이라도 안 좋은 일이 생기면 쉽게 무너질 때가 많았다. 그럴 때마다 남편은 "은미, 별일 아니야. 걱정하지 마! 하나님이 함께하셔. 은미가 기도하면 다 들어주시잖아. 우리 같이 기도하자!"라고 말해주었다. 그렇다! 어쩌면 다 아는 말이고, 정말 식상할 정도로 쉬운 말이지만, 그런 순간에는 단 한 번도 들어보지 못한 신선한 외국어 같았다. 내게는 꼭 필요한 구원의 언어였다. '그렇지! 기도하면 되지. 그래, 내가 하는 게 아니지. 주님께 도와달라고 기도하면 돼. 맞아! 주님이 풀어가실 거야! 그리고 이 일도 반드시 지나갈 거야! 은미야, 정신 차려! 주님이 당신의 선한 뜻을 이루실 거야.'

복원 능력은 우리가 정상적인 생활을 하기 위한 것이다. 주어진 오늘을 잘 살아내는 것은 자신과 가족의 건강과 행복을 위해서가 아니던가. 그러면 사회와 나라도 자동적으로 건강하고 복될 것이다. 가정이 무너지면 나라도 무너진다. 생활은 반복적이고 지속적인 것이라 쳇바퀴 돌듯 돌아가는 그 일상을 매일 잘 살아내는 것이 가장 큰 능력이다. 오뚜기처럼 넘어져도 다시 일어서고, 넘어지면 또 일어서는 것이 생활 근육이다.

복원 능력은 곧 가족 하는 능력이다. 한 사람이 일어서지 못하고 무너지면 가족 전체가 기울어진다. 도미노 현상도 피하기 어려울 수 있다. 모든 사건 사고에 대처하며 다시 일어서는 복원 능력이야말로 일상생활의 필수 근육이다. 복원에 필요한 단어 하나만 만들어져도 우리는 새로운 이야기를 시작할 수 있다. 그 단어 하나가 가족으로부터 오는 것이 당연한 과정이 되어야 한다. 친구도 좋고, 이

웃도 좋고, 성경 말씀이어도 좋다.

어려울 때만 하나님을 찾게 되어 송구스러운 나머지 하나님을 부르지 못한다는 사람도 있는데, 그런 사치스러운 생각은 하지도 말아야 한다. 우리는 생활을 풀어가는 능력과 성취력을 다 생활 근육으로 자기화해내야 한다. 술술 풀리는 인생의 비밀은 단 한 마디의 선순환적 언어로부터 시작된다는 것을 잊지 말자. 모든 것을 어력만큼 풀어갈 수 있다.

한번 복원 능력을 잃은 사람은 다시 어떻게 살아가야 할지 갈피를 잡기 어렵다. 죽지도 못하고, 사는 것도 아니고 숨이 막힌다. 복원 능력은 잠자고 일어나 다시 새로운 아침을 맞이할 줄 아는 중요한 생활 근육이다. 복원 능력이 없으면 새 날을 맞이하여 새롭게 출발하지 못하고, 매일 과거를 지속하고, 아픔을 연속한다. 시간과 공간과 사건과 사고를 한 덩어리로 부둥켜안고, 천근만근한 무게로 땅이 꺼지도록 한숨을 쉬며 살아간다. 그러니 어찌 병들지 않을 수 있겠는가.

뺨을 맞는 일이 있더라도 어력을 발휘해 자기를 복원해야 한다. 그런데 "누가 오른뺨을 치거든 왼뺨도 돌려대라"는 성경 말씀은 자기 말이 아니라고 모방조차 할 줄 모른다. 정말 안타깝다. 잘못해서 맞았으면 잘못한 값을 치렀으니 즉시 회개하고 돌이키면 되고, 잘못하지 않았는데 뺨을 맞았으면 억울함을 이야기하고 오해를 풀면 된다. 이렇게 어쩌다 뺨을 맞는 억울한 순간에도 자기를 신속히 복원시킬 줄 알아야 한다. 우리가 이 복원 능력을 상실하면 사람도 잃고, 관계도 잃는 억울한 일을 면하지 못한다.

가정, 복원과 복귀를 경험하는 공동체

사람의 복원 능력은 복귀 능력과 함께 일한다. 자기의 오리지널 존재 값을 잃지 않고, 본래의 자리로 돌아가려는 능력 말이다. 사람의 죄 사함을 위해 이 세상에 태어나 사람이 되시고 십자가에서 돌아가신 예수! 죽음 가운데서 사흘 만에 부활하여 자신의 오리지널 값을 복원하시고, 당신이 계셨던 그 하늘로 복귀하셨다. 자기 값을 복원하는 것은 자기의 원래 자리로 복귀하는 것과 함께한다. 복귀 능력은 자신이 일할 수 있는 힘과 능력과 권리와 권세와 권위도 함께 회복하는 것이다. 존재의 값만 복원된 것으로 만족하지 못하기 때문이다.

'being'은 반드시 'doing'으로 증명하는 공식을 가졌다. 아버지라는 값은 자식을 낳고, 성장시키기 위해 필요한 모든 자원을 충족시키는 것, 그 자녀가 꿈꾸는 꿈, 해야 할 사명의 씨를 심는 일 그리고 도덕과 윤리와 영성과 감성과 지성과 육성이 골고루 잘 성장할 수 있도록 돕는 일, 즉 'doing'으로 증명하는 것이다. 한마디로 자녀가 도달할 수 있는 가장 높은 지점에 도달할 수 있도록 돕는 것이다.

비잉과 두잉에 차이가 생기면 존재적 문제뿐 아니라 여러 가지 병과 중독의 악순환을 발생시킨다는 것 또한 기억해야 한다. 온 사모는 남편이 목사가 된 것에 깊이 감사했다. 자신도 하나님으로부터 사명을 받아 헌신했던 기억이 있지만, 자신이 없어 그동안 가슴 깊은 곳에 묻어두기만 했는데, 이번에야말로 남편의 목회를 전적으로 도울 수 있게 되었기 때문이다. 그러나 교회에서는 사모가 앞에 나서서 일하는 것을 반기지 않았고, 급기야 우리는 목사를 초빙한 것이지 사모를 초빙한 것이 아니라고 하면서 당회에서 사모는 아무것도 하지 말라는 결정을 내렸다는 것이다.

비잉은 두잉으로 증명한다. 복원 능력은 능력을 발휘할 자리도 필요로 한다. 집 나갔던 아들이 돌아왔는데 자리가 없으면, 더 큰 존재적 문제를 야기하지 않겠는가. 아버지가 돌아온 탕자를 아들로 받아주었다. 그러면 마땅히 그 아들이 설 자리도 마련해주어야 한다. 아버지는 아들에게 옷을 입히고, 가락지를 끼우고, 신을 신기는 것으로 끝난 것이 아니라 살찐 송아지를 잡아 잔치를 벌여서 동네 사람들에게 아들의 존재와 그 자리와 권리와 권세를 알리고 당당하게 회복시켰다.

알코올 중독자였던 아버지가 3년간 술을 먹지 않고, 아버지의 기능과 역할을 잘하려고 애쓰는데, 가족은 아버지가 언제 또다시 알코올 중독으로 돌아갈지 몰라 누구 하나 곁을 내주지 않아 아버지로서 합당한 자리로 돌아가지 못하는 경우 그 자체가 상감을 부추겨 다시 알코올을 찾게 되는 원인을 제공하는 것이 된다.

가족이란 복원 능력과 복귀 능력을 가장 쉽고 강하게 경험할 수 있는 관계다. 가정은 그것들을 경험시키는 시간과 공간이다. 다른 곳에서 아무리 인정받는 사람이라도 가족으로 복원되고, 가정에 복귀되지 않으면, 끈 떨어진 연 같은 느낌 때문에 또다시 실수할 수 있게 된다. 가정보다 더 완전하게 비잉과 두잉을 경험할 수 있는 곳은 없다.

교회는 왜 서로 가족이라 칭하고, 교회를 큰 가정이라고 하는가? 교회가 바로 복원 능력과 복귀 능력의 최대치를 경험할 수 있는 유일한 관계 생명체이기 때문이다. 도저히 해결할 수 없는 죄와 사망으로부터 구원받아 하나님의 아들로 그 정체성이 복원되고, 하나님의 아들 예수 그리스도 안에서 왕 같은 제사장으로 함께 다스리는 위치와 자리로 복귀시키는 유일한 생명 공동체이기 때문이다. 어느 가정보다 더 복원 능력과 복귀 능력이 탁월한 공동체이기 때문에 교회는 그 기능과 역할을 백분 감당해야 한다.

상한 감정을
다스려라

2

04

감정은 뇌 시스템으로 작동한다

뇌는 사람의 마음대로 작동되지 않는다. 오히려 뇌가 사람의 마음을 조종한다. 뇌는 경험으로 인한 기억력의 공간인데, 그 기억력은 오로지 인풋(in-put)의 산물이다. 무엇을 기억하느냐로 언어가 쌓이고, 그 언어들은 반드시 감정을 동반하여 활동한다. 감정을 동반하지 않는 언어는 활동할 수 없다.

대부분 감정이 마음으로 인해 작동하는 줄 알고 있지만, 마음은 언어들의 공간이며, 그 공간은 뇌의 영역이다. 따라서 감정은 마음이 원하는 대로 작동하는 것이 아니라 뇌가 원하는 대로 작동한다. 이것을 더 깊이 이해하기 위해서 뇌와 마음과 감정의 연관성을 알아보고자 한다.

뇌의 기억력은 경험한 만큼 기억한다. 물론 경험했다고 해서 그것이 다 기억되는 것도 아니고, 기억되었다고 해서 전부 인출되는 것도 아니다. 어떤 것은 의미 없이 스쳐 지나가기도 하고, 어떤 것은 충격이 커서 기억 속에 사건을 덩어리째 묻어버리기도 하고, 어떤 것은 쓸모없이 여겼는데 세세히 기억하고 있을 수도 있다. 또 어떤 것은 정말 필요하다고 여겼는데 한 가닥의 기억도 남아 있지 않은 경우도 있다.

이것은 전부 자신의 생존을 위한 것으로 사람이 감당할 수 있을 만큼만 기억해낸다는 의미도 된다. 그래서 선택적 기억상실증이라는 병명도 존재하는 것이다. 이것은 사람마다 자기 증명, 자기 강화, 자기 보호, 자기 유익을 위해 뇌가 선택적 기억을 선호한다는 것으로 매우 중요한 관찰이다.

뇌는 자기 마음대로 작동하지 않는다. 인풋(input)이 없이는 아웃풋(output)을 만들어낼 수 없다. 그리고 인풋이 되었어도 그 사람에게 의미가 있어야 기억으로 저장되고, 자기라는 주체에 소용이 있는지 없는지를 다시 판단한다. 그래서 누군가가 어떤 사안에 대한 중요성을 심각하게 말해도 듣는 사람에게 별 의미가 없으면 기억에 남지 않는다. 한 쪽 귀로 듣고 다른 쪽 귀로 흘러보낼 뿐이다.

모국어를 기준으로 작동하는 뇌

뇌는 모국어를 기준으로 작동한다. 언제부터인지 정확히 모르지만, 뇌는 사람의 일상을 모국어를 기준으로 알아서 처리하기 시작한다. 일상에서 일어나는 많은 일들을 일일이 기억하지 않을 뿐만 아니라, 새로운 사건이 일어나도 모국어적 기억을 기준으로 삭제해버리기도 한다. 이처럼 뇌는 모국어를 중심으로 시스템화되었기 때문에 대부분의 기억이 습관적으로 작동한다. 따라서 뇌는 모국어 차원으로는 무척 성실하게 일하지만, 그렇지 않은 경우는 무척 게으르게 일한다. 굳이 새로운 정보를 획득하고 새로운 시스템을 구축하려고 하지 않기 때문이다. 모든 일상을 습관적으로 처리하며, 새로운 것을 귀찮아하고 부담스럽게 처리한다는 점은 큰 문제가 된다.

뇌의 약점도 익숙한 것을 유익한 것으로 취급한다는 데 있다. 익숙한 것이 좋든 나쁘든 상관하지 않고, "익숙한 것이 유익한 것이다"라는 기본 틀로 작동하기 때문이다. 그렇기 때문에 일상적으로 하던 것과 다른 것을 하면 뇌 시스템이 불편해져서 경고등이 켜지고, 감정이 요동치게 되며, 다시 익숙한 것으로 돌아가도록 부추긴다.

이 시스템의 문제는 시스템화된 경험의 저변에서 작동하는 감정이다. 감정이 작동한다는 말은 습관화된 감정, 즉 주제 감정이 작동한다는 뜻이다. 결국 세월이 흐르면서 사건보다 더 중요한 감정이 일관성 있는 반복과 시스템으로 인해 한 사람을 좌지우지하는 주제 언어로 자리매김했다는 것이 문제의 핵심이다.

예를 들어보자. 첫 딸을 낳은 후 엄마는 아들을 학수고대했다. 그러나 딸인 내가 태어났다. 부모의 기대에 어긋난 딸로 태어났기 때문에 나는 나의 '값'을 제대로 받지 못하고 성장했다. 인정에 굶주렸기에 무엇이든지 성실하게, 열심히, 최선을 다해 살았다. 그러나 내가 원하는 만큼, 나에게 필요한 만큼의 인정을 받지는 못했다. 오히려 엄마로부터 왜 쓸데없는 짓을 하냐는 볼멘소리만 들었다. 언니가 잘못해도, 동생들이 잘못해도 내가 야단을 맞았다. 집안의 궂은일은 내가 도맡아 하는 것 같은데 야단까지 여전히 내 몫이었다. 그래서 나는 항상 억울했다. '억울함'이 나의 주제 감정이 되어 작은 사건에도 억울함이라는 감정에 난도질을 당했다. 내게도 다른 감정들이 많이 있었을 텐데 억울함이 나의 모든 감정을 점령한 것이다.

시스템화된 상감 예식

사람들이 트라우마를 겪는 이유는 해결되지 않은 상감 때문이다. 사건이 기억으로 저장될 때 뇌가 가장 중요하게 생각하는 것은 해결되지 않은 상감이다. 즉 모든 기억은 감정이 베이스가 되는데 사건 배후에서 작동하고 있는 상한 감정으로 해석했다는 말이다. 그 사건에 대한 기억이 떠오를 때마다 상감이 발동되고, 주제 감정으로 작동한다. 그 기억과 함께 그때와 똑같이 반응하도록 자극하면서 말이다.

뇌는 해결되지 않은 상황을 실시간처럼 기억하게 해주는 것이 잘하는 것이라고 착각한다. 왜냐하면 상감이 그 사람의 주제 감정이니까 항상 그렇게 느끼도록 돕는 것이 그 사람답게 하는 줄 알기 때문이다.

일관성 있게 반복하며 지속하고 있는 시스템화된 상감은 정말 무섭도록 게으른 악이다. 충분히 다르게 해석할 수도 있는 사건을 같은 상감 파일에 저장한다. 정말 다른 사건인데 같은 함정에 빠져 매번 쓸데없이 허우적거리게 만든다. 마치 뇌가 습관적으로 작동되는 상감 때문에 저번에 사기를 당했는데 또다시 사기를 당하는 것처럼 말이다.

사건이 일어나면 먼저 화부터 내는 사람이 있다. 화가 시스템화된 상태다. 우선 언성을 높이고, 화를 내며, 욕을 하고, 물건을 집어던진다. 심지어 사람을 때리고 나서야 마치 예식을 치른 듯 조금씩 화가 가라앉기도 한다. 이쯤 되면 문제가 무엇이었는지는 중요하지 않다. 상감이 클릭되면 반드시 거쳐야 하는 예식이 더 중요한 절차가 되는 것이다. 무엇보다도 먼저 이 시스템화된 상감 예식을 거치는 것이 그에게 최우선 과제가 되어 있기 때문이다.

계속해서 말하지만 감정은 시스템이다. 한번 뇌에 박힌 상감은 상감 예식으로 그 절차가 진행된다. 속이 시원하고 후련한 것 같은 느낌이 들 때까지 상감 예식은 반드시 거쳐야 하는 과정이 되었다. 그 과정이 사건을 더 크게 만들어 어려워지는데도 불구하고 그렇게라도 풀어야 뭔가 푼 것 같은 느낌이 든다. 상감은 그냥 편하게 넘어가는 것이 무척 아쉬운 것이다. 불안에 불안을 연습하니까 더 불안해지고, 화에 화를 연습하니까 화가 증폭된다. 죄책감도 더 커지고, 상감은 더욱 깊어진다. 결국 상감 시스템이 사용될 때마다 시스템은 악화되고, 악순환은 고질화될 수밖에 없다.

뇌는 익숙한 감정을 먹고 산다

뇌는 끊임없는 인풋이 필요한 먹이 시스템이다. 먹어야 산다. 매 순간 자극을 받아 정보가 삽입되어야만 동력을 얻는다. 눈코입은 물론 손과 발 그리고 온몸이 쉬지 않고 뇌에 정보를 전달하고 먹잇 감을 가져다줘야 만족할 수 있다.

뇌는 매우 성실하다. 쉬지 않고 열심히 성실하게 일한다. 사람이 자는 동안에도 뇌는 성실히 일하기를 마다하지 않는다. 뇌가 일하 기를 멈추면 그 사람은 죽는다. 뇌가 일하는 만큼 그 사람이 살아 있는 것이다. 그래서 뇌는 항상 먹고 있어야 한다. 주로 상감을 먹 는 것이 문제다.

감정이 마음의 생산물이라고 착각하지 말라. 몸 어디에도 마음이 라는 공간은 없다. 마음은 뇌의 생산물이고, 뇌가 생산해내는 언어 공간이다. 그 뒤에서 작동하는 상감의 공간이 더 강하고 크다는 사 실을 깨달아야 한다.

사람이 매번 상감으로 작동하니까 뇌가 상감을 중요하게 다루 고, 일관성 있게 상감을 밀어주니까 마음이 상감의 공간이 되었다. 그래서 감정을 이기려면 그 감정보다 더 강하고, 더 확고하고, 더 고 급스럽고, 더 사명에 불타는 다른 언어가 있어야 한다. 그런 언어를 얻는다는 것은 뇌 시스템에 놀라운 변화가 일어나지 않는 한 불가 능하다.

마음이 아프다는 느낌은 전두엽에서 아픔이라는 감정이 자극을 받아 아프다고 느끼는 것이다. 그러면 거기에 맞게 심장이 뛰니까 마치 마음이 심장에 있는 것처럼 손을 가슴에 올려놓는 행동을 취한다. 놀라거나 마음이 아플 때, 기쁘고 행복할 때 손이 심장으로 가는 것도 이것 때문이다. 그러므로 마음도 감정도 뇌다.

문제는 뇌의 주식이 상감이라는 것이다. 자꾸 상한 것을 먹고 그래서 매번 더 상한다. 새로운 것을 먹어볼까 생각도 하지만, 색다르고 좋은 것을 먹으면 익숙하지 않아서 곧 불편해진다. 마치 이런 식이다. '내가 이렇게 기뻐해도 되나? 아니지, 안 되지. 사람들이 날 우습게 볼 거야. 일관성이 없잖아. 그래, 일관성이 있어야 해! 내가 슬퍼하는 것이 연극이 아니라는 것을 알게 해야 해, 내가 얼마나 힘들게 살고 있는지, 사람들이 알아야 해! 그래, 난 계속 슬프고 불안해야만 해! 그래야 진정한 나지.' 그래서 자기에게 익숙한 상감으로 되돌아간다. 화를 내는 사람은 화를 내는 것으로, 불안한 사람은 불안해하는 것으로 말이다.

이제 뇌가 감정을 작동시키고 상감을 시스템화하여 작동한다는 사실을 알았을 것이다. 뇌는 익숙한 감정을 먹고 산다. 그렇지 않으면 금단 현상이 일어나서 몹시 불편하게 된다.

뇌는 유익한 것이 아니라 익숙한 것을 선택한다

어떤 사건이 반복적으로 발생해서 충격을 받게 되면 그것이 그 사람의 상한 감정이 될 수 있다. 그러나 그 상감을 그대로 표현할 수 없어서 불안이라는 대체 감정으로 자기 상태를 표현하게 되는

데, 이것을 2차 감정이라고 한다. 이 불안을 일관성 있게 반복적으로 지속하면 불안이 시스템화되고, 불안이 안전지대가 되어 사건으로 받은 충격, 스트레스, 말하지 못할 메시지 등을 전달하고자 할 때 사용한다.

일반적으로 불안은 위험을 느낄 때 표출되는 감정일 뿐인데, 그것으로 자기를 정의하니까 항상 불안한 사람이 되는 것이다. 그런 사람은 불안하지 않기가 매우 어렵다. 불안을 통해 사람들과 소통해온 사람이기 때문에 자신이 불안하지 않으면 지금까지 사람들과 맺은 관계가 거짓이 된다고 생각하여 신뢰를 위해서라도 불안해야만 한다고 생각한다. 뇌는 그것을 그 사람이 원하는 것으로 생각하여 지속적으로 불안한 상태를 만드는 것이다.

예를 들어보자. 무덤덤하고 무관심한 남편의 사랑을 불안으로 호소하며 갈구해온 아내는 자기가 불안해하면 남편이 자기를 더 보듬어줄 것이라고 믿었다. "여보, 나 불안해"라고 반복하지만, 진짜 하고 싶은 말은 "여보, 나 당신한테 관심과 사랑을 받고 싶어. 연애할 때처럼 나한테 관심을 좀 줘, 나는 사랑이 필요해, 당신이 필요해"이다. 그런데 그 말을 할 수 없는 이유는 그것이 자신에게 편한 언어가 아니기 때문이다.

'자존심이 있지. 어떻게 단도직입적으로 그런 말을 할 수 있어! 불안하다고 말하면 알아차려야 하는 거 아냐?' 자존심이 상해서 그렇게는 말하지 못하고, 불안으로 자기 상태를 전달한다. 불안해 했더니 남편이 조금이나마 관심을 보이고, 호응해주었다는 것이 상감 예식의 결과로 뇌가 접수한 상태라서 더욱 그렇다. 불안해하니까 남편이 다정해졌으니 불안을 빌미삼아 소통할 수밖에 없다. 불안해하면 사랑받는다고 상감 방정식이 성립되고, 상감 예식이 준비된 것이다. 주위 사람들은 불안해하는 나 자신을 이상하다고 말할 수 있다. 그러나 크게 신경쓰지 않는다. 남편의 관심만 얻을 수 있다면 말이다. 그래서 일관성 있게 불안해한다. 그것이 답이라고 생각한다.

뇌는 유익한 것을 선택하지 않고 익숙한 것을 선택한다는 것을 명심하라. 그러니 뇌를 믿지 말라. 뇌는 매일 쇄신해야 한다. 익숙한 감정을 먹고, 배부르고 게을러진 뇌 시스템이 원하는 대로 하지 말라. 자동으로 클릭되는 그 익숙한 상감에 속지 말라. 상감의 노예가 된 사람은 그것을 운명으로 여기기 때문에 병들고 망한다. 제동을 걸고 질문하라. 왜 이렇게 반복하는지, 그럴 필요가 없음을 뇌에게 필히 말해줘야 한다. 뇌를 가르쳐야 한다. 사람이 뇌의 주인이 되어야 한다.

뇌 시스템은 끝까지 끈질기게 상감을 작동시켜서 상감 예식 절차를 끝끝내 밟도록 자동 클릭 시스템으로 장착시킨다. 죄가 사람을 타락시켰다고 하는데 더 자세히 말하면 뇌가 변질되고 타락한 것이다. 그래서 예수를 믿고 구원받으면 내 머리, 즉 내 주인이 예수로 바뀌고, 사람의 몸은 죽는 것이다. 절대 게으르지 않고, 습관적으로 움직이지 않는 예수가 우리 뇌의 주인이 되어주시는 것이다.

뇌의 최적화 작업 : 뇌는 익숙한 것을 효율적이라고 믿는다

뇌는 익숙한 것을 효율적이라고 믿고, 익숙한 것이 유익하다고 믿는 시스템이다. 뇌는 매우 과거적이고 현실적이며, 매우 일관적이고 반복적이다. 뇌는 시스템이기 때문에 미래적이거나 다양성을 추구하지 않는다. 혹 그런 뇌가 있다면, 그것은 어릴 때부터 반복되는 감정이나 생각이나 행동을 거부하도록 훈련시켜서 그것이 시스템화된 상태이기에 가능할 수 있는 것이다.

그러나 10살 정도가 되어야 완성되는 사람의 뇌 성장 자체가 반복을 통한 기억으로 완성되기 때문에 매 순간 새로운 경험을 통해 미래적이며 다양성을 추구할 수 있는 뇌가 형성되는 것은 거의 없는 일이다. 매일 다양하게 다른 것을 시도하며 산다는 것은 예기치 못한 상황이 지속된다는 것과 같아서 정체성 혼란은 물론 어떠한 안정성도 없는 사람으로 성장했을 가능성이 더 높다. 천재라서 매일 매 순간 새로운 것을 찾아 헤매고, 세상이 작동하는 방법을 연구하는 사람이라면 몰라도 새로운 것을 추구하는 뇌란 보편적이지 않다.

무엇을 어떻게 해야 하는지 그 기준을 모르면 불안과 긴장은 기본이다. 자기가 누구인지 몰라서 성장하기도 전에 미쳐버릴 수도 있다. 그러니까 사람은 자아 성립을 위해서라도 일관성 있는 생활 환경을 선호한다. 그러니 상감 예식조차 자연스러운 생활 예식으로 자리잡은 것이다.

출애굽 한 후 이스라엘 백성은 광야생활에 접어들었다. 그들은 자유인이 되었음에도 불구하고 광야생활에 쉽게 적응할 수 없어서 애굽의 노예생활을 그리워했다. 광야에서 전지전능하신 하나님과 직접 살을 맞대고 산다는 것도 힘든 일이었다. 그들은 삶의 기준이 너무 높다고, 적응하기 어렵다고, 다시 노예로 살겠다고 아우성쳤다. 옛 생활에 익숙한 사람에게 생활의 변화란 곧 자기 죽음을 뜻하기도 해서 일단 거부하고 보는 것이다.

일관성을 통해 성장하는 것이 뇌의 언어 시스템이다. 그 나라의 언어도 일관성 있게 반복함으로써 얻어지는 것이다. 개인 모국어의 형성 또한 일관성 있는 반복을 통해 언어화하는 과정을 지나간다. 말 속에 담긴 감정은 물론 말과 말 사이에 일어나는 세세한 감정까지도 모국어로 읽어낼 수 있는 일관성 있는 훈련이 필요하다. 기쁨이 뭔지, 슬픔이 뭔지, 왜 지금 화를 내는지, 왜 즐거워야 하는지, 희로애락을 인지하고, 상황에 따라 적절한 감정을 발동시키고 표현하는 것까지, 그리고 그런 감정들이 오갈 때 어떻게 반응해야 하는지도 일관성 있게 배우고 습득해야만 자기화를 통해 그 사람의 특성이 된다.

분명 슬퍼야 하는 상황인데 슬퍼하지 않고 화를 내고, 비웃고, 그 상황을 코미디화한다면 그 사람의 관계는 많은 문제가 있을 것이다. 희로애락의 때와 상황이 구분되지 않아 감정 장애자, 상감의 노예로 살고 있다면 그 사람 주위에는 중독과 병으로 시달리는 사람들이 많을 것이다.

뇌는 기본적으로 일관성을 추구하고 일관적인 것을 유익하다고 기억한다. 자주 슬프면 슬픔을 일관화하고, 화를 많이 내면 화를 일관화한다. 감정의 교류가 많이 없으면 감정을 차단해버리고, 한 가지 주제 감정에 몰입하면 그것이 주된 감정이 되도록 적극적으로 돕는다. 다른 감정들과는 교류를 원치 않는다는 판을 깔고 그렇게 작동하도록 말이다.

뇌는 일관성을 통해 최적화하는 작업을 쉬지 않는다. 사람이 미치지 않고, 감정 장애를 앓지 않고, 정체성의 혼돈을 겪지 않으려면 일관성이 최선이라고 믿기 때문이다. 따라서 뇌는 일관성에 목숨을 걸고 최적화 작업에 인생을 바친다.

뇌의 최적화 작업은 항상 사용하는 신경회로, 즉 수상돌기를 강화하는 것이다. 사람에게는 백억 개의 뇌세포가 있고, 뇌세포 하나마다 만 개의 신경회로가 있다. 마치 머리카락처럼 한 가닥 한 가닥이 세포로부터 나와 고속도로처럼 정보 수집과 정보 전달을 위한 정보 유통 도로망이 된다. 수상돌기가 골고루 발달되어 있고 유통이 활발하면, 그 사람의 뇌 시스템은 매우 건강하고 머리가 좋다는 소리를 듣는다. 정보 유통이 좋기 때문에 한쪽으로 치우치지 않을 가능성도 높다. 그러나 정보가 없으면 커닝하게 되고, 욕심으로 길을 선택하기 때문에 실수할 가능성도 높다. 혹 뒤늦게 정보를 획득하더라도 이미 기울어진 판단으로 잘못된 길에 들어서게 된다.

뇌, 격하된 언어 능력 체계가 되다

그런데 뇌의 최적화 작업, 특별히 상감의 최적화 작업이 새로운 뇌 세포를 사용할 필요가 없이 묶어둔다. 아인슈타인이라는 천재도 5 퍼센트의 뇌세포를 사용하고 죽었다고 하는데, 보통 사람의 경우 2 퍼센트도 사용하지 못한다고 한다. 더욱이 나이가 들면서 관계의 폭이 줄고, 언어 사용의 폭이 줄다보니, 뇌세포 몇 개만 가지고도 생활이 가능한 상황이 된다. 그러니 정보 교통의 수가 현저히 낮아 매일 똑같은 말과 똑같은 행동을 하며 살아간다. 정말 예견 가능한 존재로 전락해버려서 창조성이나 다양성을 기대할 수 없게 된다.

계속해서 말하지만 뇌는 익숙한 것을 유익하다고 믿는 바보 시스템이다. 사연자는 그 사연만 말하면서 산다. 그 입에서 새로운 언어가 나오지 않는다. 그러니 뇌가 얼마나 쉽고 간단하게 최적화 작업을 마치겠는가. 다른 단어들은 이미 언어 잠금 상태라 사용 불가하다. 입만 열면 같은 말을 한다. 하던 말을 하고, 했던 말을 또 한다. 단 몇 개의 수상돌기만 사용하니까 사람이 너무 단조롭고 재미가 없다.

관계하는 방법도 단 한 길밖에 없어 날이 갈수록 지루하다. 뇌는 불편한 것이 싫어서 다른 수상돌기 사용을 거부하는 편이니, 매일 사용하는 수상돌기가 상하지 않도록 섬유질로 덮고, 절연 피복을 씌우는 조치를 취한다. 튼튼해지도록 말이다. 새로운 자극을 받는 일도 없고, 사용하는 수상돌기도 몇 안 되다보니, 그것만 잘 관리하면 만사 오케이다. 단 몇 개의 수상돌기가 그 사람의 전체 언어 시스템이다. 그렇기 때문에 매일 같이 최적화하는 작업이 너무 단순하다. 언어는 줄어들고, 잊혀지고, 없어지고, 언어 시스템에 마비가 와 바보처럼 말하며 산다.

뇌는 영원에 속한 언어까지 사용할 수 있도록 준비된 엄청난 언어 능력 시스템이지만, 죄로 말미암아 치명적인 타격을 받아 풀가동할 수 없게 되었다. 왜 아인슈타인은 5퍼센트의 뇌세포밖에 사용하지 못해도 천재였을까? 왜 우리는 평생 2퍼센트의 뇌세포도 사용하지 못하고 죽는가? 아마 흙으로 지어진 사람이 영원을 이해하려면 큰 능력의 뇌 시스템이 필요했던 것 같다. 죄로 인해 영적 세계와 단절이 일어나자 그 후 95퍼센트 이상의 뇌 능력이 사용되지 못한 채 죽었다는 말이다. 정말 안타까운 현실이 아닐 수 없다.

흙으로 지어져 육체가 된 사람은 물질적 존재다. 그러나 사람은 하나님의 아들이 되기 위해 창조된 영적 존재다. 그런 사람이 영적 언어를 사용할 수 있도록 뇌가 준비되었다는 것을 의미한다. 백억 개의 뇌세포가 가지고 있는 만 개의 수상돌기는 영적 언어 사용을 위해 준비된 것이었다. 죄로 말미암아 가장 큰 데미지를 입은 곳이 뇌라는 말이다. 사람이 더 이상 영적 언어를 사용할 수 없는 처지가 되고, 언어 능력 체계가 다운그레이드되어, 뇌는 상처와 감정의 일관성을 선호하고, 그것을 기준으로 최적화 작업을 하는 못난이 언어 체계가 되어버린 것이다.

한 나라의 언어인 모국어까지도 개인 모국어로 격하하여 언어의 모양새가 그 격과 품위를 상실해버렸다. 막말과 욕설까지 보태져서 비참하고 더럽기까지 하다. 죄로 말미암아 존재가 격하된 사람은 곧 어력도 격하된다. 따라서 자기의 부족분을 2차적 상감 언어로 대처할 수밖에 없게 된다. 사람은 비참해지고, 뇌는 바보가 되고, 언어는 싸구려가 된다.

상감 : 익숙하지만 유익하지 않고 불만스러운 언어

뇌의 최적화 작업은 상감 수준에 맞춘 것이라서 사람을 성장시킬 수 없다. 최적화 작업은 격하된 언어 시스템이기 때문에 그 사람의 최상을 보여줄 수 없다. 그러나 익숙한 것이 유익한 것인 줄 착각하는 뇌 때문에 상감의 한계에서 빠져나올 수 없다. 그럴 생각 자체를 하지 않는다. 감옥에서 태어나 감옥에서 성장한 아이가 감옥을 최적된 환경으로 여기는 것과 같다. 오히려 바깥세상이 두려워 감옥에서 나가지 않게 되기를 기도한다.

생존이 두려울 때는 질이 가장 낮은 수준에서 최적화된다. 반드시 이 개념을 깨달아야만 상감의 최적화 작업에서 빠져나올 동기를 얻을 수 있다. 상감을 기본 언어화한 뇌를 수정할 수 있는 방법은 더 이상 상한 먹잇감을 주지 않고, 배가 고파 죽게 내버려두는 것이다. 새로운 경험과 새로운 언어를 받아들여서 옛것에 대한 금단 현상을 견뎌내야 한다. 일관성 있게 반복하여 지속적으로 새것을 먹으면서 말이다. 영어도 처음에는 힘들지만, 자꾸 하다보면 혀에 붙는 언어가 되는 것처럼 말이다.

익숙하지만 유익하지 않고 불만족스러운 것이 상감 언어다. 그것이 최선인 줄 알고 습관처럼 작동하는 뇌는 반드시 회개해야 한다. 몰라서 그렇고, 죄로 말미암아 변질되어서 그럴 수밖에 없는 뇌의 빈곤한 형편도 받아들여야 한다. 그러나 변화를 위해서는 자기 뇌에 대해 철저히, 성실하게, 회개해야 한다. 뇌로 하여금 회개하는 소리를 듣게 해야 한다. 뇌가 제대로 작동할 수 있도록 새로운 언어를 받아들이고, 훈련받을 수 있도록 기도 소리를 들려주어야 한다.

일관성 있게, 반복적으로, 그리고 지속해서 회개하라. 새로운 언어를 받아들일 수 있는 새로운 수상돌기가 작동하도록 명령하라. 바보처럼 사는 것은 죄로 말미암은 것인데, 죄가 해결되었는데도 바보로 사는 것은 용납해서는 안 될 악이다. 그러니 지금 당장 뇌에게 명령하여 현명하고 지혜롭게, 때와 상황에 맞춰 새로운 언어를 사용하도록 명령하라. 배우고 연습하여 훈련되도록 하라. 지금 그렇게 해보라. 뇌가 들을 것이다.

익숙하기 때문에 망한다

사람은 익숙한 것이 자기라고 착각한다. 사탄의 속임수다. 특별히 자기 특화된 상감에 대해서 더욱 일관성을 고수한다. 문제는 자기 특화된 상감이 건강한 것이 아니기 때문에 결핍과 장애와 중독과 정서적 육체적 질병의 원인이 된다면 이대로 작동하도록 내버려두어서는 안 된다는 것이다. 반드시 상감 언어 체계를 정리해야만 그다음 스테이지로 넘어갈 수 있다.

개인, 가정, 나라의 흥망성쇠는 새로운 정보를 접수하고 전달하는 작업이 얼마나 왕성하게 일어나느냐에 달렸다. 그것이 생존을 위한 필수 조건이다. 변화가 그리 급격하지 않을 때는 '천천히 그리고 느리게'라는 단어들이 미덕으로 여겨졌겠지만, 지금은 게으름과 부적응의 상징일 뿐이다. 변화의 흐름에 발맞춰 빠르게 움직이는 것이 지금을 살아가는 기본 생존법이다.

인터넷의 발달로 말미암아 시공간의 간격이 너무 좁아져서 정보 공유 역시 극심하게 빠르다. 17억이나 되는 사람들이 세계 곳곳에서 자기 필요를 충족시키기 위해 새로운 정보를 취합하고 있다. 어제의 정보로 오늘을 풀 수 없는 세상, 정보의 부족이 곧 망하는 지름길이 되는 세상이라는 것을 체감한다.

우리는 과학과 문명의 발전에 따라 어쩔 수 없이 따라가야 하고, 따라 해야 하는 시스템 속에서 살아가며 필요한 혜택을 누리고 있지만, 상감은 지속적으로 과거에 집중하며, 날이 지나도 새로운 정보를 원치 않는다. 홀로 외롭고, 괴로운 날들을 살아가는 사람들이 많아지니까 불안과 두려움과 원망과 불평과 수치감과 죄책감과 무능력과 무관심과 공포가 날이 갈수록 상황 판단력을 흐리게 한다. 자기 생존에만 집착한다. 온갖 중독과 질병을 호소하면서 말이다.

사람과의 관계도 너무 익숙하면 망한다. 익숙하면 사람이 안 보이고, 자기가 원하는 것만 보인다. 서로 무관심하게 되고, 서로 무례하게 굴고, 상대방을 자기 편리를 위한 도구로 여긴다. 익숙할수록 건강한 긴장감이 필수다. 관계의 활력은 건강한 낯섦에서 왕성해진다. 신선함과 궁금함에 끌림이 있기 때문이다.

연애할 때 숨소리조차 신경을 쓰던 남자 친구가 남편이 되더니 아내에 대해 별 관심이 없어졌다. 아내는 물론 자녀들과 함께하는 시공간에 매우 인색해진다. 모든 에너지를 회사와 그 직업 관계에 쏟아버렸다는 핑계를 댄다. 아내나 자식은 남자에게 이미 획득한 메달과도 같다. 아직도 획득해야 할 더 많은 다른 메달들이 있다.

아내는 가정 살림과 자녀 양육으로 자신을 돌볼 시간이 없다고 한다. 그건 사치란다. 남편을 아직도 매일 아름다운 아내를 보고 싶어 하는데 아내는 그런 남편의 마음을 몰라준다. 잔소리와 지적질에 눈만 마주쳐도 야단치고 화내고 짜증을 부린다. 남편을 무시하는 것 같다. 이제는 매력을 느끼지 못해 여자 같지 않다. 정이 뚝뚝 떨어진다.

익숙함은 무관심하게 만들고, 무례하게도 한다. 사랑에 예의는 기본인데 서로 예의 없이 군다. 편리함은 거대한 장애물이 되어 관계를 무너뜨린다. 익숙하니까 값싸게 여기고, 귀한 줄 모른다. 익숙하니까 무례히 행하고도 당연하게 생각한다. 익숙하니까 더 이상 배우려 하지 않고, 익숙하니까 발전하지 않는다. 상감은 매사 익숙한 것을 당연한 것처럼 여기게 한다. 화내는 것도, 불안한 것도, 무관심한 것도, 무례한 것도 익숙하기 때문에 망가지고, 익숙하기 때문에 망하는 것이다.

마음은 뇌가 만들어낸 감정 언어 공간이다. 뇌는 상감에 길들여진 시스템이다. 사람이 사연으로 말미암아 일관성 있게 반복적으로 상감에 의거한 언어를 지속한다는 이유로 뇌는 그 사람에게 익숙한 것이 유익한 줄 알아서 새로운 것은 배제하고, 익숙한 것을 지속적으로 제공한다. 상감 예식이 생활 예식이 되고, 상감 공식이 생활 공식이 된다. 사람은 철저히 상감의 노예가 되어 살아간다.

뇌를 깨우라! 익숙한 것에 길들여지지 말라. 뇌는 죄로 인해 너무 큰 피해를 입어 바보가 되었다. 그러니 뇌를 탓하지 말고, 뇌를 잘 돌보고, 새롭고 좋은 양식을 주어, 바르게 작동하도록 다스리라. 그러면 새로운 언어생활이 시작될 것이다.

상감의 죄에서 벗어나 오늘이라는 영원을 살자

사탄은 교활하고 사악하기 그지없다. 사탄은 하나님의 아들을 넘어뜨리려고 온갖 계략을 다 사용한다. 그중에서도 가장 쉽고 악독한 것이 있다. 바로 사람이 습관화된 언어대로 살게 하는 것이다. 특별히 특정한 감정에 대해서 그렇고, 상감에 대해서는 더욱 그렇다.

사탄의 공작은 사람을 어제의 상처에 묶인 채 오늘을 살지 못하게 하는 것이다. 오늘이야말로 24시간짜리 낱장으로 보내주시는 '하나님의 영원'이다. 우리는 그 영원을 미래라고도 부른다. 영원이 오늘이라는 이름으로 우리에게 왔을 때 하나님의 아들로 살아야 하는 절호의 찬스를 주시는 것이다. 그러면 그날이 하나님의 날로 계수될 수 있다. 우리가 사는 오늘이 영원으로 하나님께 귀속되기를 간절히 바라신다.

그러나 죄인이 살아가는 수많은 날들은 하나님의 영원으로 계수되지 않는다. 오늘은 하나님이 아들에게 주는 선물이기 때문이다. 오늘이지만 어제를 살고 있으면, 하나님과 상관없는 날을 사는 것이다. 오늘이 영원이라면 기적이 일어나는 날이기도 하다. 현재는 누구나 살고 있다. 과거도 현재요, 오늘도 현재요, 미래도 현재다. 현재가 중요한 것이 아니라 그 현재가 하나님의 영원을 품었느냐가 중요하다. 상감은 과거를 현재화하여 우려먹는다. 그것이 얼마나 큰 죄요, 악인지를 모른다.

오늘은 24시간짜리 영원이다. 하나님이 아들에게 주신 선물이다. 오늘은 하늘과 땅이 연합하고, 통일되고, 날이 날에게 소망이 가득한 소식을 전하고 싶어 하는 '욤 에하드', 첫 날, 하나된 날, 하나인 날이다. 오늘을 과거로 망치지 말자. 오늘이 영원한 나의 날이 되도록 값지게 살아내자.

05

뇌와 감정을 가르쳐라

사람의 감정은 상한 것일수록 매우 중요하게 되고, 자신을 나타내는 독특한 언어로 자리매김한다. 그래서 목숨을 걸면서까지 상감을 보호하고 지키려는 것이다. 신념이 아무리 강해도 상감을 이기지 못한다. 상감은 모든 고귀한 가치를 이긴다. 상감이 요동치면 누구든지 무너질 수 있다.

　사랑해야 한다는 것을 모르는 신앙인이 어디 있겠는가. 특히 사랑의 종교라고 하는 기독교인이라면 "네 이웃을 네 자신과 같이 사랑하라"는 진리를 모른 척할 수 없다. 다른 종교가 가르치지 못하는 구원과 하나님의 아버지 되심과 가족 됨과 부활과 영생과 통치를 말하는 신앙이기 때문에 가족 하는 능력이 신앙 그 자체가 된다. 그러나 상감이 개입되면 이 모든 진리가 순식간에 물거품처럼 사라진다.

섬엽, 상감을 기억하는 몸의 방식

감정은 몸의 언어이면서 가장 기초적인 물질의 언어다. 몸의 반응과 직접적인 연관성이 있고, 동물의 기본적인 감정의 언어로 작동한다. 몸이 감정의 반응을 읽어내고 반응하는 것을 섬엽이라고 한다. 교감 신경계를 통해 신경 물질이 뇌세포를 오가며 자극에 의한 반응, 기억을 가동한다. 기뻤을 때 그 사건과 함께 몸이 반응했던 것을 기억하고, 슬펐을 때 그 사건과 상황과 함께 몸의 반응을 기억해서 비슷한 상황이 닥치면 몸은 기억한 대로 동일하게 반응한다. 자라 보고 놀란 가슴 솥뚜껑 보고 놀란다는 옛말이 곧 '섬엽'이다. 그런 의미에서 기억은 정말 무서운 것이다. 자기가 원하는 대로, 자기가 아는 것만큼만 기억하기 때문이다. 그래서 기억은 믿을 것이 못 된다는 것이 뇌 전문가들의 지론이기도 하다.

뇌는 전체적인 그림에 관심이 없다. 자기를 놀라게 한 것만 중요하다. 그래서 그리 놀랍지 않은 상황이었는데 너무 당황스러워서 놀랐거나, 자기 증명과 자기 보호를 위해 놀랐을 때도 다른 디테일은 다 무시하고 놀랐다는 사실에만 집중한다. 이것이 뇌가 일하는 방법이다. 뇌의 이런 '자기 정당화 작업'으로 우리의 기억은 같은 상황에 있었던 다른 사람의 기억과 비교해봐야 한다. 자기 증명, 자기 강화, 자기 유익, 자기 보호를 위해 작동되었기 때문에 자기에게는 매우 일관성 있는 기억으로 기록되기 때문이다. 뇌는 매우 사적이고 지극히 이기주의적으로 작동한다는 사실을 깨달아야 한다.

앞서 말했듯이 감성은 능력이다. 감성은 기본적으로 사람을 위험에서 구하기 위한 센서처럼 작동하기에 몸의 반응과 직결되어 있다. 기쁘면 얼굴은 물론 오장육부도 반응한다. 긴장하면 손발이 굳어지고, 등이 오싹하며, 오장육부가 긴장하고, 머리도 아프다. 화가 나면 몸이 그 화를 읽고 열을 내며, 얼굴이 화끈거리고, 심장은 급하게 뛰고, 코는 뜨거운 김도 뿜어낸다. 어떤 사건이 트라우마가 되었다면, 몸은 반드시 그 트라우마를 기억하고, 비슷한 사건이 일어날 때마다 동일하게 반응한다. 교감 신경계가 기억하고 있는 감정을 몸도 자동적으로 기억하고 반응하는 자연스러운 현상이다.

폭행을 일삼는 아버지를 둔 아들은 아버지의 '아'자만 들어도 몸이 굳는다. 엄마는 항상 일하느라 바빴고, 자기를 돌아볼 시간이 없었다. 엄마는 술을 마시고 폭행하는 아버지가 싫어 집에 들어오기를 꺼리셨던 것이다. 자신도 공부 핑계로 늦게까지 학교에 남아 있었고, 집에 가기 싫어 방황했으며, 될 수 있으면 친구 집에서 밥을 얻어먹고, 잠도 잤다. 집에 갈 생각만 해도 머리가 아프고 배가 아팠다. 당장이라도 화장실에 가야 할 것 같은 급한 설사가 자주 일어났고, 가슴이 답답하고, 눈과 입술 끝이 심하게 떨리기도 했다.

아버지가 죽어야 하는 수만 가지 이유를 대며 하늘을 올려다보고 간절하게 부탁한 적도 많았다. 불행의 본거지인 아버지만 없으면 가족이 잘 살 거라고 믿었기 때문이다. 하지만 그럴 때마다 죄를 지은 것 같아 또다시 몸이 아파왔다. 그런 아버지가 돌아가신 지 벌써 5년이 넘었는데도 아버지가 꿈에 나타나면 여전히 온몸이 굳는다. 늦은 밤까지 집에 들어가지 않고 포장마차를 전전하는 자신에게 묻는다. '아버지는 이미 죽었는데, 왜 여전히 머리가 맑지 않고, 배가 아플까? 나는 오늘도 왜 이 일을 핑계로 집에 들어가기를 꺼려 할까? 특별한 이유 없이 자식들 볼 자신이 없다.'

그만큼 몸은 해결하지 못한 상감을 기억이라는 방식으로 대물림 시킨다. 때로는 유전적 요인이라고 설명하기도 한다. 해결하지 않은 상감은 그 사람과 자손에게 전해지는 틀이 된다. 상감으로 인한 섬엽은 반드시 다스리고 수정해야 하는 질병이기도 하다.

뇌섬엽의 왕성한 활동은 젊음과 비례한다

뇌섬엽(insula)은 숨어 있는 대뇌피질이며 전두엽, 두정엽, 측두엽으로 덮여 있어 보이지 않는다. 대뇌피질이 외측 고랑을 중심으로 접혀 들어가면서 생성된 뇌섬엽은 대체로 위쪽이 넓고 아래쪽은 좁은 역삼각형 형태다. 뇌섬엽은 외부와 내부에서 일어나는 경험을 인식하고, 체계적으로 이해하도록 언어화하여, 몸이 인식하도록 돕는 작업을 감당한다. 자기와 이웃의 상호작용을 인식하고 반응하는 것이 핵심 작업이다. 어떤 일을 예상하는 능력과 어떤 말이 사실인지 아닌지를 파악하는 기준도 제시한다. 기쁜 감정, 화가 났던 기억, 무시당했을 때 느끼는 불쾌감 그리고 좋아하는 영화를 보고 느끼는 기분 같은 것들이 모두 뇌섬엽의 작업이다.

뇌섬엽은 예측 불허했던 어떤 사건이나 무섭고 흉측한 것을 보았거나 더럽고 난잡한 것을 보았을 때도 활성화된다. 아프고, 뜨겁고,

차고, 따갑고, 몸이 받아내는 감각과 자극을 인식하고 분별하는 것을 도와준다. 단맛과 쓴맛을 가리는 것도 뇌섬엽의 일이다. 사회생활 하면서 자신이 공명정대하게 대우받고 있는지를 판단하는 것과 사랑에 빠졌을 때 몸이 날아갈 듯 가볍다거나, 억울한 일을 당했을 때 몸이 천근만근 무겁게 느껴지는 것도 다 뇌섬엽의 활동이다. 수치감, 무시당함, 무기력감, 죄책감 등을 느낄 것인가 말 것인가, 혹은 부끄러워할 것인가 말 것인가를 인식하는 데도 뇌섬엽이 관여하여 인식하는 것만큼 몸이 반응하게 한다.

사회생활을 하면서 현실과 감정이 충돌할 때 대처하는 방식이 나이에 따라 다른 것은 뇌섬엽이 활성화되는 시기가 다르기 때문이다. 역사적으로 대학생들이 사회적 불의에 항거하는 것을 많이 보는데 그 이유는 바로 뇌섬엽이 왕성하게 활동하는 시기이기 때문이다. 공정하지 않은 것을 참지 못하고, 기꺼이 자신 이익을 포기하면서까지 데모하고 반항하는 행동을 하는 것은 뇌섬엽의 왕성한 활동 때문이다.

그런데 시간이 지나면서 뇌의 다른 쪽인 전전두엽이 발달한다. 상황을 좀 더 넓게, 그리고 전체적으로 볼 수 있는 시야가 열리게 되는 것이다. 사춘기 자녀를 둔 부모나 젊은 부하 직원들과 함께 일하는 상사는 뇌섬엽이 발달하고 활성화되는 시기에 일어나는 반응들을 이해하지 못해 상대가 민감하게 반응하면 관계가 불편해지고, 일이 어려워질 수 있다.

그럴 때는 뇌섬엽이 활성화되는 시기라 생각하고 좀 더 여유를 가지고 관계를 이어가는 것이 지혜다. 그 나이에 윗사람에게 반항하듯 반응하는 것이 자연적인 현상이라 생각하고, 한숨 돌려 예의를 갖춘 말씨와 행동으로 젊은 사람을 대한다면 반항은 한순간의 실수로 끝나고, 신뢰는 더욱 깊어질 것이다.

뇌섬엽의 활성화를 새로운 경험으로 다스려라

뇌섬엽은 뇌가 받아들인 정보를 허기, 갈증, 통증, 욕구, 충동, 중독 등의 주관적인 감정으로 해석하여 몸으로 인식하게 해주는 중요한 작업을 감당한다. 물건을 살 때 쾌락과 지출로 인한 고통을 비교하며 구매 여부를 판단하게 하기도 한다. 사고 싶은 물건을 보았을 때 뇌의 쾌락 중추인 대뇌측 좌핵이 활성화되고, 제품 가격만 보여준 경우에는 고통 중추인 뇌섬엽이 가격을 보는 순간 판단과 사고를 관장하는 전전두엽피질을 활성화한다. 홈쇼핑과 같은 반복적인 자극은 쾌락 중추의 활동을 자극하여 충동구매로 이어지는 가능성을 높인다는 사실도 증명된 바 있다. 이 모든 활동이 뇌섬엽의 활동이다.

뇌섬엽의 회백질 부위가 넓을수록 우울증과 심리적 불안이 높게 나타난다. 행복감을 많이 느낄수록 뇌섬엽의 회백질 부위가 없다. 뇌섬엽이 행복감을 증진시키는 뇌의 기초적인 부분임이 확인됐다. 일부 연구에 따르면 묵상을 하는 사람들은 뇌섬엽이 일반인보다 훨씬 두껍다고 한다. 신앙인들의 진정한 예배와 찬양과 기도와 같은 행위는 행복한 경험으로 해석되어 뇌섬엽을 두껍게 하는 반응을 일으킬 뿐 아니라 회백질이 없고, 전두엽이 활성화된다는 발견도 매우 중요한 사실이다. 음악치료, 미술치료, 웃음치료 등이 중요한 상담 치료가 되는 것 역시 뇌섬엽을 활성화시켜 행복감을 증진시키기 때문이다.

그러므로 상감으로 말미암아 나타나는 뇌섬엽의 활동은 먼저 말로 다스려야 한다. 앞서 말했듯이 뇌는 습관적인 것을 유익하다고 믿는 시스템을 작동시킨다. 그래서 뇌가 영리하지 못하다고 말하는 것이다. 자식이 죽어서 너무 슬픈데도 깔깔거리고 웃으면 행복한 줄 아는 것이 뇌다.

그러므로 뇌는 다시 훈련시켜야 한다. 행복하지 않은 경험들이 연이어 일어난다고 할지라도 슬픔이나 분노에만 집중하지 말고, 그 와중에 커피 한 잔과 달콤한 케이크 한 조각을 즐길 수 있는 여유를 누려야 한다. 그렇지 않으면 뇌가 슬픔에만 집중하여 이에 상응하는 호르몬과 그 양을 분비하도록 명령하기 때문에 사람의 몸은 무겁고, 살아갈 용기가 나지 않고, 죽고 싶은 생각에 집중하게 된다. 그러면 그럴수록 뇌섬엽은 불행으로 더욱 활성화된다. 자식을 잃은 와중에 어떤 부모가 행복을 경험하겠다고 커피 한 잔의 여유를 갖겠느냐만, 어쨌든 정신을 차리고 뇌를 훈련하라는 말만큼은 강하게 추천한다.

다시 말하지만 뇌는 영리하지 못하다. 일관성 있게 반복하여 지속되는 것을 유익하다고 믿는 게으르고 둔한 시스템이다. 슬픔이나 아픔에만 집중하면 뇌는 저절로 그 슬픔이 유익한 줄 알아서 슬픔에 맞춰서 모든 것을 조절한다. 그러나 여전히 미각도 살아 있고, 후각도 살아 있고, 청각도 살아 있다. 부모는 죽지 않았고, 다른 자식들도 살아 있다. 그러니 뇌섬엽에게 자기를 맡기는 것이 아니라 자기가 자기 뇌를 훈련시켜야 한다.

'오케이! 자식을 잃은 슬픔은 평생 느낄 슬픔과 아픔이니까 하루하루 조금씩 나누어 느껴야겠다. 절대 잊을 수 없는 슬픔이니까 내 평생 오랫동안 자식을 기억하며 그리워하리라! 그러려면 오늘은 내가 살아야 하니까 필요한 기쁨과 행복과 사랑과 경쾌함 등 생활에 필요한 건강한 감성들을 느끼도록 내게 허락해야겠다.'

이렇게 언어판을 깔고 뇌를 조정하고 조절시켜야 뇌가 전체적인 그림을 파악하고, 생활에 필요한 호르몬을 분비하여, 정상적인 생활을 할 수 있도록 도울 수 있게 되는 것이다.

먼저 언어를 바꿔라

철석같이 믿었던 친구에게 사기를 당해 너무 분하고 억울하여 잠이 오지 않고, 식욕도 잃은 상태로 이미 한 달이 지나가고 있다. 울컥울컥 화가 나고, 아무 생각도 할 수 없다. 흔적도 없이 사라진 친구를 찾을 방법도 없었다. 조금 남은 돈조차 빼앗겨 무슨 일이라도 해야 하는데 아무 일도 손에 잡히지 않고 몸이 말을 듣지 않는다. 후유증이 너무 커서 정신을 차릴 수 없다.

그런데 이럴 때 배신감에 자신을 맡겨버리면 뇌는 그 배신감으로 전체 판을 깔고, 다른 어떤 것도 할 수 없도록 배신감으로 꽁꽁 옭아맨다. 그리고 이에 필요한 호르몬을 분배하고, 그 양도 넉넉히 조절해서 아예 더 이상 일어날 수 없도록 도와준다. 술 마시는 것이 일관성 있게 반복적으로 지속되면 항상 그렇게 할 수 있도록 판을 짜주는데, 뇌가 습관적인 것을 유익하다고 믿기 때문이니 어쩌겠는가.

사건이 생기고 어찌할 수 없는 상황이 되었다면 무엇보다도 먼저 말을 정리해야 한다. "이제 나는 망했다"는 말은 상감의 자연적인 반응일 뿐이다. 그것을 반복하면 뇌는 거기에 머물러 있다. 그런 상황에서 그런 말을 하지 않는 것은 불가능할 정도로 어렵고, 그렇게 행동하려면 엄청난 성숙이 요구된다. 그렇기 때문에 더욱 그런 순간에 가장 먼저 해야 하는 일이 언어의 정립과 선포다. 사건 그 이후의 상황을 언어로 선포해야 한다.

나는 능력도 없고 도움이 되는 마땅한 환경도 없다. 그러나 새로운 뇌세포 하나만 잘 사용해도 만 개의 수상돌기가 작동해서 만 개의 새로운 길이 열릴 수 있다. 그러므로 상황이 바뀌기에 불가능하다는 생각부터 멈추자. "하나님! 당신은 살아 계시는 하나님이십니다. 이 상황을 이겨내고 돌파할 수 있도록 저를 도와주십시오. 저의 환경이 되어주시고, 지원자가 되어 주십시오. 이 상황보다 더 큰 언어를 주사 승리할 수 있도록 도와주십시오. 예수님의 이름으로 기도합니다!"라고 끊임없이 되뇌면 뇌가 그 언어와 친해져서 호르몬 분배를 달리하기 시작한다. 기분이 달라지고, 몸과 컨디션이 좋아진다. 하나님도 도와주시고, 상황을 바꿀 수 있는 에너지가 솟아난다.

가장 먼저 해야 할 일은 언어를 바꿔 상감을 삭제하고 기분을 바꾸는 것이다. "어떻게 그럴 수가 있지?"를 "그럴 수도 있어!"로 바꾸고, "난 이 상황에 지지 않을 거야!"라고 선포하라. 그러면 상황이 뒤바뀐다. 사탄은 우리가 넘어지기를 바라지만, 오히려 자세를 바로 하고, 잘살 준비를 하면 상황은 사람보다 작아진다. 결심한 순간 이미 승리한 것이다.

너무 소중한 친구가 갑자기 심장마비로 죽었다. 서로 만나지 못하다가 일어난 일이라 후회가 막급하고, 어려울 때 자기를 믿어준 유일한 친구라서 더욱 그의 자리가 크게 느껴진다. 그 친구를 위해서라면 더 많이 슬퍼해야 할 것 같지만, 슬픔이 깊고 그 시간이 길다고 진짜 친구가 되는 것은 아니다. 오히려 그 친구가 진짜 원하는 것을 해야 한다. 슬퍼하고 가라앉아 힘들어하는 것은 호르몬 분배로 일어나는 일임을 잊지 말라. 그 친구의 몫까지 하나님을 기쁘시게 해드리는 일이야말로 살아 있는 친구가 해야 할 일이다.

언어를 바꾸지 않으면 뇌가 습관적으로 슬픔을 가동시키고, 호르몬을 분배하여 몸은 저절로 무거워진다. 머리는 묵직하고, 생각은 그 속도를 늦춰 아무것도 결정할 수 없는 사람이 된다. 당신의 뇌를 절대 그렇게 내버려두지 말라. 뇌는 반드시 다스려야 한다! 이제 사건이 일어나면 적당한 반응 이후에는 바르게 언어를 정리하고 새롭게 시작하자. 사람은 언어만큼 산다는 것을 또다시 명심하자.

사람의 기본 감정

사람들은 기본적으로 크게 4가지 감정으로 살아간다. 누가 가르쳐주지 않아도 기쁨, 분노, 슬픔, 즐거움이 자기에게 있다는 것을 안다. 그러나 희로애락이라는 큰 감정의 언어만으로는 설명할 수 없는 세세한 감정들이 많다. 사랑, 미움, 불쾌감, 경쾌함, 놀람, 공포, 두려움, 혐오, 경멸과 같은 감정들이다.

폴 에크만(Paul Ekman)은 사람의 기본 감정을 여섯 가지로 보았다. 행복, 슬픔, 분노, 공포, 혐오, 놀람이다. 기본 감정 6개 중 5개가 부정적인 감정들이다. 이는 에크만 자신이 행복을 느끼는 부분이 매우 적었을 것이라고 짐작해도 좋다. 에크만은 행복이라는 감정 안에 기쁨, 즐거움, 사랑 같은 감정들이 포함되어 있다고 설명했지만, 기쁨과 즐거움과 사랑은 각각 다르고 행복보다 더 큰 감정들이다. 사랑은 행복을 느끼게도 하지만 아픔, 부담, 괴로움도 사랑의 한 부분인 것을 잊어서는 안 된다. 자녀를 사랑하는 것과 친구를 사랑하는 것, 그리고 애인을 사랑하는 것과 부부가 사랑하는 것은 각자 다르다. 행복이라는 단어가 사랑이라는 감정을 다 품어내지 못한다는 사실을 정확히 하고 넘어가자. 오히려 사랑이라는 감정 안에 행복이 있을 수 있다.

유교 경전인 예기(禮記) 예운편에 "무엇을 인간의 정(情)이라고 하는가?"에서 희로애구애오욕(喜怒哀懼愛惡慾)이라는 일곱 가지 감정을 소개했다. 이 감정들은 배우지 않아도 능한 것이라고 나와 있는데, 기뻐하고, 성내고, 슬퍼하고, 두려워하고, 사랑하고, 미워하고, 욕심내는 7가지 감정을 칠정이라고 칭했다. 그 감정들은 하나같이 긍정적인 면과 부정적인 면을 다 가지고 있어서 객관적인 상황에 맞으면 선으로 작동하고, 어긋나면 악으로 작동한다고 설명했다. 유교에서 욕심을 하나의 감정으로 본 것도 흥미로운 일이고, 오히려 행복을 사람의 기본 감정으로 보지 않은 것도 흥미롭다. 행복은 감정의 긍정적인 면이 드러났을 때의 결과물로 본 것이다.

《감정 노동의 지혜》의 작가인 윤서영 씨는 기쁨, 놀람, 슬픔, 혐오, 경멸, 화남, 분노를 7가지 기본 감정으로 보았다. 그녀 또한 긍정적 감정은 기쁨 하나뿐이고, 그 기쁨이라는 긍정적 감정 하나에 사랑, 희망, 즐거움, 행복, 신뢰 등 수많은 긍정적 감정들을 다 담았다. 나머지 6가지 부정적인 감정은 놀람(충격받은 감정), 슬픔, 혐오, 경멸, 화남과 분노로 세분화하였다. 혐오와 경멸을 구분했고, 화와 분노를 구분한 것으로 볼 때 그녀의 모국어가 부정적인 측면으로 더욱 발전했다는 것도 알 수 있다. 감정은 매우 개인적이라서 자기의 경험을 기준으로밖에 느낄 수 없어 경험한 바를 토대로 기본 감정을 건축해나간다.

정서 심리학자인 로버트 플루치크(Robert Plutchik) 박사는 아주 정교하게 분석된 정서의 바퀴를 소개했다. 그는 기쁨-슬픔, 사랑-혐오, 분노-두려움, 놀라움-기대라는 4개의 감정의 짝을 통해 8개의 기본 감정을 소개했다. 그는 이 8가지 감정들이 모든 생명체가 생활하는 행동의 방아쇠가 된다고 주장하며, 이 기본 감정들은 생활을 통해 10가지 다른 감정으로 진화하고, 파생된다고 설명했다.

그의 심리 진화론은 10가지 특징에 기준한다. 첫째, 감정 개념은 모든 심리 진화론적 단계에 적용되며 인간을 포함한 모든 동물들에게도 포함된다. 둘째, 감정들은 진화의 역사가 있고, 각각의 종들은 각각 다양한 표현 방식으로 진화되어 왔다. 셋째, 감정들은 각 생물이 환경에 따라 주어진 중요한 생존 문제들을 해결하고 적응할 수 있게 도와준다. 넷째, 각각의 종들은 저마다 표현 방법이 다르다. 일반적인 패턴 혹은 원형(prototype)이 있다. 다섯째, 적은 수의 기본적이거나 주요하거나 원형인 감정들이 있다. 여섯째, 다른 감정들은 모두 혼합되거나 파생된 상태이다. 그 감정들은 주요 감정들의 조합, 혼합 혹은 복합으로 발생한다. 일곱째, 주요 감정들은 가상적인 구성(hypothetical constructs)이거나 이상화된 상태(idealized states)인데, 그 특성이나 특질은 다양한 종류의 증거들로만 암시될 수 있다. 여덟째, 주요 감정들은 다른 감정들과의 유사성의 정도가 각기 다르다. 아홉째, 모든 감정들은 다른 감정들과의 유사성의 정도가 각각 다르다. 열째, 각 감정들에는 각양각색의 강렬함의 정도와 자극의 수준이 있다.

감정의 진화와 파생이 반드시 긍정적인 것만은 아니다

플루치크 박사의 감정에 대한 기본 개념은 감정이 진화한다는 것이다. 그러나 감정의 진화를 꼭 긍정적 발전이라고만 볼 수 없다. 다양성과 복합성을 깨닫기 위해서는 진화가 중요하지만, 어떤 감정의 진화는 평생 경험하지 않아도 될 어떤 경험으로부터 파생되기도 한다(예를 들면 혐오 같은 감정). 따라서 모든 감정이 진화해야 할 과정은 아니다. 감정이 세분화되면 될수록 사람은 민감해지고, 약해지기도 한다. 감정이 무디다는 말은 오히려 강하다는 말로도 해석될 수 있고, 생활이 단순한 상황에서는 감정의 진화가 이루어지지 않을 수도 있다. 상황이 복잡하고, 생활이 복합적일 때, 그런 관계 속에서 느껴지는 미묘하고 세세한 수많은 감정들이 진화되었다 하더라도 긍정적이라고만 할 수는 없다.

아빠의 바람 때문에 엄마는 이혼 후 지옥을 살고 있는데, 아빠는 예쁘고 상냥하고 빤짝빤짝 빛이 나는 아줌마와 더 행복해 보인다. 아빠는 나를 만날 때마다 잘 대해주고, 항상 친절하고, 엄마의 안부를 물을 때면 얼굴을 들지 못할 정도로 미안해한다. 작정하고 한 일이 아니라고 진심으로 미안한 마음을 표현한다. 자기를 부끄러워한다. 그렇다고 용서할 수는 없는데 마냥 밉기만 하지는 않다. 아빠가 그렇게 행복해하는 모습을 본 적이 없다.

엄마는 항상 인상 쓰고, 소리 지르고, 막말하고, 전혀 미안해하지 않는다. 엄마가 불행하니까 온 식구가 다 불행해야 마땅한 상황이다. 다른 옵션이 없다. 그렇다고 대놓고 그 아줌마를 좋아할 수 없고, 그렇다고 엄마를 싫어할 수도 없다. 이상하게 가끔 생각나는 그 아줌마 때문에 죄책감마저 느낀다. 엄마를 배신하는 것 같다. 분명 그들이 죄인인데 오히려 그들이 정상적인 사람들처럼 느껴진다. 때로는 그들이 더 행복한 것이 이상하지 않다. 엄마와 우리는 매일 불행의 극치를 살고 있는데 말이다. 정말 혼란스럽다.

　미묘하고 복합적인 감정의 진화와 그 파생은 혼란과 괴로움을 겪으며 스스로 파악하고 정리하지 않으면 미리 알고 안내해줄 수 있는 것이 아니다. 감정이기 때문에 느껴보지 않은 것을 가르칠 수 없기 때문이다. 감정의 진화는 마치 먼지가 쌓이는 것과 같아서 어느 날 보니 수북이 쌓여 있는 것이다. 상감은 사람이 더 깊은 바닥을 치도록 매일 새로운 사건으로 도전하고, 사람이 인식하지 못하도록 슬며시 스며든다. 어느새 자리를 꿰차고 앉아 자기 보좌를 내어줄 마음은 눈곱만큼도 없다. 결국 사람은 수렁에 빠져 헤어 나오지 못하고, 온갖 병을 호소할 뿐이다.

　플루치크의 이중 감정의 발견은 매우 중요하다. 일차적 기본 감정이 있고, 파생된 이차 감정들과 삼차 감정들을 소개한다. 먼저 플루치크의 정서 바퀴를 살펴보자.

슬픔	기쁨	수용	혐오	분노	공포	놀람	기대
후회	사랑	사랑	경멸	공격	복종	경외	낙관
실망	낙관	복종	후회	경멸	경외	실망	공격

　플루치크는 슬픔이란 후회와 실망의 조합이며, 기쁨은 사랑과 낙관의 조합이라고 소개했다. 수용은 사랑과 복종의 조합이요, 혐오는 경멸과 후회의 조합이다. 분노는 공격과 경멸의 조합이고, 공포는 복종과 경외의 조합이며, 놀람은 경외와 실망의 조합이고, 기대는

낙관과 공격의 조합이라고 소개했다.

플루치크의 이중 감정에 대한 연구와 감정의 진화 개념은 참으로 놀라운 연구다. 재미있는 관찰은 공격과 복종을 감정이라고 분류했다는 점이다. 공격이나 복종은 집행적 행동이라서 감정이기보다 행동적인 측면이 더 강하다. 수용이 사랑과 복종의 조합이라고 정의한 것도 흥미롭다. 사랑과 배려가 수용을 더 잘 설명하지 않을까 생각한다. 그러나 사랑이 수용보다 더 큰 감정이기 때문에 이 개념 역시 좀 어색하다. 공포와 놀람을 설명하기 위해 복종과 경외, 경외와 실망을 각각 조합의 짝으로 삼았는데, 이차 감정들이 오히려 더 큰 감정들이라서 끼어 맞춘 느낌이다. 경외 같은 감정은 이차 감정으로 분리하기에 너무 큰 감성이다. 어쨌거나 플루치크의 연구는 감정을 말하는 모든 사람에게 중요한 레퍼런스가 되어준다는 점에서 참고할 수 있다.

상감자일수록 감정도 표정도 다양하지 못하다

인간의 모든 기본 감정은 위험으로부터 자기를 보호하기 위해 사용되는 도구다. 그리고 연관된 사람들과 관계하기 위해 자기 감정과 입장을 소통할 때 사용되는 기본 언어다. 감정은 기본 생활 도구이기 때문에 그것이 소통되지 않으면 무기로 돌변한다는 사실에 집중해야 한다.

앞서 소개한 폴 에크만의 연구 중 사람 얼굴에 있는 42개 근육에

관한 흥미로운 사실을 발견한 것이 있다. 그는 근육의 여러 조합이 만 개의 표정을 가능하게 한다고 했으며, 그중 3천 개가 생활 속 감정과 관련이 있다고 말했다. 그러니 상감자들이 몇 안 되는 상한 감정에 갇혀 단 하나의 굳은 얼굴로 살아간다는 것은 매우 슬픈 현실이 아닐 수 없다.

미국 오하이오 주립대에서 사람의 얼굴 표정에 대한 연구를 했는데, "인간처럼 복잡한 창조물이 고작 몇 가지 감정만 가지고 있다는 것은 터무니없는 일이 아닌가"라는 전제로 리서치가 시작되었다고 한다. 그들은 컴퓨터 알고리즘을 바탕으로 사람의 얼굴이 가지는 42개 근육이 몇 개의 표정을 만들어낼 수 있는지를 계산했다. 그 결과 1만 6,384가지의 목록을 작성할 수 있었고, 북미와 남미, 유럽, 아시아, 그리고 호주에 이르기까지 5개 언어권 31개국을 선정하여 검색 엔진에 올려, 720만 개의 표정 이미지를 다운로드받았고, 1만 시간 분량의 동영상을 분석했다. 그 분석 결과 5개 문화권의 사람들 모두에게 공통적으로 같은 감정을 전달할 수 있는 보편적인 표정은 35개로 나타났다. 가장 다양한 표정은 행복과 관련이 있었으며, 50퍼센트에 가까운 17가지 표정이 행복한 감정을 표현하는 것이었다.

검색 결과는 놀라웠다. 인류가 오랜 세월을 거치면서 환호, 기쁨, 만족감, 사랑, 행복 등 긍정적인 감정을 표현하는 방법을 가장 많이 개발했다는 점이다. 긍정적인 감정의 공유는 개인과 가정은 물론 사회와 한 나라를 구성하는 국민의 유대감을 높이는 데까지 매우 중요한 요인으로 작동한 반면에 미움과 혐오감을 드러내는 얼굴 표정은 단 한 가지였다는 사실도 매우 고무적인 발견이었다.

이에 오하이오 주립대 전자컴퓨터공학 교수인 알레이스 마티네스는 사회 연합을 위한 접착제 역할을 감당하는 행복감의 다양성과 복합성을 말해준다고 긍정적으로 말했다. 이 밖에 공포를 전달하는 3가지 표정과 놀람을 드러내는 4가지 표정, 슬픔과 분노를 표현하는 5가지의 표정이 있음도 확인됐다. 연구진은 사람들이 얼굴 표정을 통해 자기 감정을 표현하는데, 그 표정들이 예상보다 그리 다양하지 않아 충격이었다고도 말했다.

나는 상한 감정과 변질된 감정을 설명하기 위해 희로애락을 큰 감성의 틀로 잡아 설명하고 있다. 태어날 때부터 아무리 많은 감성이 기본 기능으로 주어져 있어도, 상감자일수록 감정이 다양하지 않다는 사실을 증명하기 위해서다. 상감자일수록 두드러지게 분노하거나 슬퍼하거나 둘 중 하나를 선택한다. 또는 경멸이나 쾌락을 선택하는데, 이 또한 분노의 다른 표현이다. 상한 감정이 분화하여 변질된 감정으로 진화되면, 감정 자체를 성격으로 분류한다. 공포나 두려움이나 걱정, 근심, 혐오, 경멸, 절망 등 다양한 감정이 작동하지만, 그것들은 분노나 슬픔의 변질된 표현일 뿐이다.

미움이나 혐오나 경멸 같은 감정을 변질된 쾌락으로 사용하는 상감자들도 많다. 상감자일수록 습관이 된 감정으로 일관하기 때문에 자기 감정을 관찰하지 않고, 그것을 철석같이 믿기 때문에 배우려고 하지 않고, 그래서 알지 못한다. 무지해서 상감에게 당하면서도 원래 성격이 그래서 어쩔 수 없다고 정당화해버린다.

화의 경우를 살펴보자. 화는 여러 가지 방법으로 그 표현을 파생시킬 수 있다. 신경질적이거나 심한 짜증, 모든 종류의 폭력도 화의 일종이다. 그러나 그것으로 해결이 안 된다면 즐거움을 쾌락으로 변질시키듯 여러 가지 변질된 감정들을 파생시킬 수 있다. 자기의 상함을 달래기 위해서라면, 사람들에게 자기의 상함을 알리기 위해 자기를 가장 상하게 하는 방법을 선택하는 것도 상감자들의 경향성이기도 하다. 때로는 공포와 불안을 선택할 수도 있고, 자신을 학대하여 아픔과 고통에 몰입할 수도 있다. 그 역시 분노나 슬픔의 변질된 모습일 뿐이라면 너무 심플할까?

상한 감정에 대한 한 가지 진리는 이것이다. 사람이 상하면 상할수록 표현하는 감정과 그 얼굴 표정과 몸의 행동이 매우 단순화된다는 것이다. 상한 감정에 대한 언어와 행동이 습관화되어 그 조정과 조절의 능력을 뇌에게 내준 상태다. 그러나 긍휼, 자비, 배려, 보람, 뿌듯함, 신뢰, 불신, 수치, 죄책감, 열등감, 고립감, 혼동과 앞서 설명한 부족감, 불만족감, 부적절감, 부력감 등은 플루치크의 56개 정서 우산에는 들어가 있지도 않다. 이 모든 것이 결국 사람의 희로애락을 발동시키는 기초 감정들임에도 불구하고 말이다. 어떻게 한 도표 안에 사람의 다양하고 복합적이며 섬세한 감정들을 다 포함시켜 표현할 수 있겠는가? 불가능하다.

그러나 한가지 소망이 있다면, 만약 우리가 죄로 말미암아 상실한 건강한 감성이 다시 회복되어 발휘하게 된다면 우리의 생활은 엄청난 능력의 차이를 경험하게 되리라는 것이다. 모든 상황 가운데 사랑이 있고, 용서가 있고, 희망이 있고, 보람이 있고, 화목과 평강이 존재할 테니 말이다.

여기서 상감의 다이내믹을 설명하는 이유는 상감으로는 사람의 값을 다 드러내지 못한다는 것을 전하고 싶기 때문이다. 감성의 회복과 그 능력을 사용하기 위해 지금까지 하지 않던 색다른 수고를 시작해야만 한다는 메시지를 전달하고 싶기 때문이다. 어렵지만 좀 더 건강하고 풍요로운 생활을 위해 지금이라도 시작해볼 만하다.

상감을 조절하고 가르쳐라

이제부터 상감을 야단치고 가르쳐서 진정시키자. 자기 상감만 중요하다는 듯이 활개 치고 혼란을 빚어냈던 상황을 정리하자. 필요한 기억은 간직하되 그 사건이 기억하고 있는 감정에만 휘둘리지 말고, 다른 여러 감정에도 관심을 가져보자. 느껴보지 못했던 새롭고 좋은 감정들도 접해보자. 감정의 문을 활짝 열고, 그 길을 열어가는 작업을 시작해보자. 오리지널 감성이 회복되어 작동하려면 여러 가지 감정의 폭을 미리 알고 연습해보는 것이 중요하기 때문이다. 갑자기 영어를 잘할 수는 없다. 그러나 코카콜라, 스프라이트, 맥도날드, 아이스크림, 쿠키 등등 우리가 한국어로 영어 단어를 많이 알고 있으면 영어가 그다지 생소하지 않은 것과 같은 원리로 좋은 감정을 많이 접해보는 것이 좋다. 그렇게 시작해보자.

감정을 가르쳐서 제구실을 할 수 있도록 정리해주고, 감정을 새롭게 정렬시켜서 생활이 무너지지 않도록 하자. 필요한 감정 시스템이 혼란을 빚더라도 용기를 잃지 말고, 재편성과 재정립과 재정렬의 과정을 거쳐보자. 그래야 감성이 다시 작동할 때 수많은 색다른 감성들을 외면하지 않고, 받아들이는 작업이 수월해질 것이기 때문이다.

감정이나 감성이나 다 마음의 언어요, 느낌의 언어다. 자기에게는 가장 기본이 되고 기초가 되는 중요한 언어다. 그래서 조절과 조정이 어렵다. 상황 판단력이 이성적 주도성을 놓치고, 마음과 느낌이 사람을 움직이게 하는 것을 막을 수 없기 때문이다. 자기를 채우기 위해 자기 증명, 자기 강화, 자기 보호, 자기 유익이 앞다투어 경쟁하며 널뛰다보면 불상사는 자연적인 현상이 된다. 감정을 자기로부터 분리시켜야 하는데 그렇지 못하기 때문에 사건보다 큰 값을 치르며 너무 커진 일을 해결해야 할 때가 많다. 상감을 조절하고 가르쳐야만 상황 판단력을 방해하지 않고, 문제를 풀어가는 좋은 능력이 될 수 있다는 사실을 반드시 명심해야 한다.

건강한 감성 자극과 경험이 필요하다

감정은 보이지 않고 소리 나지 않지만 언어다. 그렇기 때문에 반드시 기초부터 차근차근 배워야 한다. 경험이 기억으로 저장되면서 언어화되는 과정을 거치고, 그 과정에서 언어화된 감정을 어떻게 저장하는지 배워야 한다. 지금까지 배운 적이 없고, 잘못 언어화되어 저장된 상감의 기억 때문에 고통을 호소하며 갖은 병을 앓는 사람들이 얼마나 많은가. 그러니 작은 상감 하나라도 가볍게 생각하지 말고, 잡아내어, 명령하고, 가르치고, 훈련시키기를 게을리하지 말자. 그렇게 하기 시작하면 상감의 널뛰기를 참고, 새로운 감정들이 들어설 자리가 마련될 것이다.

울고 웃는 것으로 자기를 표현하고 있는 아기에게는 감정이야말로 유일한 도구가 된다. 그런데 특별한 오리엔테이션도 없이, 사건과 감정이 일방적으로 저장되어 정말 중요한 '기초 감정'이라는 언어가 마땅한 준비도 없이 체계화되어버린다면 어떨까. 지금까지는 모든 것을 울음으로 풀어낸 아이에게 울지 않아도 해결할 수 있는 방법이 있음을 뒤늦게라도 가르쳐야 하는데, 이미 세팅된 감정 체계를 해체시킬 수 있는 더 큰 언어가 없어서 그것이 불가능한 일이 되기도 한다. 울면 아무것도 얻을 수 없다는 것을 연습시키고, 훈련시켜보지만 그 순간을 모면하기 위해 잠시 적응한다고 할지라도 울며 해결하려는 기본 생활 공식이 변하지 않을 수 있다는 것이다.

웃어야 하는 상황에서 웃지 않는 아이에게 지금이 웃어야 할 때라는 것을 어떻게 가르칠 수 있을까? 그 순간 웃으라고 강요한다고 자연적인 웃음을 배울 수 있을까? 만약 강요당하면 더 웃지 않는 아이로 성장할 가능성이 크다. 이처럼 이미 기억에 저장된 감정 체계를 해체시키고, 새로운 감정의 판을 깐다는 것은 생각보다 매우 어려운 과제다. 매 순간 단단한 각오는 물론, 새판을 깔겠다는 비상한 각오와 사명 의식 그리고 끊임없이 생명 에너지를 창출하겠다는 결심이 뒤따라야 한다. 이에 더하여 성령의 도우심이 있어야만 이루어낼 수 있는 기적이다.

감정은 소리 나는 언어를 배우는 것처럼 때맞춰 배워야 하며, 필요한 상황마다 적절하게 표현할 수 있도록 친절하게 가르쳐줘야 한다. 그래서 아기를 돌보는 사람이 적절한 사랑과 관심으로 상황에 맞는 호응과 반응, 소리 나는 언어, 그에 따른 표정과 몸짓과 손짓 등 아기가 알맞은 경험을 기억하도록 도와야 하는 것이 관건이다. 기억하는 만큼 자기가 되니까 보통 중요한 사안이 아니다. 그러므로 태 속에 있을 때부터 시작하여 모든 성장 과정에서 건강한 감성적 자극들을 많이 받을 수 있도록 신경을 써주고 배울 수 있도록 도와줘야 한다.

감정, 섬세하게 또는 무디게

아기들은 감정이 풍부한 상태이지만, 배고픔과 배아픔과 배부름을 구별하지 못한다. 배가 불러도 울고, 배가 아파도 울고, 배가 고파도 운다. 조금 크면 배가 고파도 아프다고 말하고, 배가 불러도 아프다고 말한다. 성장하면서 배고픔과 배아픔과 배부름을 구별하게 되고, 그에 따른 감정도 각각 다르다는 것을 배우게 된다. 그래서 부모가 상황에 따라 배가 아픈지, 배가 고픈지, 배가 부른지 각각 다른 단어를 사용하여 그 느낌을 가르쳐주어야 한다.

속상하다는 말은 흔히 사용하는 감정 언어다. 그런데 속상함은 여러 종류의 상황에서 통상적으로 사용되는 언어이기에 그 범위가 굉장히 넓다. 약이 올라서 속상함, 빼앗겨서 속상함, 배신당해서 속상함, 못 먹어서 속상함, 부러워서 속상함, 때를 맞추지 못해 속상함, 하고 싶은 일을 하지 못해 속상함 등 속상함으로 수만 가지를 나열할 수 있다. 그래서 남의 이야기를 듣고 "속상하겠구나"라고 반응해줄 때, 그 어투와 태도와 억양 외에도 많은 변수들로 적중하지 못하는 반응을 나타낼 수도 있다.

사람이 터놓은 마음의 길은 사람마다 독특하고 다양해서 족집게로 집어내는 것처럼 맞추기가 몹시 어려울 수 있다. 속상하다는 단어 하나가 가지는 다양한 감정을 배우지 않았기 때문에 일어나는 불상사다. 속상하다는 단어를 사용하면서 읽어주어야 하는 감정을 배워야 한다는 것은 매우 중요한 성장 과제다.

반대로 속상한 상황은 다 다른데, 그 상황을 표현하는 언어가 다 동일할 수도 있다. 제때 밥을 못 먹어 속상해서 소리를 지르고 물건을 집어 던지는 아빠는 아들의 성적이 좋지 않아도 소리를 지르고 물건을 집어 던진다. 사기를 당해 속이 상해도 소리를 지르고 물건을 집어 던지고, 직장 상사한테 잔소리를 들어도 소리를 지르고 물건을 집어 던진다.

무시당하는 것을 무엇보다도 싫어해 작은 무시든 큰 무시든 따지지 않고 한 가지 방법으로 풀어간다면, 그것은 어깨를 부딪혀놓고 미안하다는 말 없이 지나가는 사람에게 너무 크게 화를 내어 자칫 큰 싸움이나 사고로 이어질 수도 있다. 미워하는 대상이 생기면 현재 또는 과거에 미워했던 경우와 어떻게 다른지, 또 어떻게 같은지 구별해야 하는데, 다 똑같은 방법으로 처리해버리는 것이다. '그 사람이 그냥 싫더니 지금은 하는 짓마다 싫어! 특별한 이유 없이 그냥 미워! 하는 짓이 다 꼴보기 싫어!' 이런 것은 아닌지 한번 생각해야 한다.

상감은 자기가 맞다고 정당화하면서 자기 자신을 특별한 종류로 등급을 매기는 작업을 겁도 없이 시행한다. "이상하게 내가 미워하는 사람은 나중에 꼭 문제를 일으키고 쫓겨나더라" 이런 말을 태연히 하면서 말이다. 한 번 그런 일이 있었다면 그것이 진리가 되어 평생 그것을 정답으로 삼아 풀어간다.

감정은 상감 외에도 다양한 감정을 배워야 한다. 어떤 한 가지 감정만 두드러지게 배우지 말고, 다양한 감정을 배워야 한다. 좋은 환경에서 큰 감정들을 많이 배워야 건강하다. 너무 조용한 환경에서 키우면 오히려 소리에 민감해져서 콩알이 바닥에 떨어지는 소리에도 깜짝 놀라는 아기가 될 수 있다. 좋은 감정은 섬세하게 분화하여 많이 경험하게 하고, 어떤 감정의 경우 좀 무디고 굵게 가르치는 것도 좋다.

상감의 관계 공식 4가지

무엇보다도 상감을 자기로부터 구별하여 분리하는 작업을 시작해야 한다.

첫째, 상감은 사건으로부터 구별하고 분리하고 '사건'보다 작게 만든다. 사건은 사건 크기만큼의 감정만 쓰면 된다. 상감은 필요한 감정보다 크게 작동할 뿐만 아니라 상감이 그 사건에 적절한 감정이 아닐 수도 있다. 그러니 잘 살펴보라. 때로는 상감이 아무런 상관없는 사건일 때도 있다. 그러면 상감을 분리해서 제거해버려라. 그럼 상감이 1단계에서 미리 제거되니 더 이상 좋을 수 없다.

둘째, 상감을 자기로부터 구별하고 분리하여 '자기'보다 작게 만든다. 자기는 상감보다 크다는 진리를 항상 기억해야 한다. 아무리 자기의 사연 때문에 생긴 상감이라도 보좌에 앉게 하지 말라. 보좌에서 끌어내리고, 상감에게 명령하라. "설치지 마라, 좀 조용히 해라" 따끔하게 야단쳐서 가만히 있게 하고, 제 몫만큼만 작동하도록 조절해주는 것이 좋다. 그래야 감정적으로 건강해질 수 있다.

셋째, 상감만 독대하지 말라. 상감을 약화시키는 방법은 상감을 찾지 않는 것이다. 상감은 '피딩'(feeding) 시스템이 작동한다. 상감은 상감을 먹어야 힘을 얻는다. 그러니 상감을 그리 중요시 여기지 말라. 그래봤자 손해요, 피해다. 못 본 척하고, 안 들은 척하라. 상감이 널뛰어도 절대 독대하지 말라. 상감을 피하라. 절대 습관적으로 움직이지 말라. 상감을 차단하라.

넷째, 다른 감정들을 불러 일으켜 사용하기 시작하라. 슬픈 사람이면 침착함도, 신중함도, 조용함도, 고요함도, 느긋함도 좋다. 슬프다는 말 대신 다른 말로 그 감정을 표현하라. 새로운 언어들을 사용하라. 꼭 슬프지 않아도 풀 수 있다. 평안하라고 자기에게 말하라. "평화 평화로다 하늘 위에서 내려오네"라고 노래를 불러라.

자기의 감정을 피하라는 뜻이 아니라 한 번 상감에 집중하면 빠져 나올 수 없다는 것을 설명하는 것이다. 그래서 상감에 집중하기 전에 다른 감정들이 있다는 사실도 기억하라는 뜻이다. 반드시 먼저 평강을 찾아야 상감에 조종당하지 않는다.

이제 상감의 존재를 알았으니 상감을 약화시켜서 파쇄하라. 마치 파지를 분쇄기에 넣어 파쇄시키는 것처럼 말이다. 상감으로만 작동하는 사람의 힘겨운 나날을 구원하기 위해서라도 그 리얼한 능력을 무디게 만들어야 한다. 상감을 파쇄하는 가장 좋은 방법은 상감을 외면하고, 피하고, 절대 사용하지 않는 것이다. 사용할 수 있는 다른 감정을 배워야지만 가능한 일이다.

그러면 먼저 분리 공식부터 습득하자.

◆ 사건으로부터 상감을 분리하라
◆ 자기로부터 상감을 분리하라

아래 4가지 공식을 천천히 생각하며 읽어보라.

자기≠상감≠사건

자기의 값이 상감과 다르고, 상감의 값이 사건과 다르다. 이렇게 계산하는 것이 기본이다. 그렇지 않으면 사건과 상감을 분리할 수 없다.

자기는 사건과 값이 같고, 사건은 상감과 값이 같다. 이렇게 계산하는 것은 위험천만하다. 어떤 사건보다, 어떤 상감보다 사람이 커야 한다. 그래야 다스릴 수 있다. 상감을 다스리기 전에 사건을 다스려야 한다. 사건이 무엇인지 파악하는 것이 가장 큰 해결책이 된다.

자기가 사건의 값보다 크고, 사건이 상감의 값보다 크다. 이렇게 계산하는 것이 가장 현명한 방법이다. 사람이 커야 사건을 다스리고, 상감도 다스릴 수 있다.

자기가 사건의 값보다 작고, 사건이 상감의 값보다 작다고 계산하면 상감에 짓눌린다. 상감이 보좌에 앉는 것이다. 상감을 친근하게 대하지 말라. 상감으로 작동하지 않아도 나를 살리고 사건을 풀어갈 다른 좋은 감정들이 많다. 상감은 여러 감정 중 하나다. 상감에게 왕관을 씌워주면 안 된다. 상감이 마스터가 되면 모든 것이 바닥을 치고, 망할 것이다. 병질을 하고, 악질이 되는 가족들과 사람들이 많아질 것이다. 절대 금물이다.

이 네 가지 상감의 관계 공식이 깨달아지면 적어도 상감을 자기로부터 분리시켜야 한다는 현실에 직면하게 될 것이다. 상감은 사람이 직면하고 핸들링할 수 있는 감정 중 하나여야만 한다. 그것이 주제 언어가 되어 사람을 조정하기 시작하면, 상감이 사람을 지배하고, 감정 독재가 일어난다. 독재자가 강하고 똑똑한 면도 있겠지만, 그런 인도자, 그런 지배자를 원하는 사람들의 상감이 뒷받침되고 있는 것이다.

상감이 자기보다 작으면 그런 일은 절대 일어나지 않는다. 그러나 상감이 자기보다 강해서 사람을 지배하고 있다면, 그 사람의 관계 공식 자체가 오염된 상태이기 때문에 이상한 상황을 정상으로 받아들이고, 오히려 안정과 도전을 느낀다. 이단 교주들에게 속아 가정을 버리고 교주를 따르는 사건들은 하나같이 다 상감이 뒷받침되고 있어야 가능한 일이다.

상처는 그 사건에 대한 당연한 결과다. 상한 감정도 합당한 감정임에 틀림없다. 사건만큼의 상감이라면 그것은 건강한 감정이다. 왜? 그 사건에는 그런 감정을 느껴야 마땅하기 때문이다. 문제는 사건 해석이 기울어져서 상감이 사건보다 더 크고, 그 사람보다 더 커서 사건과 사람을 지배하는 경우인 것이다.

사람은 그 상감보다 더 많고 다양한 감정을 소유했기에 힘거운 순간에도 다른 감정들의 활동으로 일상생활을 넉넉히 영위해나갈 수도 있다. 그러나 상감에 약한 사람에게 사건이 터지면 동일한 상감으로 그 사건을 해석하기 때문에 상감의 세력이 점점 더 커져만 가는 것이다. 마치 그 사건을 일생일대의 사건처럼 붙잡고, 확대된 상감을 주제 감정으로 모시고 사는 일이 벌어지는 것이다. 그러니 자기를 사건으로부터 구별하고, 그 사건으로부터 상감을 구별하여 분리하는 작업은 건강을 위한 첫 번째 필수 시스템이다. 이 작업이 선행되지 않는다면 상감을 약화시킬 수 있는 방법이 없다.

이것은 누군가가 해줄 수 있는 작업이 아니다. 스스로 사건으로부터, 상감으로부터 자기를 분리하는 작업을 직접 감행해야 한다. 상감으로부터 자유해야 다른 관계 공식이 가능해진다. 그래야만 비로소 새로운 감성의 판을 깔고, 살맛 나는 새날을 경험할 수 있게 된다. 그런 날이 속히 오기를 바란다.

반드시 상감으로 작동하지 않아도 되는 이유

사람은 상처보다 크다. 그런 상황을 겪는다는 것은 우리가 그런 상황을 겪을 수 있는 존재이기 때문이다. 상처를 준 과거의 그 사건은 인생에서 극히 작은 부분일 뿐이다. 그런데 그것을 인생 전체 그림으로 만들어버리는 우를 범하여 비참한 생활을 자처하는 것이 된다.

상처받았던 그 순간에도, 기쁨, 사랑, 온유, 절제, 평강, 화목 등 상감보다 더 큰 선한 감정들이 함께 작동하고 있었다. 자기의 사연의 주제가 그 상감을 선택하고 놔주지 않는다는 사실을 깨닫는다면, 그 순간 다른 감정을 선택할 수도 있다는 것이다. 상감도 자기의 선택이기 때문이다. 그러니 상감에게만 집중하지 마라. 상감은 자아를 이기고, 상황을 주관하려는 능력이기 때문에 반드시 자기로부터 구별하여 약화시키고, 파쇄시켜야 한다.

상감을 주제로 자기를 증명하지 않아도, 자기가 누구인지를 증명하는 방법은 많다. 상감으로 작동하지 않으면, 긍정적이고 선한 감성의 능력으로 관계 공식을 달리 형성할 수 있다. 상감의 일차적 본능과 욕구에 묶여 바닥을 치는 인생을 반복하지 말자. 너나 할 것 없이 누구나 건강하고 풍성한 삶을 누리며 살 수 있는 가능성을 다 가지고 있다. 기억하자! 상감은 자기로부터 구별하고 분리하여 약화시키고 반드시 파쇄해야 한다.

그러기 위해서 상감으로부터 관심을 돌려 새로운 감정에도 관심을 줘야 한다. 성령의 아홉 가지 열매(사랑, 희락, 화평, 오래참음, 자비, 양선, 충성, 온유, 절제)도 좋고, 빛의 열매(모든 착함과 의로움과 진실함)도 좋고, 의의 열매도 좋다. 참으로 선하고 좋은 감성들이 얼마나 많은지 평생을 사용해도 다 사용할 수 없다. 그러니 한 감정을 구별하여 연습하라. 사건이 생길 때마다 먼저 그 단어를 생각하고 입으로 되뇌라. 그러면 상감에게 자리를 내주지 않게 될 것이다.

상감은 매우 부정적이고 심히 악한 능력이다. 그 자체가 경험을 자기화하여 자기 왕국을 건축하는 가인의 능력이다. 이는 사람의 성품이 선으로 발전하지 못하도록 하나님과의 관계를 차단한다. 악한 능력이 맞다. 상감은 사람이 스톱 사인 앞에 멈춰 선 사람으로 살게 한다. 자기는 최선을 다해 살지만, 그 최선이 매번 최악이 된다.

문제는 상감이 그 사람의 인생에 온갖 행패를 다 부려놓고, 어떤 책임도 지지 않는다는 것이다. 상감이 최선을 다하면 다할수록 사람의 삶은 망가지기 때문에 물질적 성공을 이루었다 해도 생명과 관계의 결과는 피폐해진다. 상감은 이를 책임지지 않는다. 매번 오리발을 내민다. '너는 상처를 받았고 아팠으니, 상감으로 작동하는 것이 맞지 않냐? 네가 상감을 선택한 것이 아니냐? 네가 원해서 스톱 사인은 세우고, 그 앞에 머물러 섰던 것이지 않냐'라고 되받아친다. 들어보면 맞는 말 같다. 자기는 여전히 힘이 없다. 상감은 더욱 마땅한 권리와 권력을 행세하게 된다.

삼십 대 엄마가 네 살짜리 딸을 앉혀놓고, 자기가 얼마나 네 아빠 때문에 속상한지를 쏟아낸다. 소주를 마시며, 눈물을 흘리며, 깊은 한숨도 내뱉는다. 엄마가 죽으면 우리 딸은 누가 키워주냐며 아이를 끌어당겨 껴안고 운다. 엄마가 쏟아낸 썩은 물에 딸아이가 빠져 허우적거리며 숨차한다. 엄마를 구할 수 없는 자신의 무기력을 한탄하며 끝없는 물구덩이로 빠져 들어간다. 그러다가는 엄마보다 먼저 질식해서 죽는다.

상감은 사망적 능력이다. 그것을 무기로 휘두르는 자의 값은 사망이다. 상감자에게는 무지가 능력이라서 상감밖에 아는 것이 없다. 그래서 강하다. 그래서 상감을 무기화하여 생활 무기로 사용하는 것이다. 자기 상감에 못 이겨 성질을 부리면 반드시 그에 대응하는 값을 치르게 되는데 상감자는 그 사실을 묵인한다. 아마 배우자와는 이혼하고, 자녀들과의 관계는 무너지는 값을 치를 것이 뻔한

데도 말이다. 그러나 치르는 값이 크다고 할지라도 상감은 자기가 최선을 다했다는 말로 자위한다. 책임 의식이 없는 것이다. 이루 말할 수 없이 무지하다.

상감의 대를 끊어라

상감은 탐심이 충만한 독재 시스템이다. 오직 자기 만족을 위해 최선을 다한다. 타인의 상처나 피해는 어쩔 수 없다고 한다. 자기 상처가 더 크다고 믿기 때문이다.

"여보, 나 하루 종일 애들 때문에 너무 힘들었어." 위로의 한마디를 듣기 위해 퇴근한 남편에게 말한다. "난 너보다 더 피곤해! 나보다 더 피곤한 사람 있으면 나와 보라 그래! 집에 있으면서 뭐가 피곤하다고, 퇴근한 남편한테 첫마디가 피곤하다는 말이야?"

상감의 세상에서는 자기보다 더 힘든 사람은 없다. 자기가 가장 괴롭다. 다들 자기를 힘들게 하려고 작정했다고 믿는다. 자기가 자기를 보호하지 않으면, 모두가 자기에게 피해를 입힐 생각만 한다고 믿는다. 다른 사람의 어려움이 눈에 들어오지 않는 상감자는 바늘로 찔러도 피 한 방울 안 흘릴 것 같이 자기밖에 모르는 깡패 독재자로 전락한다.

상감은 과거를 과거로 풀어야 그 온전한 값을 치르는 것이다. 과거를 현재화하면 값이 너무 커져서 풀어낼수록 값이 더 올라간다. 상감의 값을 제대로 치르지 않고, 그냥 잊어버리거나, 없던 것으로 하거나, 청산했다고 친다면 값을 치르지 않는 상감은 반드시 현재를 점령하여 자기 값을 드러낸다. 상감을 풀어내지 않는 만큼, 또 풀어내는 만큼, 값을 치러야 하기 때문이다. 상감을 사그라들게 할 감동을 안겨주지 않았다면, 치르지 않은 값이 자손 대대로 상감의 노예가 되도록 그 길을 열어준다. 온 집안에 상감쟁이들이 많아진다. 책임지지 않는 악의 충만이다.

　상감은 누군가가 반드시 책임을 져야 한다. 상처를 받은 사람이 그 값까지 치르게 되니 너무 억울한 일이 된다. 그래서 상감을 자기 것으로 받지 않는 것이 상책이다. 일단 상감을 접수하면 접수한 사람이 그 값을 처리해야 하는 사건으로 일단락된다. 혹 접수한 사람이 책임지지 않으면 다른 사람이 그 책임의 값을 치르게 된다.

　자기는 그 사건이 풀리지 않아 우울증으로 억울함을 드러냈다고 쳐보자. 알다시피 우울증은 자기가 자기에게 벌을 준 것이 될 뿐, 그 사건의 값은 아닐 수 있다. 상감에 적합한, 제대로 된 값을 치르지는 않았지만, 우울증으로 인해 온 가족은 물론 주위에 민폐를 끼쳐 다른 상감이 작동하게 된다. 문제와 상감이 플러스 된 것이다. 고생했지만 상감과 사건의 값은 여전히 그대로 남아 있다. 그러니 그 사건과 상감이 대대로 대물림되는 악순환을 만든다.

　상감은 악의 값이기 때문에 누군가는 그 악에 치어 엎어지고 자빠지며 고통스럽게 살아간다. 따라서 상감자는 자기 상감을 책임지고 청산해야 한다. 다음 세대로 전수되지 않도록 최선을 다해야 한다. '오케이! 상감은 여기까지. 더 이상은 안 돼! 상감은 나까지,

내가 그 값 치르고, 청산하고, 해결하고 죽는다!'라는 단호한 각오와 실천이 있어야만 새로운 세대가 시작될 수 있다. 상감이 해결되지 않는 한 사람은 죽고 또 태어나도 상감의 보좌와 왕관은 그 집안에서 떠나지 않게 된다.

뇌는 반드시 훈련시켜야 한다. 뇌는 생각보다 똑똑하지 않다. 익숙한 것을 유익하다고 믿기 때문이다. 그러므로 행복하지 않은 경험들이 연이어 일어난다고 할지라도 슬픔이나 분노에만 집중하지 말고, 삶의 기쁨과 여유를 누려야 한다. 그래야 뇌가 전체적인 그림을 파악하고, 생활에 필요한 호르몬을 분배하여, 정상적인 생활을 할 수 있도록 도울 수 있다. 그렇지 않으면 뇌가 슬픔에만 집중하여 그에 상응하는 호르몬과 그 양을 분비하도록 명령하기 때문이다.

감정도 마찬가지다. 감정을 가르쳐서 감정이 제구실을 할 수 있도록 정리해주고, 감정을 새롭게 정렬시켜서 생활이 무너지지 않도록 해야 한다. 무엇보다 상감과 구분할 수 있어야 한다. 상감은 악의 고리이기 때문에 대를 이어서 악영향을 미치기 때문이다.

06
상한 감정 중독에서 벗어나라

상감은 소리 없는 언어이며, 자기가 원하는 대로 말을 만든다. 자기가 원하는 대로 해석해서 말한다는 뜻이다. 그렇기 때문에 그 상감이 내는 말을 금지해야 한다. 새롭고 행복한 말을 만들어 일부러라도 그 말을 입으로 쏟아내야 한다. 상감을 탓하지 말라. 상감보다 약해진 자신을 탓하고, 강해질 생각을 굳혀야 한다. 비겁하게 상감의 그늘에 숨지 말라. 스스로 책임감 있는 자가 되어야 한다.

상감의 소리 바꾸기

이 씨는 착한 사람이다. 그녀의 여동생은 자기가 원하는 것이 무엇인지 정확하게 말하고 싫은 것은 죽어도 하지 않는다. 부모님이 야단치고, 욕을 하고, 때려도, 자기가 원하는 것을 굽히지 않고 끝까지 쟁취한다. 미국에 가서 공부하겠다고 할 때도 부모님은 안 된다고 단칼에 잘랐지만, 여동생은 알아서 비행기표를 구해 미국으로 떠난 후 다시는 돌아오지 않았다. 부모님의 간섭이나 참견 아래 살지 않겠다는 단호한 각오와 결단이었다.

그렇지만 이 씨는 그러지 못했다. 시끄러운 것이 싫고, 언성이 높아지는 것이 무섭고, 잔소리 듣는 것이 불편하고, 싸우는 것이 두렵다. 그래서 될 수 있으면 부모님에게 맞추고, 동생에게 맞추고, 남편에게 맞추고, 아들에게 맞춘다. 그러면서 자기는 감사가 없고, 늘 불행하다고 말한다. 말 한마디 하지 않고, 닭똥 같은 눈물을 흘리며, 자기는 비참하고 불행하다고 소리 나지 않는 비명을 지르며 산다. 우울증에 시달리고, 비만으로 자기를 학대하며, 노잼 라이프를 설계하며 살아간다.

자신의 상감이 어떤 소리를 내고 있는지 듣는가? 스스로 그 소리를 바꾸지 않는다면 우리는 소리 없는 비명에 단명하고 말 것이다. 소리를 바꾸는 것은 곧 생활 언어를 바꾸는 것이다. 매일 했던 그 말과 방법을 의식적으로 멈추고, 새로운 언어를 사용해야 한다. 칭찬에 인색한 사람은 칭찬을 아끼지 않는 사람이 되려고 스스로 훈련하는 것이다. 지적하기보다는 칭찬이 사람을 바꿀 수 있는 가능성이 높다.

누구를 만나든 반드시 한 가지를 칭찬하는 훈련을 해보라. 자기가 늘 해오던 말이 아닌 전혀 다른 말을 사용하는 것이다. 선하고, 아름답고, 풍요롭고, 상대방이 기분 좋아할 말을 골라서 하는 것이다. 누가 아는가. 그것이 진짜 자기 생활 언어이었을지도 모른다.

행복하고 선순환적인 말로 생활의 아름다운 소리를 만들어보라. 건강한 감성이 스멀스멀 작동되는 것을 느낄 수 있을 것이다.

상감을 단절시키는 예의바름으로

상감은 정서적인 피폐함뿐만 아니라 몸도 몹시 상하게 한다. 상감은 스트레스를 높이는 가장 강력한 언어다. 상감이 작동하면 우울, 짜증, 신경질, 삐침, 소리 지름, 지적질 또는 욕과 폭력 같은 상한 언행이 쏟아진다. 그 순간 상감의 작동을 알아차리고, 무 자르듯 일단 정지시켜야 한다. 상감의 지시를 받아 자동으로 작동하는 자신을 알아차리고, 새롭고 건강하고 선순환적인 생활 언어 사용을 적극 실행해야 한다.

그 순간 언어를 바꾸지 않으면 우리는 과거에 했던 그대로 재생할 수밖에 없다. 그렇기 때문에 그런 순간이 오면 이 말을 하겠다고 미리 준비해놓아야만 표현할 수 있다. 새롭고 건강하고 선순환적인 표현을 갈망하고, 상상으로 상황을 전개하며 말을 미리 연습해보라. 내가 뭐라고 표현해야 이 상감의 그늘에서 벗어날 수 있을지 생각하고, 철저히 언어를 준비해보라. 이미지 트레이닝을 철저히 해보라. 그러면 상감의 수위 조절이 가능하고, 건강한 생활 언어의 선순환적인 사이클이 시작되는 기회를 얻을 수 있다. 상감의 자동 클릭 시스템을 제어하고, 새로운 언어 시스템을 작동시키는 것이다. 할 수 있다. 한 번 해보라.

"아직 이유는 정확하지 않지만, 당신이 '너는 왜 그러냐?'라고 할 때면, 마음이 너무 불편해지고, 스트레스가 이만저만이 아니야. 내 마음이 심하게 요동쳐. 난 당신 엄마에 대해 '네 엄마'라는 단어를 사용하지 않는데, 당신은 왜 '네 엄마'라고 하면서 무례하게 구는지 모르겠어. 기분이 너무 나빠서 언젠가 욕이라도 할 것 같아. 그러는 당신 때문에 어머니를 싫어하는 마음까지 생겼어, 어떻게 아들을 저렇게 교육시키셨나 싶어서 말이야. 그래서 정식으로 당신한테 부탁하려고 해, 그 말에 대해 나한테 사과해줘. 그리고 다시는 그런 말을 사용하지 않겠다고 약속해주면 좋겠어."

이런 경우에는 상감이 조정하는 대로 자기 마음대로 대응하는 것이 아주 흔한 일이다. 이렇게 말이다.

"뭐? 당신이 뭔데 우리 엄마에 대해 지적질이야? 나도 너처럼 말끝마다 '네 엄마, 네 엄마'라고 말해봐? 너나 네 엄마는 뭐가 그리 대단한데? 무무식하고 무례하기 짝이 없는 사람들이 무슨 격에도 안 맞는 지적질이야? 야, 내가 애나 보고 살림이나 하고 있으니까 우습게 보이냐? 해주는 밥 먹고 나가서 쥐꼬리만 한 월급 받아오면서 뭐가 잘 났다고 지적질이니? 내가 나가서 돈을 벌었으면 너보다 훨씬 더 많이 벌어왔겠다. 네가 자존심 상해할까 봐 가만히 있으니까 누굴 바보로 알아? 우리 엄마가 너한테 뭐 어쨌는데?"

상감이 원하는 말을 하면 그 순간 속은 좀 후련하겠지만 관계는 망가진다. 그러니 상감이 날뛰지 못하도록 제값을 치르고 청산해야 한다. 절대 상감이 원하는 대로 작동하지 않겠다고 결정하면 과감한 절교도 필요하다. 상감은 반드시 단절시켜야 한다. 탯줄을 끊지 않으면 다 죽는다. 선순환되는 언어를 사용해야만 생활이 풀어지고, 행복할 수 있는 가능성이 높아진다. 사랑은 너무 고귀하고, 사용하기 힘든 생활 언어라면 일단 먼저 바르게 예의를 다하는 것으로부터 시작해보라. 상감이 쏟아내는 무례하고 썩은 물에 온 가족이 다 질식하기 전에 시도해보라.

상감의 언어 노예 시스템에서 벗어나기

어떤 상황이 닥칠 때 어떤 말을 사용할 것인지 미리 생각해놓아야 한다. 함께 생활하는 상대방의 말은 거의 동일하다. 그들과의 정해진 일상을 예상하고, 이에 대비하는 언어를 준비하는 것이 상식이 되어야 한다. 이렇게 말이다.

◆ 남편이 아내의 단점을 지적했을 때

"여보, 그건 내가 가장 싫어하고, 내게는 약점과도 같은 것인데 당신한테 지적당할 때마다 속이 상하고 너무 불편해. 그렇지만 알았어. 내가 접수했어! 당신 눈에 그 행동이 그렇게 싫은 것이면 나도 그만해야지. 내가 수정하도록 노력할게. 근데 혹시 내가 또다시 그렇게 하면 습관이라 단번에 고쳐지지 않아서 그러니까 좀 부드럽게 말해줘! 내 약점이 건드려지면 그 순간 내가 당신에게 화를 낼까봐 걱정돼서 그래, 부탁할게!"

◆ 남편이 눈치 없이 자기 속을 후벼팔 때

"여보, 당신이 영숙이 남편 승진 소식을 기쁘게 전하니까 내 기분이 너무 이상해. 그 사람을 축하해주는 당신의 마음이 진심인 건 아는데, 당신이 위로받아야 하는 상황 아니야? 당신 속이 말이 아닐 텐데 자기를 먼저 챙겨야지, 왜 남부터 챙겨! 이리 와봐, 당신도 정말 수고 많았어. 내가 그걸 알잖아."

◆ 자녀들이 서로 싸우며 말썽을 피울 때

"얘들아, 오늘 엄마 신경이 좀 날카로우니까 서로에게 하고 싶은 말을 먼저 글로 써서 정리해보면 어떨까? 소리 내서 싸우는 것은 그 후에 해도 늦지 않아. 자기 생각을 먼저 정리해봐."

◆ 시어머니가 아들만 챙기고 며느리에게는 지적질만 할 때

"어머니, 아드님이 귀한 건 너무 잘 알겠어요, 근데 어머니와 그이는 일촌이지만, 저와는 무촌이에요. 저한테는 내 몸같이 귀한 사람이죠. 어머니 마음은 제가 너무 잘 알고 있으니, 제가 남편한테 더 잘 할 수 있도록, 세 가지 칭찬에 한 번 야단치시는 공식으로 저를 대해주세요. 어머니가 야단만 치시니까 그 소리가 점점 소중하게 들리지 않네요. 어머니의 꾸짖음을 귀하게 받아들일 수 있도록 저를 좀 도와주세요. 제가 아드님하고 잘 살도록 저를 좀 더 예뻐해주세요. 제 마음에 금이 가서 조금 있으면 깨질 것 같아요."

◆ 부모가 하루가 멀다고 돈을 요구할 때

"아버지, 아버지가 원하시는 대로, 아니 더 많이 드릴 수 있다면 저도 무척 행복할 것 같아요. 우리 모두 돈이 없어서 너무 불편한 건 사실이에요. 돈 달라고 하실 때마다 아버지도 얼마나 자존심이 상하시겠어요? 저도 속이 많이 상해요. 근데 이번에는 정말 안 되겠어요. 마음은 있는데 돈이 없어요. 구할 수 있는 방법도 없어요. 이제부터 어떤 상황이라도 빚은 지지 않기로 했거든요. 이해 부탁드려요."

이외에도 매일 반복되는 사건 속에서 상감이 발동하도록 내버려 두지 말고, 일관성 있게 반복적으로 지속되는 사건들에 대해 어떻게 반응할 것인지 연구하고 계획하여 상감의 언어 노예가 되는 시스템에서 벗어날 계획을 치밀하게 주도적으로 세워나가야 한다.

상감에게 따지지 말고 상감을 피하라

상대방의 상감에 올라타서 함께 널뛰지 말라. 상대의 필요나 요구 때문에 당신이 상할 필요가 없다. 항상 기억해야 할 것이 있다. 상대방은 항상 상감으로 말한다는 것이다. 그러니 그 상감을 자극하여 확대할 만한 그 어떤 반응도 보여서는 안 된다. 그것이 자신을 보호하는 가장 좋은 방법이다. '그랬구나' 정도로 받아들이고 더 이상 발전하지 않는 것이 좋다. 상감과 따지지 말라. 상감에게 질문을 던지지도 말라. 상감에게 다가가지도 말라. 순간 그 자리를 피하는 것도 좋은 방법이다.

생각나는 영화의 한 장면이 있다. 남자들이 함께 술을 마시고 있는데 깡패들이 들어와 행패를 부리기 시작했다. 술이 떨어지고 없다는 말에 화를 내니까 술을 마시고 있던 한 사람이 자기 술병을 건네면서 이거라도 마시겠느냐고 했다. 그러자 깡패는 당신이 마시던 술을 내가 왜 마시냐면서 화를 내며 술병을 집어던졌다. 순식간에 난장판이 벌어졌다.

그러나 자기 술병을 건넸던 자는 아무 상관하지 않고 빗자루를 들더니 바닥을 쓸고 부서진 물건들을 정리했다. 깡패는 화가 나서 그의 얼굴에 주먹을 한 방 날리고 그 자리를 떠났다. 이를 지켜보던 친구가 왜 얻어맞고 가만히 있냐고 묻자 "내가 한 방 맞고 끝나는 게 가장 피해가 적다"고 말했다. 때로는 맞서지 않고 피하는 것이 최선의 방법일 때가 있는 것이다.

상감은 자기 마음과 기분대로 썩은 냄새나는 상한 말을 마구 쏟아낸다. 그래서 항상 사건을 키우고, 문제를 확장시킨다. 그런데 거기에 아무런 준비 없이 대응하는 사람은 그 사람이 준 만큼 되돌려주려고 하고, 그 순간에는 그것이 최선이라고 믿기 때문에 속이 시원하도록 다 쏟아낸다. 그 순간 서로의 상감이 붙어 전쟁을 일으키고 그 결과 둘 다 망해서 비참해진다. 사람은 다치고, 환경은 파괴되고, 생활은 엉망이 되고, 삶은 너무나 어려워진다.

힘들 때 오히려 술도 마시지 말고, 어떤 말썽도 일으키지 말아야 하는데, 사람들은 거꾸로 대응한다. 힘들수록 제일 먼저 자기가 상하지 않도록 자기를 보호하며 자기의 유익을 챙길 줄 알아야 한다. 이렇게 말이다.

"여보, 내가 말할 때 작은 정보들까지도 신경 써서 들어줬으면 좋겠어요. 두 번 세 번 설명하고 또 말해야 하는 게 너무 지쳐요. 당신한테는 쓸데없고 중요하지 않을 수 있지만, 나한테는 다 중요한 디테일이라서 에너지를 사용하며 열심히 설명하는 건데, 잘 좀 듣고 기억해주면 좋겠어요. 부탁할게요."

"알았어. 내가 더 신경 써서 잘 들을게. 근데 한 가지 부탁이 있어. 당신도 잘 알지만, 내가 중요하지 않다고 생각하는 것은 잘 들리지 않아. 그래서 혹 듣지 못한 것이 있다면 경고하면서 한 번만 더 도와줘. 한 달 후에는 좀 더 나아지겠지. 나에게 나를 수정할 수 있는 시간을 좀 줘."

상감은 반드시 선순환적 생활 풀이 언어로 해결해야 한다. 상감이 날뛰는 순간에 반드시 자기가 소유한 감성 능력을 인지하고, 상감의 수위를 조절하고 조정해야 한다. 상황을 해결하지 못해도, 상황보다 더 크고 좋은 말로 선순환시켜야 생활이 건강하게 지속 가능해진다.

힘들고 어려운 상황에서는 상감을 알아차리는 것이 가장 중요한 과제다. 그런 다음 상감을 조절하고 조정하는 능력을 발휘해내는 것이다. 상감을 사건으로부터 분리하고, 자기로부터 분리하는 작업과 함께 상감의 힘을 최대한 약화시키고, 건강한 생활 언어로 표현하고, 해결 가능한 감정으로 만들어 상감이 힘없이 지나가게 해야 한다.

상감을 특별하게 대우하지 말라. 선택하여 불러 세우지 말라. 다른 일반 감정과 같이 취급해라. 풀어지고 없어질 수 있는 감정이 되도록 상감의 힘을 빼라. 상감에게 관심을 주지 말라. 상감이 원하는 대로 움직이면 상감은 힘을 얻어, 당신을 망하게 할 것이다. 절대 잊지 말라. 상감은 모르는 사람 취급하듯이 그냥 지나가게 하라. 절대 불러 세우지 말라!

상감의 언어 대신 다른 감정 언어 사용하기

감정은 매우 섬세하고 다양하다. 상감만 잘 정리되면 많은 다양한 감정을 상황에 따라 적절하게 사용하여 상황이나 사건을 잘 풀어나갈 수도 있다. 화남을 "나 불편해"로 표현해보라. 우울은 "숨을 조금 돌리고 가야겠다"로 표현해도 좋다. "나 화났어!", "나 우울해!"와 같은 직접적인 언어를 피하고 간접적인 생활 언어로 표현하는 것을 연습하라. "나 우울해"는 마치 누군가가 자기를 가해했다는 말로 이해될 수도 있다. 연관된 모든 이에게 그 힘든 순간을 지나갈 수 있는 여유가 없어지는 언어가 된다.

상감의 노골적인 언어보다는 다른 감정 언어들을 사용해보는 것이다. 걱정 근심이 많다는 것보다 얼마나 관심이 많은지로 표현할 수 있다. 실망, 절망, 슬픔으로 표현하던 사건을, 더 큰 일이 일어나지 않아 다행이라고 표현하고 지나가게 해보라. 사건이 멈춰 서지 않도록, 사건 앞에 머물지 않도록 지혜로운 언어를 사용해보라. 원했던 일은 이루어지지 않았지만, 해결할 수 없는 일이 일어난 것이 아니니 천만다행이라고 표현하면 정지하지 않고 앞으로 나아갈 수 있다.

상감은 머무르게 해서 구덩이를 파고, 어둠 속으로 걸어 들어가게 한다. 그러나 우리가 다른 감정들을 잘 사용할 수만 있다면 타격을 받은 사건 이후에도 생활이 나빠지지 않고, 앞으로 전진할 수 있는 능력을 발휘할 수 있게 된다. 새로운 경험으로 어력을 넓혀 든든한 어근이 생기는 좋은 기회로 만들라. 인생이 바뀐다.

사람의 감성 라인은 하나하나가 매우 유익하고, 섬세할 뿐만 아니라 동시에 무척 다양하고 복합적이다. 새로운 경험에 의해 새로운 감성의 가지 뻗기를 할 수 있음을 명심하자. 엄청난 능력이 우리를 위해 준비되어 있다. 희망은 당신의 언어다. 희망으로 새로운 삶의 문을 열리도록 명령해보라. 움츠리고 있던 희망이 기쁨과 함께 당신의 삶의 색깔과 향기를 바꿀 것이다.

목표 언어를 선택하여 연습하라

중요한 것은 얼마나 많은 감정과 감성이 있는지 아는 것이 아니라, 그것을 어떻게 경험하여 자기 것으로 만들 것인가 하는 것이다. 황홀함을 경험해보지 못한 사람은 황홀함 가운데 들어가도 그것을 황홀함으로 해석할 줄 모른다. 오히려 이상함이나 불편함이나 두려움으로 해석할 수 있다. 황홀함을 황홀함으로 경험해봐야 비로소 황홀함이 무엇인지 알게 된다. 온갖 좋은 감성과 긍정적인 감정의 언어가 허다해도 자기 어력에 포함시키지 않으면 아무 소용이 없다는 것을 명심하자.

내향성을 가지는 사람이 주로 사용하는 감정은 낯가림, 낯섦, 어색함, 눈치 보기, 서투름, 창피함, 걱정 근심, 수치심, 우울감, 슬픔, 삐침, 불편함, 비교감, 비판감, 열등감 같은 종류의 감정들이다. 즐거움, 기쁨, 친절함, 친밀함, 함께함 같은 감정으로 다가올 경우 내향성을 앞세워 어색해하는 것으로 해결한다. 자기 감정의 폭이 좁으면 다른 감정들을 상대할 줄 모르기 때문이다. 그러나 자기 감정 어력의 능력의 한계 때문이라는 생각은 거의 하지 않는다.

우리 안에는 긍정적인 감정들이 많다. 원래 다 선한 감성들이었다. 그중 하나를 선택하여 먼저 연습할 수 있기를 축복한다. 빛의 열매 세 가지(엡 5:9), 성령의 아홉 가지 열매(갈 5:22-23) 중에 한 달에 한 가지 열매씩, 열두 달 동안 목표 언어를 정하여 그 성품을 연습한다면 놀라운 어력과 능력이 생활 가운데 나타나기 시작할 것이다.

연습하고자 하는 생활 언어가 따로 있다면 그것을 연습하면 된다. 친절함, 신뢰함, 칭찬함, 성실함, 청결함, 감사함, 수고함, 섬김, 헌신. 생각만해도 얼마나 엄청난 감성의 세계가 열리겠는가. 게으른 감정에 잡혀 사는 사람이라면 하루 한 번 남을 배려하는 배려감을 연습해보는 것도 좋은 결과를 얻을 것이다. 배려함으로 좀 더 부지런한 모습을 연습하게 될 것이고, 그 배려함의 결과 보람감과 성취감도 높아질 것이다.

너무 화가 나거나 너무 슬플 때 작정하고 반대 감정을 연습해보라. 신나는 음악을 틀어놓고 미치도록 몸을 흔들며 춤을 추는 것도 하나의 방법이다. 주제 감정에 매어 갇혀버릴 필요가 없다. 이상한 댓글과 악플을 읽고, 더 이상 살고 싶지 않아질 때, 그 말들이 비수처럼 꽂혀서 심장에 피가 나고, 숨이 막혀버릴 지경이 되었을 때, 그때가 선하고 아름다운 다른 감성의 능력들이 많다는 사실을 기억해야 할 때다. 사람들의 상감에 같이 널뛰지 말라. 그 상감은 그들의 것이니 그들에게 돌려주라. 상감의 주인에게 그 상감을 돌려보내 더 이상 그 상감의 영향을 받지 않으면 다리에 힘을 얻어 일어설 수 있다.

그런 상황에서도 먹을 수 있고, 잠을 잘 수 있고, 영화를 볼 수 있고, 등산을 갈 수도 있고, 수영을 할 수 있고, 음악을 틀어놓고 춤을 출 수도 있다. 노래방에 가서 신나는 노래만 몇 곡 불러도 기분 전환이 된다. 주제 감정이 판을 치는 상황에 반기를 들고 일어나는 것이다.

마음을 단 한 가지 주제 감정으로 가득 채울 필요가 없다. 절대 그것에 속지 말라. 다른 여러 가지 감성으로 마음을 채워보라. 그러면 다시 일어설 수 있고, 돌파할 수 있고, 이겨낼 수 있고, 언제 그랬냐는 듯 회복될 수 있다. 주제 감정을 일단 접어놓고 다른 감정을 끄집어내어 사용하라. 그러면 사건보다 크고 주제 감정보다 큰 자기 자신을 발견하고 상황을 다르게 해결하게 될 것이다.

감정은 언어다. 경험하지 않고 배우지 않았는데 저절로 터득되는 것이 아니다. 이미 거기에 항상 있지만 미처 깨어나지 않은 감정들은 힘을 발휘하지 못한다. 그래서 작정하고 경험을 통해 새로운 감정들을 연습하고, 습득해나갈 것을 결심해야 한다. 그렇게 되기를 거듭 축복한다.

상감을 생활 언어로 사용하지 않기

상감은 중독된 감정이다. 중독을 끊으려 할 때면 더 큰 힘으로 거부 반응을 일으키고 금단 현상을 겪게 한다는 것을 기억해야 한다. 금단 현상은 중독된 상감을 다시 보좌에 앉히려는 세력이다. 익숙한 것을 유익하다고 착각하는 뇌 때문에 익숙한 것을 금하려는 행동과 수고를 극구 싫어한다. 그래서 중독된 상태로 복귀시키려고, 그 느낌과 감정을 살려내고, 그 맛을 잊지 못하도록 한다. 그것이 악하고 파괴적인 것이라도 말이다. 뇌는 죄로 말미암아 그 질이 나빠졌다. 바보 같은 짓을 한다. 잊지 말자.

상감은 중독의 능력이다. 상감을 생활 언어로 사용하지 않으려는 수고와 열망이 엄청나야 금단 현상을 이기고 선한 감성의 판을 깔 수 있다. 주제 감정만 감정이 아니라 다른 여러 가지 감정을 때에 맞춰 자유자재로 사용할 수 있는 감성 판이 우리 속에 장착되어야 한다. 매일 매 순간 다양한 감정들을 선하게 잘 사용하고 있다면, 건강한 감성 판이 작동하는 어느 날 훨씬 쉽게 그 판을 작동시킬 가능성이 높아진다. 그날을 고대한다.

상감은 행복을 누리지 못하게 한다 1

서 씨는 둘째 딸이다. 미스 코리아 선발대회에서 진에 선출된 언니는 키도 크고 몸매도 예쁘고 미인이다. 부모님은 어릴 때부터 외모 차이가 나는 동생에게 기죽지 말라고, "너도 미스 코리아 감이야! 네가 더 한국적이고, 매력적이야"라는 말을 많이 해줬다. 그래서 실제로 미스 코리아가 된 듯 모든 행동거지를 훈련했고, 콧대 높은 아이로 성장했다.

그런데 문제는 언니는 실제로 미스 코리아가 됐는데, 둘째는 예선도 통과하지 못했다는 것이다. 그러나 동생은 자기가 미스 코리아가 되지 못했다는 사실을 받아들이지 못했다. 그래서 다른 모든 일에 언니보다 월등한 동생이 되려고 했다. 연예인이 되겠다, 아나운서가 되겠다, 성우가 되겠다, 명품이 아니면 입지 않았고, 돈을 버는 족족 성형 수술비와 치료비로 탕진했다. 그러나 아무리 애를 써봐도 서 씨는 그냥 평범한 여자였다.

부모를 향한 원망이 커져가면서 이 세상에서 가장 불행한 사람으로 살아가던 중 언니 친구의 소개로 칭찬을 잘해주고 아내밖에 모르는 좋은 남편을 만나 결혼했다. 그렇지만 그녀는 눈 뜨는 순간부터 남편에게 짜증내고, 화내고, 신경질에 지적질을 쉬지 않았다. 그럼에도 불구하고 아내를 사랑하는 남편은 아내에게 항상 너무 예쁘다고, 세상에서 가장 귀엽고 사랑스럽다고, 잘했다고, 네가 최고라고, 넌 특별하다고, 나는 너무 축복받은 남자라고, 당신이 아니면 자기를 구원해줄 여자가 없었다고, 자기랑 결혼해줘서 너무 고맙다는 얘기를 계속 해줬다. 그러나 아내는 여전히 남편을 못마땅하게 여겼다.

그러던 어느 날, 남편으로부터 이혼청구서가 도착했다. 하늘이 무너지고 땅이 꺼지는 것을 경험했다. 이 사람이 없으면 나는 아무것도 아닌데, 이 사람이 날 사랑하지 않으면 나를 사랑해줄 사람이 없는데, 이 사람이 예쁘다고 안 해주면 난 예쁘다는 소리를 들을 수 없는데, 난 예쁘지 않은데, 난 사랑스럽지 않은데…. 남편 앞에 무릎을 꿇고 자기가 잘못했다고 울며 회개했지만, 남편은 이를 거절했다.

"당신에게는 막 부려도 되는 종이 필요하지 남편이 필요하지 않아. 몸은 어른인데, 마음은 허풍으로 가득한 어린아이야. 나도 이제 더 이상 그 허풍에 박수 칠 수 없어졌어. 나는 당신이 막 부려먹어도 되는 종으로는 더 이상 살기 싫어!"

상감은 행복을 누리지 못하게 한다 2
시동생은 암 진단을 받아 아프고, 시어머니는 치매로 요양원에 계신지 오래요, 시누이도 생활이 그다지 평안하지 않으니까 이번 추석에는 우리 집에 모두 모여 즐겁게 잔치를 하자고 남편에게 제안했다. 남편은 먼저 그렇게 말해줘서 고맙다고 했다. 그렇게 해서 열여섯 명이나 되는 대가족이 다 함께 모였다.

아내는 정말 정성껏 음식을 준비해서 대접했고, 가는 길에 음식을 바리바리 싸서 가족들에게 안겨주자 모두 기쁘고 감사한 마음으로 수고와 감사의 인사를 전하며 돌아갔다. 가족들의 인사에 그간의 피로가 녹아내렸다. 그런데 오늘의 일을 남편과 나누었을 때 남편으로부터 돌아온 것은 "나도 8시간 왕복 운전에, 아픈 동생, 힘든 누나까지 다 포용하느라 버거운 하루였다"는 말뿐이었다. 그냥 수고했다, 고맙다는 말 한마디면 신이 나서 앞으로 더 잘하려고 애쓸 텐데, 그 말은 없고 오히려 자신도 힘들었다고 위로받기를 원했다.

며칠 후 이런저런 이야기를 나누다가 다시 그날 이야기가 나오게 되어 아내가 남편에게 섭섭함을 나타내자 남편이 드디어 입을 열었다. "당신이 수고한 것을 몰라서 그러는 게 아니라 어머니와 동생이 아프고, 누나도 힘든데 자기만 기쁠 수가 없었어. 당신이 내 마음도 이해해주기 바래."

아내는 몸과 마음이 힘들어도 잔치를 준비하여 기쁘게 치러냈는데, 아내의 수고를 알아주는 말 한마디가 어려운 남편의 상감이 보이는가! 아내의 수고를 당연하게 여기고, 자기의 아픈 마음만 위로받고 싶어 하는 그의 상감 말이다. 그 즉시 아내의 마음을 알아주고 자기의 마음도 솔직하게 표현했다면 모두 행복을 누릴 수 있었는데, 자기 상감에만 몰입해 있으니 당연한 행복도 놓치게 되는 것이다.

상감은 우리의 생활을 망가뜨리고 파괴한다. 눈앞에 있는 행복마저 누리지 못하게 만든다. 그러므로 상감을 다스릴 수 있어야 한다. 상감을 자기로부터 분리할 수만 있으면 행복을 알아보는 눈이 회복될 것이다. 상감에 몰입하면 나머지 풍부한 삶의 다른 모습들을 깨닫지 못한다. 다양한 감정들을 골고루 경험할 수 있는 하루가 매일 준비되고 있는데 오늘이라는 저장고에 좋은 기억과 추억을 담아 저장하지 못한다. 편식하듯 상감만 먹지 말고 좋고 선한 다른 감정들을 많이 먹을 수 있기를 축복한다.

"하나님, 우리의 아버지! 우리가 죄로 말미암아 얼마나 황폐한 땅이 되어 살고 있는지, 얼마나 상감에 휘둘리며 살고 있는지 밝히 알게 하시니 감사합니다. 애굽에서 홍해를 건너 자유인의 몸으로 광야에 나오듯 우리를 구원해주셨는데, 광야에서 애굽을 찾듯 다시 과거와 그 상감에 매여, 하나님만 계시는 광야에서 하나님을 발견하지 못하고 살아왔으니, 정말 잘못 살았고, 잘못했습니다. 회개하며 용서를 구하니, 용서하여주시옵소서. 우리는 아버지의 창조물이요, 우리 주 예수 안에서 하나님의 아들이 되었으니, 우리를 긍휼히 여기사 상감에 휘둘려 자기 값을 하락시키고, 제 값으로 살지 못하는 일이 없도록 우리를 보호하시고, 매 순간 우리를 인도하시옵소서. 하나님의 아들의 권세를 얻은 자로서 그 권세의 언어를 발휘하며 살 수 있도록 축복에 축복을 더하여 주옵소서. 예수님의 이름으로 기도합니다. 아멘!"

상한 감정을
처리하라

3

07

상한 감정은 죽어야 한다

나는 부모님께 인정받지 못한 딸로 성장했다. 반장도 꽤 많이 했는데 부모님은 돈 들어가는 쓸데없는 짓만 한다고 야단쳤다. 상도 많이 받아왔는데 아버지는 늘 받을 만한 사람이 없어서 받은 것이라고 했다. 나는 정말 부모님에게 뭐 하나 잘했다고 칭찬받은 기억이 없다.

브라질로 이민을 가서 가족의 생계를 위해 기계자수를 하느라 하루 16시간씩 몸이 부서지도록 일하고, 알부민 주사를 6개월에 한번씩, 비타민 B12 주사를 매주 맞으며 일했는데도 수고한다거나 고맙다는 말조차 듣지 못했다. 그래서 나는 많이 힘들고, 매우 억울하고, 매사 인정받는 것이 너무 중요한 사람으로 변해갔다.

상감의 출발, 나의 출생 사건

나의 억울한 감정의 근원은 이민 가서 고생했기 때문이 아니다. 나의 주제 감정인 억울함은 아들을 기다리던 부모님의 기대와 달리 둘째 딸로 태어난 사건에 있었다. 엄마는 철석같이 아들임을 확신하고 있었다. 그러니 아들이 태어났어야 했는데 딸이 태어난 것이 문제의 발단이었다.

나는 내가 할 수만 있었다면 최선을 다해 아들로 태어났을 것이다. 그러나 이것은 내가 어떻게 할 수 있는 것이 아니었다. 나는 마치 누명을 뒤집어쓰고 감옥에 간힌 것처럼 깊은 구덩이에 빠져버리고 말았다. 왜 내게 관심을 주지 않는지, 왜 다른 자녀들과 차별 대우를 받는지, 나는 왜 이리 못생겼는지, 왜 인정받지 못하는지, 부모가 이미 정해놓은 답은 나의 질문의 말 타래를 풀어주지 못했다.

아버지는 나의 언니가 태어났을 때 이름을 지어주었는데 바로 구슬 옥(玉) 자에 아름다울 미(美) 자로 '옥미'였다. 보석 중에서 가장 낮은 것이라는 의미로 지어주신 이름이라는데, 더 이상 딸을 낳지 말라는 메시지였다. 그런데 둘째인 내가 또 딸로 태어나자 아버지는 사흘 동안 집에 들어오지 않았고, 사흘째 되던 날 이름 세 개를 보내셨다.

처음에는 옥보다 못한 보석을 찾다가 '동'(銅)이 생각났는데 성이도 씨니까 도동미라고 불리면 놀림을 받을 것이 뻔해 차마 그렇게 정하지는 못하고 마음대로 정하라고 이름 세 개를 보낸 것이다. 바로 은 은(銀) 자에 은미, 금 금(金) 자에 금미, 다이아몬드 다 자에 다미였다. 당연히 화가 나서 보내신 것이다.

그렇게 나는 둘째 딸로 태어나 사랑받지도, 환영받지도, 인정받지도 못한, 없어도 그만, 있어도 있는 줄 모르는 딸로 자라게 되었다. 이것이 나의 억울함의 근원이다. 여기가 나의 상감의 출발점이다.

상감에게 이름을 주다

나는 나의 상감의 출발점인 내 출생 사건으로 인해 나를 '동미'라고 불렀다. 부모의 기대와 달리 딸로 태어나 실망을 안겨준 그 아이를 내가 정식으로 직접 동미라고 이름하여 부른 것이다. 나의 상감의 시작이었던 둘째 딸 동미를 나는 직면하기로 작정했다.

동미는 부모가 원한 아들이 아니어서 부적절한 아이였고, 딸로 태어난 것이 자기 잘못이 아니었기 때문에 억울한 아이였고, 누구도 신뢰하지 못해 '자기'가 없는 부족감의 아이였고, 뭐든 잘 할 수 있는데 아무도 알아주지 않아 불만족감이 넘치는 아이였고, 스스로 아무것도 해결할 수 없어서 무력감에 찌든 아이였다. 상감의 극치로 살아온 아이에게 착한 아이 증상까지 작동하고 있어서 정해진 선 밖으로 나가는 일이 없었고, 결혼도 일찍 해서 변질되고 타락할 시간조차 없었다.

그런데 시간과 여유를 가지고 동미를 관찰하고 돌아보니 애초에 환영받지 못한 동미는 부모님에게서 이미 없어진 아이였다. 부모님은 동미에게 관심이 없었다. 아들이 아니어서 속상하셨지만, 그래도 동미라는 이름을 주지 않으시고, 옥미보다 귀한 이름 '은미'를 주셨다. 나름 딸임을 인정하신 것이었다.

동미에서 은미가 되었지만…

나는 은미다! 도은미! 이 이름이 내 이름이다. 이 발견은 나를 너무 행복하게 했다. 뭔가 내 인생을 찾은 것 같았다. 딸인 것을 부정할 수 없는 Beautiful Silver, 은미라는 이름이 주어졌다. 나는 이 사실에 모든 힘을 집중하기로 했다.

나는 나로부터 동미의 억울함과 모든 상감의 원인을 분리시켰다. 그리고 동미는 '내가 원하는 나'가 아님을 선포했다. 그 동미는 부모의 몫이었다. 특별히 아버지의 몫이었다. 엄마의 몫도 조금 있었지만, 나의 몫은 전혀 없었다.

그런데 내가 그 억울함을 내 책임처럼 끌어안고 살았던 것이다. 그래서 나는 그 억울한 동미를 아버지에게로, 그리고 그 사건에 동조한 엄마에게로 보내버렸다. 억울한 동미는 나와 상관없는 아이임을 나에게 확실히 했다. 나는 도 씨 집안의 둘째 딸 은미이고, 억울함이라는 주제 감정으로부터 자유해야 한다고 스스로 나를 가르쳤다. '은미야, 넌 그냥 둘째 딸 은미일 뿐이야. 여기가 너의 시작이야.'

그러나 문제는 거기서 해결되지 않았다. 은미도 억울하기는 마찬가지였기 때문이다. 은미라는 이름은 가졌으나 나는 그 이름으로 불려지지 않았다. 뜬금없게도 "야"가 내 이름이었다. 그렇게 예쁜 이름을 주고도, 그 이름으로 부르지 않으니 너무나 속상했다. 항아리에서 푹 절여지는 것 같은 그 부적절감, 은미라는 이름은 있었지만 은미는 없었다. 그래서 또 억울함에 붙잡혔다. 억울하다는 신호등 앞에 다시 멈춰 서버린 것이다.

딸이 아니라서 억울한 동미를 떠나보내고 해결되었는 줄 알았는데, 둘째 딸로 태어난 은미는 아직 살지 못했다. 언니나 동생들은 다 제값이 있었는데, 나는 여전히 '값'이 없었다. 나는 사랑받기를 원했고, 관심받기를 원했고, 인정받기를 원했다. 언니나 동생들보다 못나지 않았는데도 나는 내 값을 인정받지 못했다. 나는 그냥, 여전히, 아직 없는 딸이었다.

성실한 무수리, 야

나는 둘째 딸 은미로는 존재하지 못했지만, 허드렛일을 시키기에 딱 적합한 '야'로 그 집에서 살고 있었다. 언니는 까다롭고 예민했고, 남동생들은 너무 귀했기 때문에 은미는 막 쓰기 좋은 일꾼이었다. 막걸리 받아오고, 쓰레기 버리고, 개장국 사오고, 모든 잔심부름을 시키기에 너무 적합한 아이였다. 사랑과 관심과 인정받기를 원하는 '착한 아이 증후군'의 '야'라는 아이는 시키는 일에 적극적으로 순종하여 그 일을 해내고야 마는 '온전한 무수리'로 스스로 자리매김했기 때문이다.

언니는 나와 한 이불을 덮고 자기를 원치 않았다. 언니는 까다로운 공주였다. 나는 이모나 일하는 언니들과 같이 잤다. 그래도 싫다는 말 한마디 해보지 못했다. 나는 언니와 같이 놀아본 기억이 없다. 언니 대신 설거지를 하고 쓰레기를 버렸다. 언니에게 시키면 싫어하는 기색이 얼굴에 역력했기 때문이다. 나는 말 그대로 착한 무수리였지만 인정받거나 마땅한 존재 값을 얻지 못했다. 시키는 일은 다 했다. 그러면 사랑을 받을 수 있을 줄 알고 말이다.

'억울한 동미'로부터 분리되었는데도 '둘째 딸 은미'는 여전히 억울했다. "나는 누구인가?"(who)에 대한 답을 얻을 수 없으니, 존재의 값을 얻겠다는 '값질'에 필사적이었다. 그러나 아무리 발버둥 쳐도 그 당시 "나는 누구인가?"에 대한 답은 막 쓰기 좋은 아이, '야'였다. 어쩔 수 없이 나는 "나는 무엇인가?"(what)에 집중할 수밖에 없었다. "나는 누구인가?"로는 승부수를 둘 수 없다는 것을 깨달았기 때문이다. 도 씨 집안의 둘째 딸, 도은미로는 값이 없고 자리매김이 안 되니, '성실한 무수리'라는 차선책을 시도할 수밖에 없었다.

문득문득 내 눈에 스쳐 가는 장면이 하나 있다. 엄마가 마루 위에 서서 나를 야단치는 모습이다. 일곱 살쯤 되었던 것 같은데, 전날 밤 가족이 둘러앉아 TV를 보고 있는데, 아침에 물이 안 나온다는 말을 듣게 된 것이다. 나는 새벽같이 일어나 내가 보기에 크다고 생각하는 그릇들을 모아 물을 받아놓았다.

엄마가 일어나 마루의 유리문을 열고 나왔다. 나는 마당에 그릇들을 모아 미리 물을 받아놓은 나를 엄마가 칭찬하실 줄 알았다.

하지만 엄마는 "야, 넌 왜 쓸데없는 짓을 하냐"며 냅다 소리를 지르고 화를 내셨다. 엄마는 마당에 있던 큰 드럼통에 호스를 넣어 물을 받기 시작하셨고, 내가 떠놓은 물들을 그 통에 부으며 번거롭게 일을 만든다면서 짜증을 내셨다.

하늘이 노래졌다. 정상적인 아이 같으면 '엄마, 너무해. 내가 애써서 물을 받아놓았는데 수고했다는 말 한마디는 해야 되는 거 아냐? 흥! 내가 다시는 엄마를 위해 물 받아놓나 봐라!' 이렇게 반응했을 텐데, 나는 '아 드럼통에 물을 받았어야 했구나. 내가 미처 생각을 못 했네, 엄마가 화낼 만도 하다. 나는 바보야. 왜 그 생각을 못 했지?' 이렇게 반응했다. 나는 정말 매사 인정에 배고픈 무수리였다. 내가 엄마 마음에 쏙 드는 성실한 무수리가 되면 사랑받는 둘째 딸, 은미가 될 수 있다는 착각을 하며 살았던 것이다.

엄마는 어린 나와 비교도 안 되는 엄청나게 성실한 무수리였다. 엄마도 자기를 증명하는데 온 에너지를 집중한 터라, 나 같은 애송이가 아무리 애써 성실한 무수리가 되어도, 별 도움이 되지 못했다. 오히려 눈에 거슬리고, 쓸데없고, 잘 못하는 아이로 매번 헛다리를 짚었다. 언니나 동생들은 아예 하지 않으니까 잘하는지 못하는지 알 수도 없는데, 나는 하려고 노력하니까 잘 못하는 애로 낙인이 찍히는 것이었다. 그러니 어떻게 억울하지 않을 수 있는가. 너무 억울해서 눈물도 나지 않았다.

언니는 어릴 때부터 경기(驚氣)가 있어서 조금만 신경을 지나치게 써도 정신을 잃었다. 그래서 언니는 더욱 건드리면 안 되는 고귀한 첫째 딸로 자리매김을 했고, 나는 언니나 동생들이 잘못한 일까지 대신 야단을 맞는 엄마의 샌드백 같은 아이가 되었다. 그러나 나는 울지 못했다. 울면 내가 잘못한 것이 될까봐 이를 악물고 성실하게 매도 맞고 야단도 맞았다. 그러다보니 엄마 말대로 뉘우치거나 잘못했다고 말하지 않는 아이라는 오해도 받게 되었다. 자신이 없으니 제때 딱 부러지게 말하지 못했기 때문이다. 둘째 딸 은미로 인정받기 위한 발버둥은 결코 녹록하지 않았다.

브라질에서 기계자수 기능공이 되다

가족이 파라과이로 이민을 갔을 때, 나는 만 15살이었다. 부모님이 마련해준 옷 가방을 들고, 동네마다 옷을 팔러 다녔고, 1년 만에 브라질로 밀입국하여 불법체류자로 살게 되었으며, 5년 동안 학교에 가지 못하고, 가내공업으로 기계자수를 하며 집에 갇혀 살다시피 했다.

한국에서 고등학교를 15일 다닌 것이 전부다. 나는 고등학교를 인문계로 지원했는데, 선생님이 상업계로 가는 것으로 말씀하셨다. 이유를 물으니 엄마가 오셔서 그렇게 해달라고 했다고 했다. 나는 그렇게 인천상고에 입학하게 되었고, 우리 가족이 이민을 간다는 소식조차 입학한 지 15일 만에 선생님으로부터 듣고 알게 되었다. 엄마는 이민을 가기 전에 학교를 자퇴시킨 다음 동대문 시장으로 보내 6개월간 기계자수를 배우게 하셨는데, 브라질에 도착해서 만나게 된 아버지의 친구가 기계자수로 돈벌이를 하고 있었기 때문에, 우리 가족도 자연스럽게 기계자수를 하게 되어, 생각지도 않게 내가 우리 집 돈벌이 주자가 된 것이다. 드디어 성실한 무수리의 진가를 보여줄 수 있는 기회가 찾아왔다. 부모님도, 언니와 동생들도 다 내가 시키는 대로 해야 먹고살 수 있는 아주 이상하고 아주 신나는 상황이 전개된 것이다.

나는 정말 열심히 일했다. 노동수용소라고 부를 만큼 새벽부터 새벽까지, 일이 많을 때는 16시간도 일했다. 아버지는 아버지대로, 엄마는 살림은 물론 모든 일의 뒤처리를 도맡았고, 동생들 역시 하교하자마자 실밥 뽑는 일에 전념했다. 우리는 미친 사람들처럼 돈 버는 일에만 몰두했다. 나는 당연히 그래야 한다고 생각했다. 무수리의 전성시대가 온 것이다.

나는 정말 열심히 성실하게 일했다. 불법체류자로 살고 있으니 누가 집에 방문하지도 않고, 밖에 나가기도 무서워 잠옷 바람으로 생활했다. 아침에 일어나자마자 자수를 시작했고, 주는 밥을 먹고 성실하게 자수를 놓았다. 부모님은 돈도 모으셨다. 그 자체로 어느덧 안정을 찾아가고 있었다.

저 학교 좀 보내주세요!

그런데 무슨 일인지 내게 이상한 반응들이 나타났다. 밥맛이 없고, 너무 피곤한데 잠이 오지 않았다. 자꾸 눈물이 흘렀고, 자수를 놓는데 앞이 보이지 않아, 바늘에 손가락을 많이 찔렸다. 그런데도 손가락에서 피도 흐르지 않았다. 잠옷 바람으로 하루 종일 일하는 성실한 무수리의 모습이 하나도 만족스럽지 않았다. 나는 여전히 중졸이었다. 친구들이 다 대학에 들어갔을 것을 생각하니 너무 가슴이 아팠다. 눈물이 그치지 않았고, 죽고 싶다는 생각이 들었다.

그러던 중 열심히 일은 하지만 뭔가 달라진 모습 때문에 아버지가 나를 부르셨다. "니 와 그러노?" 아버지는 화가 난 목소리로 딸의 이상 상황을 조정해보려고 했지만, 나는 "저 학교 가고 싶어요. 학교 보내주시면 안 될까요?"라고 말했다.

그때 나이가 19살이었는데 19살이 넘어야만 갈 수 있는 야간 고등학교, 어덜트 스쿨(adult school)에 들어가서 고등 3년 과정을 1년 반에 마치고 대학에 진학하게 되었다. 저녁 6시에 일을 마치고, 목욕하고, 밥을 먹고, 동네에 있던 학교로 달려가서 밤 11시까지 공부하고, 일이 많을 때는 집에 돌아와 새벽 2시까지 다시 일했다. 물론 아침 6시면 어김없이 다시 일이 시작되었다.

나는 미친 듯이 열심히 일했다. 성실한 무수리를 자처했지만 돈잘 버는 기계자수 기능공에 만족할 수 없었던 것 같다. 그때부터 박사 학위를 받은 34살까지 임신과 출산을 거치면서 쉬지 않고 공부했다. 박사 학위를 위한 구두시험을 마친 후, 교수진이 방에서 나와 내 손을 잡으며 "Congratulation! Dr. Hwang!"이라고 했을 때(그 당시 나는 남편의 성을 따라 황은미로 불렸다) 그 순간 내 머릿속을 스쳐가는 말 한마디가 있었다. 바로 "어, 사람이 없었나?"였다. 그 순간마저 나는 아직 나의 존재 값을 얻지 못한 상태였다. 박사 학위가 나의 존재적 값을 온전하게 만든 것이 아니었다. 박사 학위를 받는 순간에도, 나는 마치 내가 받는 박사 학위가 가짜 같았다. 그러니까 아버지의 말대로 그렇게 받을 사람이 없었냐는 말이 제일 먼저 떠오른 것이다.

은미, 너 이뻐

나는 결혼 후 시집에 들어가서 살았는데, 그 당시 시부모님이 매우 위중한 상태였다. 아버님은 당뇨 합병증으로 다리가 썩어가고 있었고, 어머니는 폐병 3기로 피를 토하고 계셨다. 밤새 어머니의 기침 소리에 시달렸고, 아버님의 쇠약한 모습은 나를 무척 괴롭혔다.

신혼여행에서 돌아오자마자 아버님을 모시고 병원에 갔더니 사람을 어떻게 이 지경이 되도록 내버려두었느냐며 그 자리에서 입원과 수술이 결정되었다. 너무 갑작스럽게 일어난 일이라 무슨 상황인지 판단할 겨를도 없었고, 육체적으로 건강하고 병치레가 없던 친정에서는 겪어보지 못한 이상한 풍경이 펼쳐지고 있었다. '어, 이게 뭐지? 내가 불러오는 불행인가? 웬 수술? 당뇨 합병증이 뭐지? 폐병은 또 뭐야?' 나는 어떻게 처신해야 할지 몰랐다.

아버님은 참 좋은 분이셨다. 몇 번 대화 나눈 적은 없지만, 무척 인상 깊었다. 말을 재미있게 잘하시고, 인자하고, 친절하고, 스마트하고, 잘 웃으셨다. 결혼 전 친구 집에서 밥을 먹게 되었는데, 밥을 먹다가 갑자기 아버님이 내 이름을 부르셨다.

"은미야."

"네, 아버님"

"은미, 너 이뻐!"

세상에 태어나서 처음 듣는 말이었다. 그렇게 어린 애가 밤낮을 가리지 않고 일하며, 애쓰고, 수고해도 "잘했다", "수고했다", "고맙다"라는 말을 들어본 적이 없었는데, 뜬금없는 "은미, 너 이뻐!"라는 말에 나의 모든 경계선이 다 무너져내렸다.

나는 그 말을 듣고 너무 놀라서 그 자리에 그대로 앉아 있을 수가 없었다. 실례한다고 말하고 화장실로 직행했다. 그리고 거울을 봤는데, 난생처음으로 '나도 예쁘구나!'라는 말이 떠올랐다. 이것이 나의 존재 값을 인정받는 첫 순간이었고, 상감이 작동하지 않은 첫 순간이었다. 아무것도 하지 않았는데, 어떤 의미 있는 존재에 의해 내가 예쁜 사람으로 보여졌다는 사실이 선사해준 나의 온전한 존재 값! 나는 그때 처음으로 그것을 경험했다. 이때 처음으로 나는 그냥 '은미'가 되었다. 그때부터 "은미는 누구인가?"라는 '은미-Who' 가 서서히 세워지고 있었다.

여전히 부적절하고 부족한 둘째 딸 은미

하나님은 나의 존재 값을 올리고자 하는 '값질' 추구와 상한 감정의 '갑질' 작업을 묵묵히 지켜보고 계셨다. 예수를 믿었지만, 아직 예수화 되지 않은 나는 주의 은혜와 사랑이 나의 옛사람, 도 씨 집안의 둘째 딸, 도은미의 값을 제대로 찾아주리라는 희망을 가지고 누구보다 성실한 무수리로 살아왔다.

하지만 박사 학위를 받고 나서도, 나는 여전히 부적절하고, 부족한 은미였고, 불만족스러운 은미였다. 나보다 논문도 잘 쓰고, 일찌감치 박사가 된 사람들이 수두룩했고, 나보다 잘나고 부끄러울 것이 없는 사람들도 너무 많았고, 출신 가정까지 훌륭한 사람들이 줄서 있었다. 더욱이 나의 출신 가정의 상황은 결혼 전보다 더 나빠졌다. 엄마는 한국으로 도망가셨고, 아버지는 혼자 살면서 고생이 이만저만이 아니었고, 자녀들 역시 뿔뿔이 흩어져 어렵게 각자도생 하고 있었다.

나는 여전히 허기지고, 목마르고, 지치고, 인정받지 못한 도 씨 집안 둘째 딸, 도은미로 살아가고 있었다. 상한 감정이 내 목덜미를 붙잡고 놔주지 않았다. 내가 받은 박사 학위는 나에게 값이 없었다. 나는 친정 식구들의 인정을 구하며 가족 눈치를 살폈다. 마치 가짜 학위를 받은 듯이 말이다. 어려운 학위까지 받았는데도, 가족들이 같이 기뻐해주고, 인정해주고, 가족들로부터 사랑받는 느낌이 없다보니, 어느새 부족하고, 부적절하고, 불만족한 둘째 딸로 다시 돌아가 있었던 것이다.

언제든지 조금만 인정받지 못한다는 느낌이 들면 나는 여전히 쉽게 구멍이 뚫리고, 순간 무너져버렸다. 채워지지 않는 나의 빈 공간을 확인할 때마다, 상감이 내 마음 한가운데 자기 보좌를 설치하여 더욱 단단히 자리매김을 해버리는데도, 나는 그것이 그저 그렇게 작동하도록 내버려둘 수밖에 없는 힘 없는 상감의 하인이었다.

마흔여섯 류마티스 관절염 환자

남편은 목사가 되었고 남편이 교회로부터 받는 사례금만으로는 아이들 학비와 생활비를 충당할 수 없어 나는 1년 중 6개월은 전 세계를 다니며, 가정에 대한 강의를 했다. 비행기를 타는 시간과 지역에서 지역을 옮겨 다니는 시간을 빼면 6개월 동안 하루도 쉬지 않고 성실하게 강의했다. 아내와 엄마와 사모와 며느리와 딸로 살아야 하는 시간을 가정 사역자로 살고 있었기 때문에 단 한순간도 헛되이 사용하지 않으려고 노력했다. 호텔에 머무는 시간에도 운동하고, 공부하고, 기도하고, 예배하며, 부득이한 사정이 아니면 관광한 번 하지 않고, 가정사역에만 몰두했다. 인정받는 가정 사역자 도은미로 거듭나려는 나의 피땀 흘리는 노력은 가상했지만 그것으로도 여전히 부족한 느낌이었다.

옛사람 동미를 나로부터 분리시키고, 또 성실한 무수리, "야"로 불리던 나도 분리시키고, 성실한 은미와 성실한 도은미 사모 그리고 전 세계에서 가장 성실한 가정 사역자 도은미로 거듭나려는 나의 분리 개척 작업은 치열했다. 그럼에도 불구하고 나는 나의 상감이요, 주제 감정인 억울함에서 헤어나지 못했다.

다른 것에는 담대한데 억울한 일만 생기면 머리가 멈춰버리고, 밥맛이 없어지고, 잠이 안 오고, 나의 문제 해결 능력은 십 분의 일도 발휘하지 못하면서 '이럴 수가, 어떻게 이런 일이 나에게, 또 뭐야? 뭘 또 잘못한 거야? 내가 얼마나 애쓰며 수고했는데, 나한테 어떻게 이럴 수가 있어?' 등등 탄식과 원망과 질문만 늘어놓고, 답 없는 구덩이로 들어가버리는 일이 멈추지 않았다.

더구나 최선을 다해 살아온 결과가 마흔여섯에 류마티스 관절염 진단이라니 정말 절망스러운 현실이었다. 심지어 딸은 막 결혼했고, 아들이 아직 대학도 졸업하지 않은 상태였다. 그런데 나에게는 아픔은 견디고 이겨내야 하는 것이라는 모국어가 작동하고 있다. 어려서부터 배앓이와 두통과 치통, 알레르기 등등 특별히 아프다고는 볼 수 없는 아픔들이 꽤나 자주 많이 나를 힘들게 했는데, 그때마다 엄마에게 말하면 엄마는 꾀병한다고 단정을 내리고 화를 내시며, 야단을 치셨다. 하지만 나는 정말 아팠다. 그렇지만 어떡하겠는가. 참고 견디는 수밖에 없다.

나에게 닥친 사건들을 풀 수 있는 사람이 나밖에 없었다. 다른 도움의 손길은 없다. 사건이 생기면 일단 내 수준에서 풀어가야 했다. 그래서 나는 '성실한 무수리'와 '해결사'로 날마다 더욱 거듭났다. 일어나는 사건들에 묶여버리는 나를 용납할 수 없었고, 뭐든지 해결하고, 뚫어내고, 이겨내고, 이루어내야만 한다고 믿었다.

그런데 류마티스 관절염은 전혀 내가 풀어갈 수 있지 않았다. 약을 먹어도, 주사를 맞아도, 뼈가 시리는 아픔이 가시지 않고, 잠을 잘 수가 없고, 먹을 수가 없었다. 성실한 무수리의 손발이 묶이고,

가정 사역자 도은미의 사역이 묶여버렸다. 나는 혼자서 젓가락질도, 목욕도, 세수조차 할 수 없는 몸으로 침대에 누운 채 내가 없어지는 것을 경험했다. 나는 다시 원점인 'no-self' 증상으로 돌아왔다.

실패한 가정 사역자 도은미

정말 잘 살고 싶어서 치열하게 살았는데, 누구 하나 도와주는 사람도 없었는데, 항상 맨땅에 헤딩하듯 살아왔는데, 한순간도 편안해보지 못했는데, 그 결과가 류마티스 관절염이라니 나의 억울함은 하늘을 찔렀다. 침대에 누워 있지만 뼈가 면도날에 베이는 듯한 아픔을 느끼며 절망에 절망을 경험했다.

하나님은 분명히 살아 계신데, 성령이 누워 있는 내게 오셔서 나를 덮고, 안고, 둘러싸고, 에워싸시는데 류마티스 관절염은 여전히 관절마다 전쟁을 일으키며 쉬지 않고 나를 괴롭혔다. 성령은 나를 낫게 하지 않으셨다. 그것에는 별 관심이 없으셨다. 브라질에서 온 갖 병원에 가장 비싸다는 의사까지 다 찾아가보았다. 처방은 모두 같았고, 약도 거의 비슷했다. 의사가 시키는 대로 다 했지만, 통증은 여전했다. 약을 먹어도 아팠다.

남편이 첫 안식년을 얻어 한국에 가게 되었는데, 사돈댁에 인사하러 갔다가 잘 걷지도 못하는 나를 보더니 사돈댁에 머물도록 하여 비싼 주사와 약과 병원 비용을 내주며 치료를 도와주셨다. 중국에 데려가 좋다는 마사지 선생을 찾아 굳어가는 내 몸을 풀 수 있도록 하루 6시간씩 마사지를 받게 해주셨다. 센 약 때문에 음식 알레르기가 많아져서 잘 먹지 못했는데, 좋은 음식만 먹게 해주셨다.

나는 6개월이나 사돈댁에 머물렀다. 그 분들은 평생 낫지 않는다는 류마티스를 당신들의 무조건적인 사랑으로 치료해주셨고, 부모님으로부터도 받지 못했던 사랑을 두 사돈으로부터 받았다. 얼마나 고마운지 지금도 그 은혜를 잊을 수 없다.

류마티스 관절염을 앓는 동안 그렇게 애쓰고 수고하며 '가정 사역자 도은미'로 거듭나려고 애썼던 언어들도 물거품처럼 사라지는 경험을 했다. 그래서 나는 또 없어졌다. 십몇 년이나 가정 사역을 하지 못하고 완전히 멈춰 서버렸기 때문이다. 주님은 "은미야, 네가 일하지 않아도, 나는 널 사랑해"라고 하셨지만, 나는 이해할 수 없었다.

다시 브라질로 돌아가 상파울루 동양선교교회를 섬기고 있을 때, 미국에서 시무하시는 감리교단 목사님이 오셔서 집회를 인도하신 적이 있었다. 그 당시 나는 어떤 사건으로 다시 나의 억울함이 건드려져 있었다. 다 해결되었으리라 믿었던 억울함이 여전히 내 속에서 둥지를 틀고 기회만을 노리며, 금단 현상을 일으켜 억울함이라는 먹이를 찾아 혈안이 된 상태였다. 1년이나 억울함이라는 상감이 발동되지 않았는데, 그 사건으로 방아쇠를 당겨지고 만 것이다.

한동안 억울하지 않아 무척이나 자유했고, 온 세상을 이긴 듯 믿음의 최고치를 찍는 듯했다. 그러나 별것도 아닌 사건으로 인해 떠나지 않고 나와 한 몸이 되기를 기다리고 있는 '동미'를 발견한 것이다. '야'와 '무수리 은미'도, 무 자르듯이 잘려나간 '가정 사역자 도은 미'도, 억울한 나를 잡아먹으려고 그 큰 입을 벌려 허기짐의 고개를 쳐들고 내게 달려들었다.

상한 감정은 죽어야 한다

새벽기도회 말씀이 끝나고 기도가 시작되었을 때, 나는 너무 억울하고 속상해서 참고 참았던 눈물이 봇물 터지듯 터졌고, 바닥에 엎드려 꺼억꺼억 소리내어 울기 시작했다.

"주님! 너무 억울해요! 너무 억울해서 참을 수가 없어요! 어떻게 사람들이 이럴 수가 있어요? 제정신이라면 어떻게 이런 생각을 할 수가 있어요?"

내 부르짖음이 기도하는 성도들의 통성기도 소리를 넘어섰다. 나는 바닥을 뒹굴었고, "억울해요, 억울해요"를 반복했다. 그렇게 미친 듯이 바닥에 머리를 박고 바닥을 헤매며, 억울하다고 호소하는 내게 하나님은 음성을 들려주셨다.

"은미야, 억울하나?"

"네, 저 너무 억울해서 죽을 것 같아요!"

"그래? 그럼 실컷 억울해봐!"

나는 내가 정말 억울하다는 사실을 증명하기 위해 한없이 그 억울함을 포효했다. 그때 나는 그 억울함의 끝을 보게 되었다. "어이쿠, 맙소사!!" 칠흑같이 어두운 구덩이에 빠져 혼비백산한 나는 그 억울함에서 용수철처럼 튕겨 나왔다. 내가 가본 억울함의 끝은 지옥이었다.

　나는 나의 억울함의 끝을 보았다. 상감의 끝이 죽음이요, 지옥인 줄은 알았지만, 실제로 지옥이라는 것을 몰랐던 것이다. 억울하게 한 그 사람들이 지옥에 가면 갔지, 억울함을 당한 내가 지옥에 갈 거라고는 생각하지 못했다. 내 눈이 그 지옥을 봤고, 내 마음과 온몸이 그 지옥을 봤다. 그 어둠을 경험하고 깨달았다. 상감이나 변감 때문에 너무나 당연히 억울해하는 그 끝은 치유와 회복이 아니라 사망과 지옥이라는 사실을 하나님께서 또다시 내게 알려주셨다.

　"은미야, 상한 감정은 치유하는 게 아니라 죽어야 하는 거란다."

　하나님이 독생자 예수를 십자가에서 죽게 하시면서 우리의 모든 죄의 값을 치르도록 하셨다. 그럼에도 불구하고 우리가 자기의 주제 감정에 빠져 그 상감을 정당화하며, 억울함을 고수한다면, 그래서 그 상처와 아픔을 증명하고, 그것을 강화하며 살겠다고 한다면, 그 자체가 지옥을 맛보는 현재인 것이다. 지옥이 딱 그런 곳이다. 계속해서 이를 갈듯 지속적인 아픔과 상처가 만연한 곳, 치유가 없고 회복이 없는 곳, 회개할 수 없고 돌이킬 수 없는 곳, 어둠의 완성, 그것이 지옥이다.

옛사람 도은미에 관심이 없으신 하나님
　나는 다시 새롭게 하나님이 원하시는 방법의 분리 개척 작업을 시작했다. 동미를 불러 나에게서 분리하여 '억울한 동미'를 부모의 몫으로 돌려보냈다. 다시는 그 애 때문에 억울해하지 않겠다고 예수의 이름으로 선포했다. 나는 동미로부터 분리했고, '억울한 주제 감정'으로부터 분리했고, 그 출생 사건으로부터도 분리했다.

내가 가장 여리고 가장 어릴 때, 아무것도 할 수 없을 때 일어난 일이라 내가 취할 수 있는 조치는 없었지만, 이제라도 한다고 결심에 결심을 더했다. 부모가 기대했던 것과는 달랐지만 나는 딸로 태어났고, 그것은 하나님의 결정이었다. 아버지의 아들에 대한 무한한 염원과 엄마의 간절한 바람이야 그들의 몫이니 그들에게로 돌려드렸다. 그들의 실수를 그들의 문제로 보내버렸다. 더 이상 억울함은 내 몫이 아님을 확실하게 선포했다.

나는 딸로 태어나 딸로 살아왔던 모든 세월을 만족함으로 받아드렸다. 나는 내가 여자인 것이 좋다고 선포했다. 그리고 그 선포가 정말 좋았다. 남편이 날 예뻐해주고, 아름답다고 느끼게 해주고, 아버님이 날 예쁘다고 해주셨고, 성도들도 나를 예쁘다고 했으니, 그들의 말을 믿기로 작정한 것이다. 기쁨과 행복을 선택했다. 억울함 때문에 내가 저지른 모든 상감의 상처와 아픔과 죄를 회개했고, 그 또한 십자가 아래로 보냈다. 그동안 외면했던 수많은 좋은 감성들을 향하여 주님의 이름으로 내게 돌아와 내가 풀어낼 수 있는 능력이 되어달라고 예의를 다해 부탁했다. 생명의 영을 부르듯 나는 감성의 능력을 내게 달라고 호소했다.

나는 기쁨을 원하고, 행복을 원하고, 명랑함을 원하고, 환희를 원하고, 부드러움을 원하고, 연함을 원하고, 온유함을 원하고, 느긋함을 원하고, 여유로움과 만족함을 원하고, 풍성함과 아름다움을 만끽하고 싶고, 조화롭게 살고 싶고, 순간순간 좋고, 긍정적이고, 생명력이 넘치고, 이웃을 내 몸같이 사랑할 수 있는 사랑의 능력을 풀어낼 수 있도록 기도했다.

칠흑같이 어두운 순간에 또다시 내게 음성을 들려주시고, 무엇을 포기하고, 무엇을 선택해야 할지, 깨닫게 하신 하나님께 너무너무 감사했다. 고쳐지는 것이 아니고, 회복되는 것도 아니다. 부인하고, 없어지는 것이었다. 끊임없이 나를 부인하고, 주님으로 채우는 것이라고 다시 깨우쳐주신 것이다. 옛사람은 항상 자기를 되찾으려고 하지만, 새사람은 항상 자기를 버려야 한다는 것을 더욱 확실하게 알게 되었다. 내가 없어지는 것이라는 사실을 알게 하셨다.

이 모든 분리 개척 작업은 엄청난 수고로움이었다. 정신을 차리고, 근신하여 기도하며, 옛사람이 일어서지 못하도록 매사 나와 한 몸 같은 모국어를 부인해야 하는 어려운 작업을 감행해야 했었다. 그럼에도 불구하고 당연히 성공하지 못했던 이유는 모든 승패의 초점이 다 '나'에게 있었기 때문이다. 여기서도 나는 내가 성실하게 이 일을 이루어야 하는 주님의 무수리로 작동하고 있었다.

하지만 하나님은 옛사람 도은미가 무엇을 성취하기를 원치 않으셨다. 도은미를 너무 사랑하셔서, 복 주시고, 상 주시기를 원하셨기 때문이다. 누누이 말하지만, 하나님은 억울한 나에 대해서 별 관심이 없으셨다. 류마티스를 앓을 때 분명히 나와 함께하셨는데, 병을 낮게 하시는 것에 별 관심이 없으시다는 것을 알게 되었다. 그때는 그것조차 나의 상감을 건드려 얼마나 억울하고, 속이 상했는지 모른다. 그러나 하나님은 그 옛사람에 대해서는 이미 십자가에서 아들 예수로 값을 치르신 상황이기 때문에 얼마나 괴롭든지, 속상하든지, 아프든지, 별 관심이 없으시다는 것을 알았다.

병을 낫게 해달라는 기도는 반드시 해야 한다. 하지만 병을 낫게 하는 것보다 더 중요한 것은 병이 안 나아도 하나님을 신뢰하는지, 하나님은 그것을 더 알고 싶어 하신다는 것도 알게 되었다. 진짜 영원에서 영원토록 하나님과 아들로 살아갈 것을 알고 있는가에 모든 관심이 쏠려 있다는 것이 가장 중요한 포인트였다. 하나님은 옛사람을 회복하고, 그 사람을 보강하는 일에 합류하는 것을 진짜 싫어한다는 사실을 확실하게 확인해 주셨다.

하지 않기 & 하기 목록 만들기

나는 하나님을 조금 더 알게 되었다. 동미와 은미를 애써 해결하려 했던 모든 수고가 이제 정말 아무 값없는 헛된 짓이었음을 알게 되었다. 그 후로 나는 하나님의 감성들을 연습하기 시작했다. 먼저 빛의 열매 세 가지와 성령의 열매 아홉 가지를 중심으로 매달 한 가지씩 연습했다. 나를 회복하는 것이 아니라 하나님의 아들로 꽉 차게 하는 것, 맞다. 바로 그것이었다.

나는 먼저 빛의 열매 세 가지 중 하나를 선택해 연습을 시작했다.

빛의 열매는 착함, 의로움, 진실함이다. 그중 착함부터 시작했다. 나의 상감은 착한 아이 증세를 작동시킨다. 성실한 무수리로 항상 손과 발이 먼저 움직이기 때문에 대접받기보다는 대접하는 사람으로 알려져 있다. 더군다나 착한 딸, 착한 엄마, 착한 아내, 착한 사모 등 인정받아야 한다는 필요가 작동하고 있어서 이 증세가 나를 괴롭혀왔다. 따라서 이것이 먼저 작동하지 않도록 하지 말아야 할 목록을 정했다.

첫째, 부탁하기 전에 절대 알아서 하지 않는다. 나의 문제는 내가 알아서 해주고 나서 상대방이 알아주지 않는다고 섭섭해하는 것이다. 인정 욕구가 널을 뛰고 그네를 탄다. 자동이어서 막을 수 없지만, 그 순간을 알아차리고 끊을 수는 있다. 나는 그것을 반드시 해야 했다. 저절로 알아서 해주지 않기! 나의 상감의 착한 사람 증상을 차단해야만, 주님이 드러날 수 있기 때문이다.

둘째, 꼭 해야 할 경우 관련자에게 상의해보고 해달라고 부탁하면 한다. 나의 '착한 사람' 증상은 '성실한 무수리'와 엮여 있어서 무엇을 하는 것으로 나의 상감을 풀어간다. 눈치도 빠르고, 일머리도 있어서 먼저 손이 간다. 그것을 막으려면 관련자와 상의하고, 부탁하면 하고, 관련자가 와서 요청할 때까지 기다리든지, 절대 먼저 하지 않는 것이다.

셋째, 저절로 했다면 구시렁대거나, 불평하거나, 지적질하지 않는다. 자동으로 움직였으면 단 한마디도 꺼내지 않는 것이다. 그냥 감사하고 또 감사한다. 하나님께 영광을 돌린다. 그렇게 할 수 있어서 너무 좋다고 표현한다. 고맙다는 말은 됐다. 모든 감사는 오직 주님께!

넷째, 절대 내가 한 것을 공로로 만들지 않는다. 공로화하는 순간 상감이 다시 왕좌에 앉는다. 손익을 따지면 안 된다. 계산기는 고장 났다. 절대 두드려서는 안 된다.

다섯째, 섬기고, 봉사하고, 애쓰고, 수고하고, 주고, 기쁘면 됐다. 기쁨과 감사를 잃지 않는 것이 착함의 결과여야 한다. 다른 어떤 것도 기대하지 않는다.

나는 이 원칙들을 잘 지키려고 애썼다. 지금도 그렇다. 물론 어느 순간 발이 미끄러져서 다시 착한 사람 역할을 하고 있는 나를 본다. 그러나 내가 알아서 하고 난 후 상대방이 알아주지 않는다고 속상해하는 일이 없도록 하는 것이 바로 착함보다 더 중요한 일이었다. 무작정 착함을 연습하면 되지만, 나는 착함에 걸려 하나님의 착함을 변질시키지 않도록 조심해야 했다. 빛의 열매인 착함은 하나님 아버지의 온전하심이다. 점과 흠이 없는 착함이다. 그 온전한 착함을 발휘하고 누려야 한다.

성경이 말하는 선한 감성들도 찾았다. 창조의 시작부터 시작된 "하나님이 보시기에 좋았더라", 에덴동산의 기쁨, 선함, 생명, 부끄러움 등 여러 감성 언어들을 수집하기 시작했다. 그것들을 공책에 쓰고, 한 달씩, 열두 가지 열매와 함께 연습하기 시작했다.

나는 기쁨이 별로 없는 사람이라 매 순간 '기쁨'을 읊었다. '은미야, 넌 교회야. 교회는 기쁨의 기름 부음을 받은 존재야. 항상 기뻐해야 해.' 그렇게 연습하고 훈련해온 지 만 5년 정도 됐다. 여전히 업앤다운이 있지만, 나는 예수로 충만한 순간이 더 많아졌다. 기쁨이 있고 안정적이다. 인내할 줄 알고 여유로워졌다. 속상한 일이 많지만, 그 순간에도 성령을 구한다.

"내게 오세요. 날 점령하세요. 전 주님의 것입니다. 내게 와서 머무세요."

나는 하나님의 감성을 배울 기회를 내게 허락했다. 상처로 말미암아 상감밖에 아는 것이 없었기 때문에 이제는 새로운 감성 언어로 세상과 사건을 해석하고, 감정을 조절하는 언어들을 발전시켰다. 내가 해석하는 언어들이 점점 밝아졌고, 내 안에서 다양한 감정들이 생성되는 것을 느꼈다. 화나는 순간에도 나에게 화만 있는 것이 아니라 이런저런 다른 감정들이 작동하고 있다는 사실도 알기 시작했다. 그것들을 용납하고, 허용하고, 눈길을 주고, 마음에 틈을 허락하기 시작했다. 화가 나는 순간에도 웃기는 일이 있으면, 웃음이 터져 나왔다. 그래서 난처한 경우도 몇 번 있었다. 이제 나의 감성은 예수 안에서 다양하게 살아나기 시작했다. 오직 화만 나는 순간은 없어졌다.

상감의 값을 정하고 상감의 빚을 청산하라

일반적으로 상감의 완전 해체를 위해서는 상한 값만큼 보상해야 한다는 것이 일반 공식이다. 빚은 청산해야 한다. 동미의 출생 사건은 나에게 계산할 수 없는 억울함을 안겨주었다. 1에서 100까지라면 그 값이 얼마일까 고심해본 적도 있었다. 다시는 억울하지 않겠다고 결정하고, 선포하고, 내쫓고, 그렇게 내 마음과 머리에서 쫓아냈지만, 마치 계산을 마치지 않은 일꾼을 내쫓는 것과 같아서 아직 셈이 끝나지 않은 상태로 붙어있다는 것을 알았다. 상감은 마치 몇 겹의 나일론 실보다 더 강하고 끈질기다. 그 부채의 원장을 완전히 정산하기 위해서라도 상감의 값을 정해야만 한다.

나는 '동미의 억울함'의 값을 -80으로 정했다. -100이 아닌 이유는 나의 이름을 '은미'로 업그레이드해서 불러주셨고, 원치 않은 딸이었지만 고아원에 보내버리지 않았고, 나를 자녀로 키워주셨고, 때마다 먹이고 철마다 입히고, 때맞춰 학교 보내고, 매일 도시락을 싸주고, 이민 갈 때 데려가주고, 남편과 결혼하게 해주고, 가장 중요한 예수를 믿도록 내버려두신 것이 플러스로 작용했기 때문이다.

-80을 제로화하려면 플러스가 될 만한 뚜렷한 명분과 정당한 값이 있어야 하고, 나의 억울함이 그것을 플러스(+)로 인정해야만 한다. 부채 원장에 적혀 있는 -80을 해체시키기 위해 또 다른 고심이 시작되었다.

+ 엄마가 결혼을 도와준 사건

첫 번째로 발견한 플러스 명분은, 아빠의 반대에도 불구하고 엄마가 나를 남편과 결혼할 수 있도록 아버지의 허락도 없이 약혼식을 올려주신 것으로 삼았다. 난생처음 엄마가 전적으로 내 편을 들어준 사건이었다.

가난한 예수쟁이 막내아들, 집안의 장손이었던 남편은 19살에 만난 야간 고등부 같은 반 친구이자 내가 예수님을 믿도록 해준 사람이었다. 그 집안의 경제 사정과 부모님의 건강 상태 때문에 아버지가 결혼을 반대할 이유가 충분했는데, 엄마는 나 대신 아버지와 맞서 큰 값을 치러가며 결혼할 수 있도록 적극 도와주셨고 그것이 고마웠다.

그때 내 나이가 만 21살밖에 안 됐기 때문에, 몇 년 더 일해야 한다고 할 수도 있었는데, 딸이 사랑하는 사람과 결혼할 수 있도록 힘을 써주셨다. 그것이 엄마가 내게 해준 가장 크고 으뜸가는 일이었다. 사실 그 자체가 +80은 된다고 느꼈으며 그 계산이 이루어지면서 내 인생은 조금씩 플러스를 경험하게 되었다. 그 계산을 마치자 처음으로 마음이 편안해졌다. 그때부터 다른 감정들도 편안하게 작동했고 낯선 감성도 확장되기 시작했다.

+ 내 사역을 도와준 사건

두 번째 플러스 명분은 아버지의 폭력과 의처증으로 엄마가 12년간 한국으로 도망가서 사셨는데, 내가 한국 두란노서원에서 사역할 동안 날 도와주시겠다며 의논도 없이 부산에서 서울로 이삿짐을 싣고 올라오신 일이다. 너무 당황스러웠지만, 엄마에게도 이것은 도망갔던 엄마에서 정상적인 엄마로 돌아올 수 있는 계기가 되었으며, 내 사역이 커지면서 더욱 마음 편히 사역할 수 있게 되어 고마웠다.

엄마는 거의 2년간 아이들을 돌봐주셔서 내가 두란노에서 아버지학교를 만들고 대화학교, 태아교육 세미나, 10&40 Together, 하나님의 가정훈련학교, 부부동산 등 전국을 다니며 사역할 수 있었다. 그것이 두 번째로 플러스가 된 사건이자 그 자체로 +30은 넘는 사건이었다.

2년 후 브라질로 다시 돌아가게 되었는데, 브라질로 돌아가지 않겠다던 엄마가 석 달 만에 다시 브라질로 와주셨다. 그 사건은 +20을 받을 만한 사건이었지만 그 과정에서 발생한 여러 고충들 때문에 15점이 깎여 결국 +5 정도의 사건이 되었다.

+ 가정을 돌봐주신 사건

세 번째로 발견한 플러스 명분은 우리 가정을 돌봐주신 사건이다. 브라질로 돌아오신 엄마를 위해 나는 작은 아파트를 준비해드렸고, 매달 생활비도 드렸다. 그러자 엄마는 우리 집 살림을 돌봐주시는 일을 자처하셨고, 내가 류마티스 관절염에 걸려 집에 있기 전까지 우리 가족을 위해 기꺼이 헌신해주셨다.

상감 때문에 관계하기 어려운 엄마였지만, 그때 엄마는 내게 없어서는 안 될 큰 도움이었다. 새벽부터 집에 오셔서 사위를 위한 차와 음식뿐만 아니라 아이들을 깨우고 돌봐 학교에 보내주셨고, 빨래와 청소 등 집안 살림을 완벽하게 도와주셨다. 그래서 엄마에게 +20점을 드렸다.

+ 아버지가 예수님을 영접한 사건

네 번째로 발견한 플러스 명분은 아버지다. 어느 주일에 갑자기 아버지가 집으로 찾아오셨다. 아버지는 깨끗이 목욕하시고, 사위옷으로 갈아입으시고, 예수를 영접하시고, 내가 차려드린 밥을 드시고, 나와 함께 처음으로 손잡고 교회로 걸어가 함께 앉아 저녁 예배를 드렸고, 그다음 날 소천하셨다.

지금도 다시 생각할수록 감사하고 또 감사하다. 물론 아버지가 내게 해준 유일한 플러스 사건이지만 그 사건 하나만으로도 아버지의 마이너스 부채가 플러스가 되어버렸다. 나는 이 일에 +80을 주었다.

+ 어머니가 예수님을 영접한 사건

다섯 번째로 발견한 플러스 명분은 엄마가 나로 인해 예수를 영접하고 교회에 나오셨고, 권사가 되시고, 40년 동안 피우던 담배를 끊고, 돌아가실 때까지 주일예배, 수요예배, 새벽기도회 한 번을 빠지지 않고 참석하셨다는 것이다. 필요한 성경 공부도 다 하셨고, 외우라는 성경 구절도 다 외우셨다. 이 또한 충분히 +50점 이상 되는 사건이다.

결과적으로 -80에 +265점이 매겨졌다. 억울함은 당당하게 해체되었을 뿐만 아니라 감사함으로 185점까지 남게 되었다. 당연히 '야'도, '가정 사역자 도은미'도 고생했던 류마티스와 함께 해체시켜야 했다. 이 모든 것을 하기 위해 185점이 부족할 수 있지만 모든 억울함의 원인이 되었던 동미를 해체시키고 나자 억울함의 본거지가 없어진 것과 같아져서 나머지는 그리 큰 값이 되지 않았다.

이를테면 집을 잃고 헤매는 상감이라고 할까? 그래서 +185가 상감 때문에 깎여야 하는 점수가 아니라 오히려 감사로 남겨둘 수 있는 여유분이 된 느낌이었다. 상감과 맞서 싸울 수 있는 힘이 내 속에서 생성되었다고 할까? 아무튼 동미를 분리시키고, 그 상감의 값을 계산하고 나자 남은 감정은 더 이상 해결할 수 없는 억울함이 아니었다는 것이다. 나는 가벼워졌고, 자유로워졌다. 억울함이 없는 것이 아니라 억울함을 다른 감정들과 같이 또 하나의 감정으로 취급할 수 있게 되었으며, 묶여 있다는 느낌이 사라졌고 불편함이 없어졌다. 또다시 억울한 일을 당해도 전과 같이 대책 없이 무너지는 일은 없을 것이라고 확신하게 되었다.

상감이 주장하는 우리의 삶은 나쁜 일에 대해서는 에누리 없이 기억하면서, 좋은 일들에 대해서는 아무리 횟수가 잦아도 계수하지 않으려는 못된 계산법이 작동하고 있다. 자기가 불행하다는 상태를 유지해야 상감의 마이너스 값을 유지할 수 있고, 자기가 얼마나 불행한지 증명할 수 있기 때문에, 이런 상감의 마이너스 계산은 차고도 넘친다.

최고 -100이라는 값을 부여한다고 하더라도 플러스 사건을 찾아보기만 한다면, 생각보다 많은 플러스 사건을 발견하게 된다. 우리는 이 플러스 사건을 '감사의 조건'이라는 말로 자주 사용한다. 감사할 일들이 있으면 그것들이 하찮은 +1점짜리라 해도 100개가 모이면 감정 계산에 큰 영향력을 미치게 된다. 관계의 빚 장부인 부채 원장의 마이너스 숫자가 산같이 높아도, 작은 감사들이 인지되기만 한다면, 한순간에 무너지는 산이 되기도 한다는 사실을 알 것이다. 이 감사의 공식을 필히 명심하기 바란다.

상감을 이길 수 있는 생활 공식과 시스템

상감이 널을 뛰고 그네를 타기 시작한다면 우선 자리에 앉아 눈을 감고, 천천히 하나부터 열까지 세어보라. 창세기 1장 1절을 천천히 외워도 좋다. 그리고 하나님의 이름, 예수를 천천히 최소한 열 번 정도 불러보라.

예수, 예수, 예수, 예수, 예수,

나의 주님, 예수, 나의 위로자, 예수,

나의 생명 예수, 나의 구원자 예수,

나의 주 예수 그리스도!

작은 소리로 찬양을 불러도 좋다. 마음이 상감을 쫓아내고 예수로 가득할 때까지 찬양하라. 쉽고 좋은 찬양을 부르라. 만약 부를 수 없다면 핸드폰에 저장된 찬양을 틀어 상감이 누그러질 때까지 들어보라. 중간에 절대 멈추지 말라. 상감의 느낌이 바뀔 때까지 지속하라. 바뀌면 그때부터 상감을 체크하고, 분석하고, 분별하고,

가르치라.

상감이 널뛰는 순간에는 언어 사용을 금해야 한다. 그때는 모국어가 가장 못된 모양으로 나타나기 때문이다. 그래서 그럴 때는 기도도 하지 말아야 한다. 화가 나서, 또는 슬퍼서, 혹시라도 하나님께 막말하게 될까봐 두렵기 때문이다. 기도를 잘못하면 그만큼 큰 재앙이 없다. 그런 순간에는 선하고 거룩한 언어를 충전시키는 것이 가장 좋은 방법이다. 상감이 널뛰는 순간에도 다른 감정들과 감성이 자기 속에 있다는 사실을 인지하면서 말이다.

'그래, 꼭 화로 나를 다 채울 필요는 없다!'

그런 의미에서 찬양은 가장 좋은 충전 방법이 된다. 한번 시도해보라. 사건이 생각나지 않을 정도로 일관성 있게 반복하여 지속적으로 찬양하라. 그 찬양이 자기의 자동 시스템이 되도록 찬양하라. 사건이나 문제는 아직 해결하지 않아도 된다. 시간을 가지고 여유를 찾아라. 그러면 가장 좋은 문제 풀이 언어가 생성될 수 있다.

아주 작지만, 감사할 것을 한 가지 기억해내고 감사하다고 고백해보라. 이 순간에도 하나님을 기억하고, 내 입으로 예수를 고백하게 하셔서 감사하다는 감사로 시작해보라. 그리고 20가지 정도 감사의 조건들을 찾아 고백하기 시작해보라. 뭐라도 좋다. "숨을 쉬게 해주셔서 감사합니다!", "말할 수 있어서 감사합니다!", "걸을 수 있어서 감사합니다!", "눈이 보여서 감사합니다!", "손이 움직여서 감사합니다!", "해가 떠서 감사합니다!"

이렇게 찬양하고 감사하기 시작하면 뇌가 '어, 이게 뭐지? 화난 게 아니었어? 내가 잘못 생각했네, 호르몬 분배를 바꿔야겠어'라고 새로운 조정과 조절이 가해진다. 그리고 화는 온데간데없이 사라지고 깨끗한 머리로 문제 풀이를 잘할 수 있는 기회를 얻게 된다.

이런 습관을 만들어서 뇌를 다스려보라. 이왕 상감에 중독되어서 살고 있다면 사랑이나 기쁨, 소망, 행복, 만족감 같은 좋은 감성에 중독되면 더 낫지 않겠는가. +1점이라도 -20점짜리 상감을 해체시키기에 부족하지 않다. 반드시 상감을 이길 수 있는 생활 공식과 시스템을 만들어야 한다. 그렇지 않으면 두려움과 불안과 우울과 화와 불행이 손님처럼 찾아와 당신의 마음의 집을 점령하고, 보좌를 차지하고 앉아 어둠으로 장악해버릴 것이다. 다시는 이런 일을 허용하지 말자.

지금부터 새로운 게임을 시작하라. 상감에 점수를 매기고, 그 점수를 지워버리거나 삭제할 수 있을 만한 선한 감성을 가동시켜 시냅스를 확장시키고 수상돌기를 풀작동시켜라. 일관성 있게 반복하여 그 선함 감성을 쉬지 말고 지속하라. 시스템이 되도록 뇌를 훈련시켜라. 그러면 판이 달라진다. 우리 한번 저질러보자.

상감 시대를 사는 지혜

상처를 받는다는 것은 개인의 일로 끝나지 않는다. 그 영향력과 결과는 가히 악하다고 정의할 수 있다. 우리는 자기 값을 드러내기 위해서라도 상처받았다고 말해야 하는 시대를 살고 있다. 물론 상처받은 것을 감추고, 말하지 않고, 은밀하게 가둬둘 경우 상감이 뒤통수치는 것을 막을 수 없는 시대이기도 하다. 몸이 상하고, 정신이 연약해지고, 관계가 망가지고, 가족이 분열하는 것이 뻔한 결과이기 때문이다. 그래서 엉망으로 말하는 것이 말하지 않는 것보다 낫다는 말이 있는 것이다. 상감자가 엉망으로 말할 수 있기 때문에 정당한 값을 치르고 상담가에게 말하는 것이 좋은 방법이 되는 것이다. 더러운 쓴 물이 흘러가게 하지 않도록 말이다.

우리는 상처를 주거나 받거나 하는 상처 경제(Hurt & Scar Economy)가 주력으로 다루어져야 할 만한 시대를 살고 있다. 보이지 않는 무형의 지출이 엄청난 시대에 살고 있다는 뜻이다. 개인 인권이 관계 인권보다 더 중요한 시대에 공동의 가치, 윤리, 도덕보다 개인의 상처가 더 중요하게 다루어지는 상감 시대임을 매사 기억해야 한다. 방콕 증세를 앓고 있는 50만이 넘는 젊은이들이 그 좋은 예다. 수출 실적이 높아진다고 해결되는 일이 아니라는 뜻이다.

날이 갈수록 부익부, 빈익빈이 더 확연해질 것이며 그 차이는 심할 것이다. 경제력이 상처력에 반비례하는 시대를 살 것이고, 성공하지 못한 상감자들이 우글거리고, 부글부글 끓어오르는 시대를 살게 될 것이다. 그 언더그라운드 경제가 힘을 얻어 검은 손을 내밀고, 정상적인 경제를 흔들 것이고, 사람을 더욱 상감으로 옴짝달싹 못하게 만들 것이다. 마음이 상하면 가치를 이긴다. 배신과 배반이 상감과 동맹을 맺고, 그래서 절대 해서는 안 될 짓들을 해낼 것이다.

이제 우리는 지킬 만한 것 중에 자기의 마음(감성)을 지키고, 상처받지 않고 대처하는 지혜를 얻는 것이 너무 중요한 과제가 되었다.
이를 위해 몇 가지를 제안해본다.

제안 1 피하라

첫째, 상처 주는 시스템과 사람은 일단 피하는 것이 좋다. 이겨낼
수 없으면, 환경을 바꾸는 차선을 선택해야 한다.

제안 2 연구하라

둘째, 어쩔 수 없이 일방적으로 상처를 주는 환경에 처해 있다면
그 사람을 공부해야 하는 연구 대상과 과목으로 삼고, 상처를 실험
을 위한 필요 자원으로 정의하라. '상처가 되네, 그러나 받지는 않
겠어. 상처는 상처의 근원으로 돌아가라. 나와는 상관없다'라고 일
단 언어를 정리하고, '좋다, 이제부터 너는 나의 연구 대상이다. 나
는 네가 주는 시험을 잘 치러낼 것이다. 그래서 너의 언어 사용에 대
해 그 이유와 원인을 분석할 것이고, 너의 언행의 근원을 찾아낼 것
이다. 또다시 나에게 상처를 주려고 한다면 너는 해부당할 것이다.
잠자는 사자의 코털을 건드리지 마라.'

제안 3 돌아보라

셋째, 자기를 돌아보라. 왜 상처를 받았는지, 무슨 상처를 받았
는지, 상처에 이름을 주고, 자기의 구덩이를 살펴보라. 상처는 준다
고 받아지는 것이 아니라 자기 속에 상처 구덩이가 준비되어 있기

때문에 받는 것이다. 별일 아닌 것처럼 지나갈 수도 있었다. 그러나 상처가 되었다는 말은 상처 준 그 사람보다 자기에게 더 문제가 있을 수도 있다는 뜻이다. 왜 자존심이 상했는지, 왜 화가 났는지, 왜 슬픈지, 자기를 돌아보라. 자기를 알아야 적을 물리칠 수 있다.

제안 4 명명하라

넷째, 상처에게 이름을 주고 값을 매기라. 다른 감정들과 섞여 상처 덩어리가 되지 않도록 정확하게 이름을 주어 구별하고, 부풀리지 말고 낮은 점수를 주라. 감정은 사건과 값이 같아야, 공정하게 처리할 수 있다.

제안 5 자기 값을 확인하라

다섯째, 어쩔 수 없이 상처를 받았지만, 남이 준 상처가 자기의 존재 값을 떨어뜨리지 못하도록 스스로 값을 확인하라.

'난 최소한 80점짜리야. 20점은 원래 모자란 점수였으니 이 상처와 상관없어. 그러니까 이 상처는 마이너스 파일에 넣어두면 돼. 놀라고 상처받을 일이 아니야. 그냥 접수해서 넣어둬. 이미 아는 상처잖아. 그리고 이 상처는 내 잘못 3, 그 사람 잘못이 17이야. 내 몫인 3은 내가 책임지되 -20을 파일에 넣어두고 신경 쓰지 않으면 돼. 지금까지 고쳐지지 않았으면 이번 일로 고쳐질 수 없어. 죽어야 해, 없애야 해, 지워버려야 해. 내 -3점은 내가 해결하고 -17은 그 사람에게 보내버리자. 그러니까 그 사람은 이제 나에게 83점짜리가 되는

거다.'

자기 스스로 해결되지 않는 모자란 점수 -20점이 있듯이, 그 사람
도 해결되지 않는 -17점이 있다고 생각하라. 그리고 그 사람의 문제
는 그 사람에게로 돌려보내라. 넘어가라. 남의 문제는 꼭 자기가 해
결하지 않아도 된다는 뜻이다. 상처 경제의 시대에 상감만 버는 사
람이 있다. 상감은 벌면 벌수록 피해를 주는 마이너스 자산이 된다
는 것을 기억하라.

여기서 꼭 짚고 넘어가야 할 중요한 사항이 있다. 이렇게 계산하
고 접수하고, 지워버리고, 삭제하는 모든 프로세스는 옛사람을 중
심으로 한 일련의 치유와 회복 과정 같은 것이다. 상감이 하도 날뛰
니까 자기를 부인하는 과정이 단시간에 일어나지 않기 때문에 삭제
하는 과정을 알려주는 것이다. 그러나 앞서 말했듯이 하나님이 좋
아하시고, 합류하기를 원하시는 과정은 아님을 명심하기 바란다.
열심히 해봤자 제로 게임이다.

내가 깨우친 바로는 자기나 그 사람에게나 상처받은 그 사건을
실점 처리해서는 별 도움이 안 된다는 것이었다. 상처를 받은 사람
이나 상처를 주는 사람이나 상처를 중심으로 시간과 에너지를 빼앗
기기 때문에 하나님은 별로 상관하고 싶어 하지 않으신다. 상감으
로 작동하고 있으니 상감을 떨쳐내기 위해 과정을 소개하고 있기는
하지만, 더 좋은 방법은 단호하게 상감에게 등을 돌리는 것이다. 상
처는 옛사람의 어쩔 수 없는 삶의 결과라고 받아들이고, 옛사람의
것을 사망 처리해야 한다. 그리고 될 수 있으면 빨리 새사람에게 집

중해야만 살 수 있다.

"상처요? 그럼요. 당연히 받았죠, 그러나 이제는 상관없어요, 제가 달라졌거든요. 이제는 상처가 그리 중요하지 않아요. 상처는 모든 상처의 근원인 사탄에게 돌려보냈어요. 더 이상 상관하고 싶지 않아요."

제안 6 새사람을 보호하고 가꾸라

여섯째, 문제없는 사람이 없고, 상처 주지 않는 사람도 없다. 자신도 그런 사람 중 하나일 뿐이라는 것을 깨달아야 한다. 사람들이 보기에 성인군자는 있어도 죄인이 아닌 사람은 한 명도 없다. 그러니 상처 준 사람이나 상처를 너무 유별나게 다루지 않기를 바란다. 그냥 생활의 한 과정이라 여겨라. 쉽게 넘어갈 수 있는 능력이 생기기를 바란다. 상처와 죄에 민감하지 말고, 건강과 거룩에 집중하여 거기에 민감하자. 당신의 모든 삶의 순간이 아름답고 건강한 순간들이 되기를 축복한다.

중요한 것은 이제부터 자신이 상처로 망가지지 않도록 잘 돌보는 일이다. 새사람을 잘 보호하고 가꾸라. 옛사람이 상처받는 것은 그 순간의 문제만이 아니라 현재를 망치고, 오늘을 놓치게 하고, 하나님이 당신의 오늘을 계수하실 수 없게 만든다. 상처 주는 것도 죄지만, 상처받는 것도 죄다. 그러니 조심하자.

새사람은 영원한 사람이라 상처받으면 안 된다. 만약 상처받았다면 그것은 반드시 옛사람이 작동한 것이다. 그러니 더 이상 옛사람에게 투자하여 소중한 생명 에너지를 빼앗기지 말라. 치료해서, 고쳐서, 회복시켜도, 끝내 죽어야 하는 것이 바로 옛사람이 아닌가. 그러니 미련 없이 그냥 죽게 내버려두라. 끝났다고 생각하라.

옛사람은 한 번 죽는 것이 정해져 있는 사람이고 상처의 끝은 죽음일 뿐이다. 그러니 해결하지 말고 그냥 죽여라. 집착하지 말고 지나가라. 끝났다. 상처는 자기 값을 올려주지도 못하고, 자기 값을 증명해주지도 못한다. 옛사람과 놀지 말라. 혹 그 옛사람이 상처받았다 해도, 눈감고 귀막고 내버려두라. 억울해도 옛사람의 몫이니 모른 척해도 된다. 이것도 지나가리라.

새사람은 예수로 말마암아 새로 탄생한 하나님의 아들이니 하나님과 영원에서 영원히 살 사람으로 감성이 충만한 사람이어야 한다, 성령이 임하시면 감성이 작동한다. 사랑, 기쁨, 화평, 소망, 인내, 수고, 희생…. 이제부터 마음(감성)을 잘 케어하여 하나님의 성품에 참예한 자로서 존재 값을 잘 지켜나가도록 하자.

하나님의 아들의 자리로 복귀하라

이제 부채 원장에 적힌 상감의 빚을 말끔히 청산했으니, 더 이상 마이너스 사건이 기입되지 않도록 철저한 보안 시스템을 가동시켜야 한다. 마이너스 사건은 만들지 않는 것이 지혜 중의 지혜다. 어떻게든 풀기를 갈망하고, 풀기를 원하고, 풀기를 기도하라. 마음에 응어리를 가지고 살지 말라. 사건이 문제가 되지 않도록 잘 해석하여 풀고, 곧바로 해체시키는 것이 최고다. 성숙하고 넉넉한 어력을 갖춰라. 복원 능력을 키워라. 원래 있어야 할 하나님의 아들의 자리로 복귀하라. 그것이 우리에게 가장 중요한 생활이다.

혹 문제가 되는 사건이 있다면 우선 여유와 시간을 가져라. 급하게 풀지 않아도 된다. 다음에 풀면 된다. 이 세상에 풀지 못할 문제는 없다. 하나님께서 절대 사할 수 없는 죄까지도 사해 주셨는데 무엇은 못 풀겠는가. 감정 전쟁은 금물이다. 상감 전쟁에 승리자는 없다. 풀기로 작정하면 반드시 풀린다.

혹 필요하다면 손해를 보라. 하늘 은행에 저축했다 생각하라. 감사의 값이 상처의 값보다 더 많아진 부채 원장을 '감사 원장'이라는 이름으로 바꿔도 좋다. 어떻게 해서라도 모든 것을 플러스 명분과 플러스 사건이 되게 하여 칭찬과 명성을 얻고 예수와 영광스러운 보좌에 함께 앉기를 축복한다. 그것이 우리가 누릴 결론임을 잊지 말자.

08

상한 감정을 이기고 가치를 살려라

용기는 어떤 상황을 이겨 나가기 위해 필요한 엑스트라 오리지널 파워다. 특별한 본능의 힘! 그것이 용기다. 사람 속에 숨겨져 있어서 아무 때나 꺼내 사용할 수 있는 힘은 아니지만, 어떤 위험한 순간, 힘든 순간, 좌절할 수밖에 없는 순간, 더 이상 자기가 해왔던 방법으로는 해결할 수 없는 그런 순간이 왔을 때 반드시 사용하게 되는 특별히 다른 힘이다.

무엇보다 용기를 내라

매 순간 용기백배하여 사는 사람은 없다. 용기는 자기 속에 있지만, 평상시에는 사용하지 않는 비밀스러운 생명 에너지다. 감정이 상처받아 뒤틀려서 거기서 헤어 나올 수 없을 때 어떤 계기로 말미암아 그 구덩이에서 빠져나오는 수고와 노력과 애씀과 희망을 사용하는 힘이다. 용기라는 특별한 힘을 사용하면 기적도 일어난다.

　그런데 이미 상처를 받은 후에 용기를 사용하는 것도 중요하지만, 상처를 받는 그 순간, 감정이 뒤틀리려고 하는 그 순간, 감정이 상처받아 풀이 죽어 움츠러드는 그 순간, 감정이 너무 화가 나 폭발하려는 그 순간과 같은 찰나에 용기를 사용한다면 상처가 상처 되지 않고 지나가는 이벤트가 되는 힘으로 사용될 것이다.

　용기는 용기를 필요로 하는 그 사람 속에 숨은 자원이다. 자기 속에 있음을 기억하고 그 용기를 사용해야 한다. 감정이 상처로 말미암아 흔들릴 때 나는 지금 일어나는 문제를 해결할 수 있다, 상처로 말미암아 타격을 받은 감정도 다스릴 수 있다, 나는 내가 당하는 이 문제보다 더 크고 어떤 상감보다도 크다, 나는 이 상황을 주관한다, 상처가 나보다 더 크도록 내버려두지 않겠다고 선포하고 비밀스럽게 숨어 있는 용기를 명령하여 끄집어내야 한다. "용기야, 나와라! 나에게 특별한 힘이 필요하다. 날 도와라"라고 명령하라. 용기를 사용하여 자기를 보호한다면 상처는 다스릴 수 있는 어떤 것임을 깨닫게 될 것이다.

　상처받지 않겠다고 너무 애쓰지 말라. 누구라도, 언제라도 상처를 줄 수 있는 사람들이 70억 명이나 살고 있다. 그러니 정신을 차리자! 상처를 중심으로 살아가는 것도 용기가 필요하다면, 상처받지 않고 살아가는 데 용기를 사용하도록 노력하는 것도 용기가 필요하다. 그럴 수 있다면 인생이 정말 재미있을 것이다.

　사람 안에 숨겨져 있는 특별한 다른 힘(Extra Original Power), 용기는 어떤 상처로부터라도 자신을 보호해주는 힘이다. 조금 당돌하고, 버릇이 없다는 소리를 들을 수도 있다. 그러나 자기를 보호하는 일에 용기를 사용하지 않으면 오늘을 맞이할 생명력을 잃을 수도 있으니 값을 치르더라도 한번 해볼 만한 일이다. 무조건 착한 사람이 되기보다 오히려 자기 관리와 보호가 잘 되는 선한 사마리아인으로 살아가라. 착한 사람 신드롬은 병을 불러온다. 그러니 착한 사람으로 살려고 노력하기보다 오히려 선하고 당당한 사람으로 살려고 하는 데 용기를 사용하라. 당당하게 그러나 예의를 갖춘 언행을 사용하면 성품까지 챙길 수 있어 일석이조다. 관계는 장사다. 반드시 사람을 남겨야 한다.

내가 이 문제와 상처와 상감보다 더 큰 사람이라는 것을 잊지 말라. 상처 주는 사람들을 미리 다 막을 수는 없다. 하지만 상처받는 나를 상처받지 않도록 단단히 훈련시킬 수는 있다. 자기를 상황 주관자로 세우라. 상황의 하인으로 깔려 살지 말라. 오히려 상황을 총괄하는 사람이 돼라. 다른 사람에게 상황의 주권을 넘겨주지 말고, 자기가 그 주권을 잡고, 상황을 다스려라. 당신에게는 당신을 보호할 수 있는 특별한 다른 힘, 용기가 숨겨져 있다. 사용하라! Just use it!

* 아, 그렇게 생각하셨군요. 당신이라면 그럴 수 있겠지만 저는 아닙니다. 이 말을 당신에게 돌려드립니다. 저는 사양합니다!
* 어머! 당신이 그렇게 말하니까 당신이 그렇게 생각하는 분이라는 것을

지금 배웠습니다. 죄송하지만 저는 그렇지 않아요.

* 그건 당신에게서 나온 말이니 당신 것이지요. 나와는 상관이 없는 듯합니다! 마음을 푸시고, 다시 한번 생각해보시면 좋겠습니다.

* 제가 메모해두겠습니다. 이런 면에서 민감하다는 것을 알았으니 다음에 당신과 대화할 때는 제가 좀 더 조심하겠습니다.

* 다음에는 좀 더 품격 있는 언어를 사용하시기 바랍니다.

* 지금 마음이 힘드시니 저에게 안 해도 될 말을 하신다는 것을 잘 압니다. 그러니 이번에는 제가 이해하고 넘어가겠습니다. 그러나 다음번에는 저도 참을 수 있을지 잘 모르겠습니다. 제가 혹 잘못하면 너그러이 용서해주시기를 미리 부탁드립니다.

그렇다! 상대방이 주는 상처 언어는 그 사람의 것으로 남기고 넘겨주라. 그리고 당신은 스스로 보호할 용기를 발휘하라. 그 찬스를 놓치지 말라. 상처받았다고 속상해하며 병까지 얻는 미련함을 원한다면 당신은 당신에게 상처를 준 그 사람보다 더 못났고 악하다. 그런 사람은 삭제하라. 상처 때문에 사용될 엄청난 생활 에너지를 생각한다면 더 선하고 긍정적이고 건설적인 쪽으로 그 에너지를 사용하도록 방향 전환이 시급하다. 자기 보호를 위해 용기를 사용하라!

용감한 하나님의 아들로 살자

용감(勇敢)하다는 말은 전쟁에 나가 싸우는 군사나 장군들에게

나 사용하는 특별한 단어로 생각한다. 아마 날랠 용(勇, 날째다, 과감하다, 결정력이 있다) 또 감히 감(敢, 굳세다, 용맹하다, 감행하다)이라는 두 글자 때문에 그런 것 같다. '용기'가 마음을 준비하는 것이라면, '용감'은 용기의 실행형이다. 용감을 사용하는 순간 생활은 활력을 되찾고, 주어진 삶을 건강하게 생활해내는 능력이 된다.

타인으로부터 받는 상감을 주된 생활 에너지원으로 삼고 살아가는 사람들은 생활한다는 자체가 변질된 용기를 실행하는 변질된 용감자들이다. 자기를 증명하려고 화를 내거나 슬퍼하기를 마다하지 않고, 어느 누구도 사랑스럽다고 할 수 없는 생활의 모습으로 사랑받겠다고 억지를 쓴다. 자기 주위에 왜 사람이 없는지 알지 못하고, 모든 것을 남 탓으로 돌린다. 어쨌거나 변질된 용기(변용)와 변질된 용감(변용)을 사용하고 있는 것이 맞다.

사랑과 사명으로 생성해내는 건강한 용감을 건강한 생활 에너지와 능력의 주된 생산지로 삼고 살면 그 자체가 선함이요, 힘이요, 능력이다. 선한 용감의 능력은 즐겁고, 행복하고, 보람 있는 생활을 펼쳐준다. 그런 사람의 주위에는 좋은 사람들이 많다. 세상의 어떤 고난과 고통도 그들의 삶의 질을 저하시키고 변질시킬 수 없다. 왜? 자기가 복된 사람이 되기 위해 용감하기를 주저하지 않기 때문이다.

내 경우 딸로 사는 것은 정말 용감해야 했다. 내가 꺾어지지 않고, 그럼에도 불구하고 좌절하지 않고, 도 씨 집안의 둘째 딸로 살아낼 수 있었던 것은 먼저는 순수한 하나님의 은혜였고, 그 은혜가 나를 딸이라는 기능과 역할을 용감하게 살아내도록 도와주셨다. 주춤거리고, 우왕좌왕하고, 안절부절하고, 알면서도 하지 못했던 모든 순간적 선택들을 과감하게 주도해나갈 수 있는 용기가 생겼고, 용감하게 일을 저지르고 그 값을 치를 수 있는 사람으로 성장해 나갔다.

아내로 살고, 엄마로 살고, 며느리로 살고, 목회자의 아내로 사는 것은 딸로 사는 것의 몇천 배 이상으로 용감해야 했다. 순간순간 사랑하는 사람들과 주어진 사명을 위해 내가 아닌 다른 나를 연출하고, 연기라도 해내야 오늘을 살아낼 수 있었다. 하나님의 말씀을 시나리오처럼 손에 쥐고, 무대 위에 올라연극을 하는 용감한 연기자로 말이다. 그것이야말로 용기를 내서 주어진 생활을 잘 살아내려는 용감한 생명 에너지의 과정이었다. "주님, 감사합니다"라는 말밖에는 그 값을 표현할 다른 언어가 없다.

남편은 브라질 상파울루 동양선교교회에서 21년의 목회를 잘 마무리하고, 56세에 조기 은퇴하여 북한 선교사로 파송을 받고, 2017년 11월 한국으로 들어왔다. 이 모든 과정에서도 나는 더욱 용감해야만 했다. 남편은 부르심을 받았다지만 나는 그냥 그것을 믿고 순종해야 했기 때문이다. 하나님으로부터 부르심을 받고, 그 사명을 전개해 나가는 상황은 당황스럽고, 난처함 그 자체였다.

브라질이 우리의 생활권인데 거기서 그냥 살면 인정받고, 안정되고, 누이 좋고 매부 좋은 관계로 잘 살아갈 수 있었을 텐데, 고향 같은 브라질을 떠나 잘 알지도 못하는 북한이라는 생소한 곳에 가서 살기를 바라는 남편과 그 부르심이 참 불편했다. 그러나 주어진 사명이라면 나는 더욱 용기를 내어 용감할 수 있고, 각각 이민 가방 두 개를 들고 그 부르심의 길을 향해 나아갔다.

중국 북경에서 한어를 배우며, 그곳에 선교 베이스를 두려고 기도하며, 한 중국인 교회를 선택하여 생활을 시작했는데 3개월이 다 되어갈 때 섬기던 교회가 하루아침에 문이 닫히고, 목사님은 자택에 감금되었다. 공한은 성도 명단을 가지고 직장과 집주인들에게 전화하여 협박과 위협을 가했고, 목사님은 우리에게 전화하여 일단 한국으로 들어가 위험을 피하라고 말해주셨다. 그것이 일단 한국으로 나오게 된 유일한 이유였다.

북한으로 들어가기 위해 한국에 나와 살고 있는 오늘까지 나의 감정 상태는 용기백배한 용감무쌍에 고정되어 있다. 순간순간 엉뚱한 생각과 상감에 휩쓸려 남편을 불편하게 하고, 사명을 놓아버리도록 부추겼을 수도 있었다. 사명은 기본적으로 상감을 사양하기 때문에 한치의 감정도 잘못 발산하지 않으려고 정신을 차리고 있다. 용감이 나의 주제 감정이어야만 앞만 보고 달려갈 수 있는 사명자의 삶을 살 수 있기 때문이다.

"주님, 오직 당신 때문에 오늘도 저는 용기백배 용감무쌍입니다."

나는 더욱 용감한 사람으로 살기 원한다. 그래서 나보다 더 용감한 사람들을 정말 좋아한다. 배우기를 원하고, 모방도 마다하지 않는다. 나는 아직 친구를 위해 죽을 수 있는 사랑의 용감함이나 피흘리기까지 악과 맞서 싸우는 믿음의 용감함, 그리고 내 이웃을 내 몸과 같이 사랑하는 십자가의 용감함까지는 갈 길이 멀다.

하지만 남편을 위해 전심전력을 다해 헌신하고, 자녀들에게 좋은 예화로 남을 수 있도록 오늘 하루도 나는 용감한 하나님의 아들로 살아야 한다. '용감한 아내'나 '용감한 엄마'는 사람이라면 누구나 다 가져야 하는 용감의 수준이기 때문에 특별한 예화가 될 수 없다. 그래서 나는 용감한 하나님의 아들이라는 언어를 선택했다.

남편이 받은 북한 선교를 위한 사명과 내가 받은 가정 사역의 사명을 위해 일관성 있게 반복적으로 지속적인 '용감한 하나님의 아들'로 살아내고 싶다. 아직도 류마티스 관절염 때문에 여기저기 불편한 곳이 많아 원하는 대로 몸이 움직여주지 않지만, 그래서 숨을 고르고, 천천히, 적당하게 생활하는 법을 배우고 있다. 그래도 마음만은 이 순간에도 주를 위해 천 리 길을 단숨에 달린다.

과감하게 용감해보자. 용기에 감정 채널을 고정하고, 용감으로 심박수를 맞춰보자. 죽기밖에 더하겠는가. 상감이라는 생활 에너지원을 버리고, 용감을 생활 근육과 능력의 근원지로 삼자! 그러면 오늘이 사명자의 시공간이 되고, 사명자의 삶이 된다. 용기백배 용감무쌍! "주님, 저는 이 말이 참 좋습니다. 예수님을 쏙 빼닮은 언어입니다. 저도 주님처럼 그렇게 되기를 소망합니다."

용서하라 : 죄인과 하나님의 관계의 법

용서(容恕)란 얼굴 용(容, 얼굴, 모양, 모습, 몸가짐, 담다, 그릇 안에 넣다)

용서할 서(恕, 용서하다, 헤아려 동정하다, 깨닫다, 밝게 알다)라는 두 글자로 형성된 단어다. 지은 죄나 잘못한 일을 꾸짖거나 벌하지 않고 덮어 준다는 뜻이다.

히브리어에는 용서를 뜻하는 세 가지 단어가 있다. 첫째가 보내 버림을 의미하는 '쌀라흐'(레 4:20,26)다. "속죄하다"의 뜻으로 하나님 이 사람을 용서하실 때 사용되는 단어다. 둘째가 덮음을 의미하는 '카파르'(출 29:36, 30:10)다. 피를 뿌려 덮고, 기름을 부어, 덮어, 제단 을 깨끗하게 하는 행위를 의미한다. 셋째로 제거함, 없애버림을 의 미하는 '나사'(창 50:17 ; 시 32:5)가 있다. 이는 요셉의 형제들이 아비 야곱이 죽었을 때, 혹 자기들이 저지른 죄로 말미암아 요셉으로부터 보복을 당하지 않을까 하여 마치 아버지가 남기신 유언처럼 그들의 허물과 죄를 용서하라고 할 때 사용한 단어다.

용서는 강력하고 독특한 하나님의 관계의 법이다. 죄지은 사람과 다시 관계하기를 원하셔서 만드신 하나님의 가족 관계의 법이다. 아 담과 그의 아내가 죄를 지었을 때 죄를 지은 그들과 함께하실 수 없 어서 하나님이 당신의 임재와 당신의 에덴동산으로부터 그들을 추 방시킬 수밖에 없었다는 것을 기억하는가?

그러나 창세기 4장에 보면 그 하나님이 관계의 법을 바꾸신다. 죄 의 유전자는 가지고 있지만, 그래도 아직 스스로 죄짓지 않은 가인 과 아벨에게 제물을 드리며 하나님께로 나아올 수 있도록 기회를 주신 것이다. 대물림되는 원죄로 인해 다시는 관계할 수 없는 관계 의 법이 작동되었는데, 그 법을 초월하여 하나님 앞으로 나아올 수 있도록 관계의 법을 바꾸신 것이다. 하나님을 잘 모르는 가인과 아벨이 제물을 바치며 하나님께 나아올 수 있도록 새로운 언어를 구사하신 것이다. 하나님께 나아올 수 있는 방법을 내신 것이다. 그것을 새로운 관계의 법이라고 부른다. 당연히 하나님이 받으실 제물은 하나님이 정하신다. 하나님은 그것이 곡식이 아니라 양이라고 가르쳐주셨다.

자세히 살펴보면 그 후에도 하나님의 관계의 법은 지속적으로 발전해나간다. 하나님은 노아에게 나타나 방주를 지으라고 말씀하시고, 그 말씀으로 노아와 그의 식구들을 살려주셨다. 그러나 죄가 없어졌을까? 아니다. 노아와 노아의 식구들은 하나님의 은혜를 입은 것이었다. 하나님이 관계의 법을 또 바꾸셨다. 하나님의 지극히 큰 사람-사랑이 긍휼과 은혜로 작동한 법이다. 긍휼은 심판을 이기고, 은혜는 죽음을 이기고, 사망 권세를 죽였다. 하나님께서 새로운 관계의 법을 집행하신 것이다. 사람을 향한 일방적인 하나님의 사랑이 죄지은 사람과도 관계할 수 있도록 그 관계의 법을 은혜로 재조정한 것이다.

여기서 짚고 넘어가야 할 사항이 있다. 사람을 향한 하나님의 사랑과 은혜는 이 세상을 창조하실 때부터 이미 시작되었다. 그러나 죄가 땅에 편만하여 하나님의 진노가 더 이상 지탱할 수 없는 지경에 이르렀을 때 비로소 노아가 하나님의 은혜로 관계하는 관계의 법을 경험하게 된 것이다.

노아의 홍수는 홍수나 홍수로 죽어간 사람들에게 초점이 있지 않다. 다 죽었어야 마땅하지만, 하나님의 은혜를 입어 살아난 노아와 그의 가족들에게 초점을 맞춰야 하고, 더 나아가 죄와 상관없이 여전히 어떻게든 사람과 관계하고 싶어 하는 하나님에게 초점을 맞춰야 한다. 그것이 홍수와 노아와 그의 식구들이 전할 중심 메시지다. 하나님이 자기 감정에 치우쳐 홍수로 사람들을 싹쓸이하신 분노의 하나님이 아니라는 사실에 집중해야 한다. 전부 죄인이어서, 사람의 죄악이 세상에 가득해서 그 사람들을 지면에서 쓸어버리되 노아와 그의 식구들을 이 일의 증인으로 구원하셨다. 노아와 그 홍수 사건은 죄인인 사람이 어떻게 하나님의 은혜의 관계의 법으로 하나님과 거룩한 관계 가운데 살게 되었는지를 확실하게 알려주는 전무후무한 예다. 결국 하나님의 은혜의 관계의 법이 예수를 십자가에 못 박고 우리를 살렸다.

하나님의 관계의 법은 여전히 관계를 개선하며, 지속적으로 변화를 시도하신다. 하나님은 공간적 에덴동산을 초월하여 언약으로, 은혜와 믿음으로 관계하는 탈공간적 에덴동산을 시작하신 것이다. 그의 백성 이스라엘과는 마치 시간이 멈춘 영원에서 관계하듯 광야에서 성막과 절기와 제사와 율법과 율례를 중심으로 탈공간적 에덴동산을 열어놓으셨다. 하나님이 함께하시면 언제 어디서든 에덴동산이 개설되었다. 하나님이 함께했던 요셉은 감옥에서도 만사형통했다. 거기가 하나님의 에덴동산이었다.

그 후 이스라엘은 광야에서와 달리, 점점 더 들리지 않고 보이지 않는 하나님을 경험한다. 하나님은 시야에서 사라지고, 선지자들을 통해 말씀으로 관계하시는 새로운 관계의 법이 또다시 가동된 것이다. 보이는 것이 아니라 보이지 않는 말씀의 에덴동산 말이다. 그것은 믿음으로만 실감할 수 있는 시간적 영원적 에덴동산이다.

하나님의 관계의 법은 지속적으로 발전해나간다. 예수를 믿고 그를 주와 그리스도로 영접하면 아들이 되는 권세를 주신다는 은혜의 법을 선포하셔서, 그 은혜로 인하여 믿음으로 말미암아 구원받는다는 새로운 믿음의 관계의 법으로 관계를 완성해나가신다.

그뿐만 아니라 예수는 신랑으로, 교회는 신부로, 둘이 한 몸이 되어 가족 나라를 이루는 마지막 관계의 법까지 선포해주셨다. 사람이 하나님의 아들 됨과 하나님과 한 몸이 됨을 증명하시며, 사람 곧 아들, 예수 곧 하나님이라는 가족의 관계의 법으로 바라 프로젝트를 완성하시는 하나님을 밝히 알려주신다.

이 모든 과정은 하나님의 용서가 완성되는 과정이다. 하나님의 가족 하는 능력 중 가장 탁월한 능력은 죄를 사하여주는 능력이다. 우리 교회가 가지고 있는 능력 중 가장 탁월한 능력은 그 사람의 죄를 용서하여 더욱 가족이 되게 하는 능력이다. 하나님의 아들이 완성되는 관계의 법은 죄인을 용서하는 관계의 법이다.

회개는 용서의 법의 완성이다

용서의 법의 완성은 하나님 아버지와 아들이 한 몸을 이루는 결과를 가져와야 한다. 사람이 죄로부터 구원받고, 아들로 회복되는 용서의 관계의 법은 '슈브', 즉 회개의 관계의 법으로 완성된다. 슈브는 "원래의 자리로 되돌아가다", "되돌리다"라는 의미를 가진 하나님의 가족 관계 언어로 하나님의 용서가 집행되어야만 회개가 완성되고, 회개해야만 용서가 완성되는 관계 공식을 가진다.

상감으로 작동하는 사람일수록 자존심만 강하다. 그래서 자존심이 상하면 회개할 줄 모른다. 아니 회개하기 싫어한다. 자존심을 지켜야 하기 때문이다. 자존심 게임에 걸려 있는 사람은 가장 쉽게 무너뜨릴 수 있는 가장 약한 사람이 된다. 자존심만 짓밟으면 넘어지기 때문이다. 그래서 쉬지 않고 너 죽고 나 죽자고 달려든다. 그러면 관계는 돌이킬 수 없는 전쟁터로 변해버리고, 사람은 죄의 근성 때문에 새 삶을 살지 못하게 된다. 자기도 관계의 공식을 바꿔야 하는데, 하늘에서 은혜가 떨어지기만을 바라며 입 벌리고 누워 있는 꼴이 된다.

용서는 반드시 회개와 함께 일한다. 세상의 그 누구보다 개인의 인권을 중요하게 여기는 분이 하나님이시다. 그러나 그 인권을 하나님이 존중할 수 있도록 회개해야만 한다. 죄의 근성은 사람을 변질된 이기주의자로 살아가게 한다. 매사 자기 증명, 자기 강화, 자기 보호, 자기 유익에 몰입하여 욕심을 부리고, 양심을 죽이고 회개하는 기능을 약화시키고, 관계마다 전쟁터를 만들어 역사성을 단절하고, 물질을 우상 삼고, 돈을 주고 사람을 노예로 부린다. 이런 죄부터 회개해야 건강한 인권이 되살아날 수 있다.

회개는 하나님이 사람에게 허락하신 크나큰 특혜이며, 하나님과의 관계를 이어주는 다리 역할을 한다. 관계를 풍성하게 만들 수 있는 필수 조건이기도 하다. 그래서 "미안하다", "죄송하다", "잘못했다", "사과한다", "송구하다", "면목이 없다" 등등의 언어가 단절될 수밖에 없는 관계까지 다시 화목하게 하는 능력이 되는 것이다. 용서는 회복 불가능한 관계를 복원하는 기적의 어력임을 기억하기 바란다.

혹 부족함이 전혀 없어 보이는 사람을 만나도 질투심의 시소를 타지 말라. 물론 상감은 이런 관계를 절대 편하게 지나가도록 놔두지 않는다. 상대의 부족한 점들을 들추고, 자신과 동등한 위치까지 끌어내릴 것이다. 나보다 부족하든지, 내가 월등하든지 둘 중하나여야 한다는 공식으로 말을 풀기 시작하고, 자기도 모르게 자존심 게임이 시작되어 다툼과 싸움과 전쟁은 막을 수 없는 자동 코스가 된다.

그러나 그 순간 '와, 너무 좋은 사람이다! 내가 배울 것이 많은 사람이네. 이 사람으로 인해 내가 플러스 되겠어! 너무 감사하다'라고 말을 바꾸면 정말 플러스가 되는 관계의 법이 작동하는 것이다. 이 것이 회개다. 회개는 죄를 되뇌어 인정하고, 돌아서는 것이기도 하지만, 완전히 다른 언어의 판을 사용하는 것이기도 하다. 그 죄에 단 1초도 더 머무르지 않는 것, 상감의 신호등 앞에 머물러 서지 않는 것, 상감이 파놓은 구덩이에 빠지지 않는 것, 그러려면 시기와 질투의 언어판에서 빠져나와 새로운 언어를 구사해야만 한다.

이 세상에 완벽한 사람은 없다. 서로 돕고 살도록 관계의 판이 짜여 있다. 한 사람이 모든 것을 다할 수는 없다. 아무리 똑똑하고 능력이 많아도 스스로 농사짓고, 물고기를 잡고, 가축을 키우고, 제방을 쌓고 수리하고, 전기를 생산하고, 수로를 만들고, 수돗물을 보내고, 쓰레기를 처리하고, 비행기로 날고 절대 홀로 그렇게 살 수 없다.

농사짓는 사람은 왜 지속적으로 농사를 짓는지, 어촌에서 사는 사람은 왜 지속적으로 어부가 되었는지 생각해보라. 서로를 위해서 그렇게 사는 것이다. 부족한 사람들끼리 서로 도움이 되어 살도록 말이다. 그래서 관계의 원점으로 돌아오는 회개는 그 자체가 화목과 풍성의 능력이다. 이 능력을 반드시 획득해야 한다.

극치의 이기주의는 자기 이익을 위해 앞뒤 안 가리고 백 미터를 질주한다. 가족은 길게 보고 함께 뛰어야 하는 마라톤이다. 함께 뛰었기 때문에 승리를 함께 기뻐해줄 사람이 남아 있는 것, 이것이 이기는 경기다. 싸우더라도 회개하고, 관계의 원점으로 돌아와 계속 회복을 꿈꿔야 한다. 회개가 상감을 이긴다. 회개가 가치를 살려낸다. 회개가 용서를 맞이하고 승리를 가져오는 관계의 지름길이다.

용납하라 : 가족 하는 하나님의 성품의 능력

용납(容納)은 너그러운 마음으로 남의 말이나 행동, 어떤 물건이나 상황을 받아들인다는 의미다. 얼굴 용(容, 얼굴, 모양, 모습, 몸가짐, 담다, 그릇 안에 넣다), 바칠 납(納, 바치다, 헌납하다, 넣어두다, 가지다, 거두다, 수확하다)이다. 그러므로 용납은 자기의 크기만큼, 자기 수준만큼 받아들인다는 전제 조건이 따른다. 그래서 너그러운 마음의 소유자가 아니면 용납은 동화에서나 나오는 비현실적인 남의 이야기일 뿐이다.

상대방을 위한 마음의 여유분을 지속적으로 키워가는 것이 비밀이다. 어떤 목적이나 약속이나 사명을 이루기 위해 상대방을 받아들이고, 함께 한 방향으로 같이 걸으며, 책임져주고, 값을 치르는 행위를 용납이라고 한다. 용납은 너그러움과 관대함과 자비와 긍휼과 인애의 결정체다. 아무리 회개하고 용서했다 할지라도 정상적인 관계로 회복되지 않으면 다시 상감의 회로가 켜진다. 용서와 회개가 소용없는 일이 될 수도 있다.

그러나 용납은 인정하여 가족의 일원으로 함께 살아간다는 뜻이기 때문에 곧 영적 사건이 되며 하나님과 직접 연관된다. 하나님의 성품과 그의 바라 프로젝트를 실행하는 것이기 때문이다. 용납은 곧 심판을 이기고 자랑하는 긍휼이요, 하나님의 무한한 은혜다. 하늘의 복을 내려주고 또 내려줄 수밖에 없는 조건이 성립되는 순간이며, 하나님의 성품을 연습하고 훈련하는 사람을 발견하는 순간이다. 하나님이 원하시는 그 일이 실현되었기 때문이다. 사람이 자기 상감을 이기고, 자기 가치를 살리고, 하나님께 영광을 돌린 사건이기 때문이다.

용납은 힘 있는 자, 높은 지위에 있는 자, 통치자로 하여금 그 통치를 받는 이들에게 법의 한계를 넓혀 관계적 영향을 줄 수 있는 권세요, 능력이요, 힘이다(잠 25:15). 용납은 솔로몬이 구했던 듣는 마음이요, 하늘의 성품의 지혜다. 우리가 우리에게 죄지은 자를 사하여준(용납하여) 것같이 우리 죄를 사하여(용납하여)주옵시고(마 6:12), 모든 겸손과 온유로 하고 오래 참음으로 사랑 가운데서 서로 용납하고(엡 4:2), 누가 뉘게 혐의가 있거든 서로 용납하여 피차 용서하되 주께서 너희를 용서하신 것과 같이 너희도 그리하고(골 3:13), 내가 네 행위와 수고와 네 인내를 알고 또 악한 자들을 용납하지 아니한 것과 자칭 사도라 하되 아닌 자들을 시험하여 그 거짓된 것을 네가 드러낸 것과(계 2:2). 이렇게 용납은 어떤 관계에서든지 가해한 자의 죄를 용서하고 용납함으로써 관계의 서클 안으로 들어오게 하는 가족 하는 힘이다.

용납은 돌아온 탕자의 비유처럼 치유와 회복은 물론 본연의 관계 상태로 되돌아와 다시 세워짐을 의미한다(눅 15장). 결국 용납은 하나님의 아들을 누리고, 아들 됨의 권세를 누리는 것이다. 그러므로 용납은 하나님의 거룩한 성품이요, 하나님의 가족 하는 성품의 능력이다.

'사랑'은 용기, 용감, 용서, 용납을 다 품고 있는 가족 언어다. 사랑하면 허다한 죄를 덮는다(벧전 4:8). 그렇다. 사랑은 정말 허다한 허물을 덮어주는 가족 하는 큰 능력이다. 사랑이 믿음이나 소망보다 더 큰 언어인 것은 믿음도 영원하지 않고, 소망도 영원하지 않지만, 사랑은 유일하게 영원하기 때문이다.

우리가 하나님과 함께 영원에서 살 때, 믿음은 더 이상 필요치 않고, 소망도 더 이상 우리의 언어가 아니다. 하나님의 바라 프로젝트를 믿는 믿음과 가족이 되는 소망 가운데 살아가던 성도가 예수 안에서 아들로 완성되어 영원에서 하나님 아버지와 함께 살게 되면 믿었던 모든 것과 소망했던 모든 것이 현실이 되기 때문이다. 그때에는 뜨겁게 사랑하는 것 외에 아무것도 필요하지 않다. 그래서 믿음 소망 사랑 그 중의 제일은 사랑이라고 말씀하신 것이다.

사랑은 상처받는 용기도 있고, 미움받을 용기도 있다. 오해받고, 배반당하고, 죽임을 당해도 다시 부활하여 용납하고 또 용납하여 영원히 함께 사는 생명의 능력을 발휘한다. 아들이 아들 하는 능력과 아버지의 아버지 하는 능력을 발휘하여 탕자도, 버림받은 자도, 거짓말쟁이도, 사기꾼도, 죄인도 다 용납하시는 하나님의 가족 하는 능력이 용납이라는 놀라운 언어로, 은혜라는 놀라운 언어로 발휘되는 것이다.

이 세상에 가족보다 더 선하고 중요한 언어는 없다. 진정한 용납은 조건을 내세우지 않는다. 용납받은 자는 그저 황송할 뿐이다. 계산되지 않는 은혜! 그것이 용납이다. 존재의 값이 모든 사건 사고의 값을 뛰어넘는 것이다. 용납받음에 대해 어떠한 계산이라도 하려 한다면 그 초라해짐은 이루 말할 수 없게 된다. 진정한 은혜는 갚을 길이 없는 것이다.

용단을 내려라

진리는 행동으로 옮겼을 때 비로소 진리임이 증명된다. 진리라면 반드시 실현되어야 한다. 깨달음은 값을 치르는 용단이 필요하다. 용단은 진리가 진리 되도록 치밀한 계획을 세우는 지혜다. 행동으로 옮겼을 때 일어날 다음 이야기들을 미리 아는 것이다. 진리의 값을 치르기 위한 값을 계산하고 기꺼이 그러나 반드시 지혜롭게 그 값을 치러낼 수 있는 무한한 하늘의 지혜가 필요하다.

용단은 가정의 집행 시스템에 직접적인 영향을 끼친다. 용단은 어력을 갖춘 후 내려야 한다. 정보가 없으면 실수하고, 실력이 없으면 반칙하게 된다. 천천히 여유를 가지고 용단을 내리고 행동으로 옮겨라. 사랑하는 사람들은 유리그릇 다루듯 조심스럽게 다루어야 한다.

일단 행동으로 옮겨지면 책임이 따르고 반드시 값을 치러야 한다. 모든 행동의 영향력은 영원한 것이기 때문에 집행은 항상 조심스럽게 해나가야 한다. 단 선한 결정이면 빠르게 행동하고, 혹 조금이라도 상대방의 상감을 건드리는 것이면 선한 일이라도 천천히, 조용하게, 행동으로 옮기는 것이 지혜롭다.

시간은 참으로 많은 것을 풀고 해결하도록 돕는다. 하나님도 사람과의 문제를 시간으로 해결하시려고 애쓰실 때가 많다. 오래 참음으로, 기다림으로, 인내로, 하나님의 입장을 이해할 수 있도록 필요한 사건들과 기회를 주면서 말이다. 때로는 그 시간이 너무 오래 지연될 때도 있어서 그 자체가 하나님의 은혜인 것을 망각하기도 하지만 그 편이 사람을 잃는 것보다 낫다. 하나님은 시간을 보내며 지금도 한없이 기다리고 계신다.

용단은 선한 동기로 선하게 집행되어야 한다. 그럴 때 가족이 살아난다. 집행 동기가 악하고, 그 목적이 악하고, 그 행위가 악하면, 가족은 죽는다. 십자가에서 예수를 죽음으로 몰았던 하나님 아버지의 집행은 선한 동기와 목적과 행위였다. 그래서 죄인을 구원하셨고, 죽음도 부활로 승화시킨 것이다. 우리의 용단 또한 그래야만 한다. 아버지를 닮고, 그의 아들 예수를 닮아 용단을 내릴 때는 선한 결과의 열매로 맺어야 한다. 이를 위해 성령이 전적으로 도우실 것이다. 그의 도움을 간절히 구해야 한다. 집행은 행위의 열매가 따라오는 것으로 영원히 계산될 값이기 때문이다.

09

상한 감정을 해결하고 새 출발하라

오 씨는 남들과도 그럭저럭 자기의 마음을 잘 터놓고 지내는데 정작 남편과는 그렇지 못하다고 눈시울을 적셨다. 자신의 남편은 온전히 '남의 편'이라는 것이다. 남편이 미운 오 씨는 남편이 하는 말에 꼭 "안 해!"라고 답한다. 자기 아내는 아내가 아니라 '안 해'라며 쓴웃음을 짓던 남편 서 씨도 기억이 난다. 이런 이야기야말로 각자의 집에서 일어나는 현장의 소리다.

가족의 탄생, 가족의 행복

사탄이 가장 싫어하는 것이 가족의 탄생이요, 더 싫어하는 것은 가족이 행복하게 잘 사는 것이다. 그러니 부부의 불통은 당연한 사탄의 목적이 아니겠는가. 말이 통하지 않으면 마음이 통하지 않아 불행하다. 그러면 불행은 그 집안의 주인이 되어 악한 다스림을 집행할 수 있게 된다.

더 흥미로운 사실은 사람마다 결혼하면 행복해야 한다고 믿는다는 것이다. 결혼 안 하고 자식을 안 낳겠다는 이유도 힘들고 불행할까봐 그렇다. 만약 행복이 보장된다면 당연히 결혼하고, 자식도 낳고 살 것이다. 결혼과 결혼생활은 사랑과 헌신과 수고로 이루어지는 영원한 오늘이다.

결혼과 가족생활은 가족의 이야기이자 하나님의 이야기이다. 이 세상에 가족이 없으면 하나님 아버지를 이해할 수 없고, 그 아버지의 아들 사랑도 이해할 수 없다. 죽음을 불사하고 사람을 죄에서 건지신 아버지와 아들의 이야기를 이해할 수 없다. 그래서 사탄은 가족이 탄생하지 않기를 그렇게나 원하는 것이다. 사람들에게 가족 하는 것이 얼마나 귀찮고 힘든 일인지만 말한다. 상감으로 작동하는 가정은 가족을 괴롭히고 병자를 생산한다. 그래서 결혼도 안 하고, 자식도 안 낳겠다고 결심하도록 부추기는 것이다. 가족만 망가뜨리면 천국은 꿈같은 이야기로 끝나게 되는 것이다.

가정은 정원을 가꾸듯 땅을 갈고, 씨를 뿌리고, 물을 주고, 하늘로부터 오는 햇빛과 바람과 비의 도움을 적절히 받으며 성장시키는 생명체다. 그것을 알아야 하나님 아버지의 가족 하는 마음을 알 수 있다. 가족을 이루기 위해서는 어느 것 하나 쉽지 않다. 하지만 가족만이 모든 어려움과 괴로움을 이겨내고도 남는, 유일하고 영원한 생명이다. 그래서 믿음과 소망과 사랑을 다해 가족을 지켜야 한다. 가족이 세워지기 위해 모든 것을 참으며, 모든 것을 믿으며, 모든 것을 바라며, 모든 것을 견딘다(고전 13:7).

우리는 어떻게 이 상감의 올무에서 벗어나 가족을 세워 승리의 깃발을 흔들며 승전가를 부르고, 전리품을 나눌 수 있을까? 우리는 오늘이 승리의 날로 계수되기 위해 움직여야 한다. 그렇지 않으면 사탄이 방해에 방해를 더할 것이다. 이 세상에서 자기가 이룬 악한 승리와 악의 보좌를 건강하고 행복한 가족에게 빼앗길 수 없으니 말이다.

가족 하는 꿈을 꾸자

언어 중에 가장 강력한 언어는 '가족 하는 능력' 언어다. 사탄은 가족이 아니다. 가족이 되어본 적이 없고, 가족을 해본 적도 없다. 그래서 사탄은 가족 하는 능력을 모른다. 사탄은 아비, 어미, 남편, 아내, 딸, 아들 그 어떤 것도 해본 적이 없다. 사랑도, 헌신도, 수고도 모른다. 오래 참음이나 기다림이나 온유함도 모른다. 사탄이 장딴지를 걸어 사람을 넘어뜨릴 때 그 사람이 가족 하겠다고 달려들면, 사탄은 반드시 진다. 왜냐하면 믿음 소망, 사랑과 같은 가족 하는 능력의 언어를 이길 수 있는 어력이 사탄에게 없기 때문이다.

착함, 양선, 의로움, 진실함, 희락, 화목, 화평, 정의, 공의, 공평, 평강, 기쁨, 인애, 자비, 오래 참음, 온유, 절제, 충성, 겸손, 평안, 안정, 예의 바름, 성내지 않음, 노하기를 더디 함, 오래 참음, 이김, 바람, 견딤과 같이 가족 하는 능력의 언어, 거룩하고 아름다운 가족 언어를 알지 못하기 때문에 그는 이미 졌다.

그러므로 가족들이여, 정신을 차리고 가족의 중요성을 깨닫자. 그리고 가족 하는 꿈을 꾸자! 가족 하는 능력을 발휘하여 모든 문제를 해결하고 마무리 짓자. 가족 하면 이겨낼 수 있다. 가족이면 이길 수 있다. 가족이기에 나눌 수 있다. 죽는다고 해도 가족을 위해 죽을 수 있어서 감사하는 마음이 든다. 그러니 어찌 그런 사람을 이 세상이 이길 수 있겠는가. 가족이기에 꿈꿀 수 있다. 우리가 가족 하는 꿈을 꾸는 순간, 사탄은 진다.

아버지는 나를 별로 좋아하지 않으셨다. 은미라는 자식이 있는지도 잘 모르셨던 것 같다. 브라질로 이민 가서 내가 기계자수로 돈을 벌기 시작했을 때 비로소 둘째 딸 은미가 있다는 사실과 그 아이가 말썽도 부리지 않고, 열심히 일해서 돈을 잘 벌어준다는 사실을 알게 되셨다. 그때부터 나는 조금씩 중요해지기 시작했다.

그러나 항상 그랬듯이 나는 다른 자식들보다 못한 자식이었다. 언니와 두 남동생이 언제나 나보다 더 중요했다. 나는 만 21세에 결혼했다. 부모의 돈주머니를 불려주는 아이에서, 다른 집 부모와 자식을 먹여 살리는 일꾼으로 자리를 옮긴 것이다. 두 딸이 시집을 간 후 엄마의 상황이 너무 나빠졌다. 아버지는 엄마를 의심하고 괴롭히기 시작했다. 엄마는 내가 결혼한 지 1년 만에 한국으로 가버리셨다. 아버지는 낙동강 오리알 신세가 되었다. 결혼한 지 5년 만에 시아버지가 작고하셨고, 그 후 우리는 시어머니를 모시고 미국으로 공부하러 떠났다. 계획한 것도 아닌데 누구 하나 접착제 역할을 하지 못해 한순간에 콩가루 집안이 되어버린 것이다.

우리 가족의 문제는 항상 아버지였다. 성질이 나쁘고 폭력적이고 가족을 위해 잘못한 것은 많으면서도 가장이라고 대접받기를 원하는 아버지, 존경하고 싶지만 존경의 대상이 아니었고, 사랑하고 싶은데 미워했다. 순종은 했지만 불신의 대상이었고, 함께하고 싶은데 언제 무슨 봉변을 당할지 몰라 가까이 가지 못하는 존재였다.

아버지에게 복음을 전하다

그런 아버지가 갑자기 주일 오후에 우리 집에 찾아오셨다. 내가 주일에 하루 종일 교회에서 일한다는 사실을 알면서도 말이다. 그 날 나는 교재를 집에 두고 와서 그것을 가지러 잠깐 집에 들렀는데 때마침 아버지가 그 시간에 찾아온 것이다. 아버지를 보고 수만 가지 생각이 스쳐갔다. 이미 아버지는 인사도 없이 집에 들이닥쳤고, 소파에 앉아 담배에 불을 붙이셨다. 아버지는 불편하거나 거북하면 먼저 담배부터 꺼내시는 분이었기 때문에 둘째 딸네 집에 오신 것이 얼마나 불편하신지 짐작이 갔다. 어쩐 일로 오셨는지 물어보지도 못했다. 사위가 목사고 딸이 사모인데, 주일 대낮에 느닷없이 찾아와 담배부터 피우는 아버지가 또 미워졌다. 어쩌면 이렇게 딸의 인생에 도움이 안 되는지, 하나님의 말씀대로 사랑할 수 없어 미움이 피보다 더 진해졌다.

아버지는 담배 연기 사이로 자신의 기구한 운명이 눈앞을 스쳐가기라도 하듯 자기가 얼마나 험악한 세월을 살고 있는지 말하기 시작했다. 자기가 이렇게 고생하며 사는 것은 죄가 많아 보속(補贖)하느라 그렇다고 하셨다. 그때 나는 뒤통수를 세게 얻어맞은 것 같았고, 뭔가에 홀린 듯 아버지의 말이 끊어지기가 바쁘게 대꾸하듯 아버지에게 말하기 시작했다. "아버지가 지금 고생하시는 것이 아버지가 죄가 많아 그 죄를 보속하기 위해서라면 예수님은 십자가에서 헛되이 돌아가셨습니다!"

나는 내가 이런 말을 아버지에게 하고 있다는 사실을 믿을 수가 없었다. 아버지가 무서워 눈도 똑바로 쳐다보지 못하는 내가, 아버지와 단둘인데 무슨 봉변을 당하려고 이렇게 아버지 말을 되받아치는지 정말 믿기지 않는 일이었다. 지금까지 봐오던 아버지의 눈보다 더 무서운 눈이 나를 노려봤다. 지금이라도 벌떡 일어나 폭력을 가할 것 같은 느낌이었다. 그러나 나도 틈을 주지 않고 말을 이어갔다. 죽으면 죽으리라고 작정한 순간이었다.

"사람이 아무리 선을 행해도 하나님 앞에서 모두 죄인이고, 죄인이 자기를 스스로 구할 수 없다는 것이 우리가 믿는 진리인데, 어째서 아버지는 자기 죄를 고생함으로 보속할 수 있다고 믿으시나요?" 나는 빠르게 복음의 요점을 정리하여 전해드렸다. "아버지, 혹시 이 시간 예수님을 구세주로 영접해주실 수 있나요? 아버지가 예수님을 안다는 것은 알지만, 저를 위해 예수 영접기도를 해주실 수 있나요?"라고 말하면서도 나는 '드디어 아버지 손이 내 뺨으로 날아오겠구나. 이제 아버지에게 맞아 죽는구나'라고 생각했다.

그런데 뜻밖에도 아버지가 이렇게 말씀하셨다. "해 봐라!" 나는 가능한 한 빨리, 짧게, 영접기도를 인도했고, 아버지는 내가 시키는 대로 따라 하신 후, "아멘" 하며 천주교 성호를 가슴에 그었다. 아버지가 집에 오시자 나는 남편에게 전화하여 교회에 갈 수 없다고 했다. 아버지를 잘 아는 남편은 자신이 가지 않아도 되겠느냐고 물었고, 나는 무슨 일이 있으면 곧 연락하겠다고 말했다.

주일에 딸이 얼마나 바쁜지 아실 텐데, 그 후로도 아버지는 가실 생각을 하지 않았다. 그래서 나는 이른 저녁을 차리기 시작했고, 최선을 다해 아버지를 섬겼다. 내가 아버지를 위해 음식을 차리는 동안 아버지는 목욕을 하겠다고 하셨다. 나는 조금 놀라고 이해가 되지는 않았지만, 욕조에 물을 받고 갈아입을 옷도 챙겨드렸다. 오랜 시간 목욕을 마치고 나온 아버지는 뽀얀 얼굴로 맛있게 밥을 드셨다.

아버지와 함께 드린 첫 예배

나는 오후 예배 시간이 되어 이제는 교회에 가야 하니 아버지도 그만 가셔야 한다고 알려드렸다. 그리고 어쩔 수 없이 "혹시 아버지, 저랑 교회에 가실래요? 저녁 예배 시간인데, 같이 예배드리고 집에 가실래요?"라고 말했다. 절대 불가능한 일이니까 그냥 해본 말일 뿐인데 생전 듣지 못한 말이 들려왔다. "그래? 그럼 한번 가보자!"

엘리베이터에서도, 함께 교회로 걸어가는 내내 나는 많이 불편했다. 눈을 어디로 향해야 하는지, 몸을 어디로 돌려야 하는지, 무슨 말을 해야 하는지, 손을 어떻게 하고 걸어야 하는지 모든 것이 거북하고 불편했다. 그때 다시 한번 엉뚱한 생각이 스쳐 지나갔다. '친 아버지인데, 친하지 않은 아버지, 손 한 번 잡아본 적 없는데 한 번 잡아볼까? 아니, 보통의 딸들처럼 아버지의 팔장을 한번 껴볼까?' 나는 지금까지 한 번도 해보지 않던 짓을 해봤다. 용기를 내어 아버지의 팔짱을 낀 것이다. 몇 발자국 걸어가는데 아버지가 눈물을 훔치는 모습을 보았다. '아버지도 딸의 정이 그리우셨구나. 나만 아버지의 정이 그리웠던 게 아니구나. 우리 모두 서로를 그리워했구나. 그러면 우리는 왜 이렇게 불행하게 각자 외로워하며 살았지?' 우리는 서로 보이지 않게 눈물을 훔쳤고, 영원한 길을 걷듯 교회로 갔다.

처음으로 아버지와 딸이 예배의 한가운데 앉아 있었다. 아버지와 함께 예배를 드리다니 나는 감격해서 눈물이 멈추지 않았다. 오랜 기도가 15년 만에 이루어진 것이다. 그날 목사님이 말씀을 전하셨는데, 다리를 꼬고 앉아 계셨던 아버지는 반대쪽으로 다리를 꼬며 "아! 말 잘한다. 정말 말 잘하네!" 하며 연신 감탄사를 날렸다.

아버지의 큰 소리 반응에 너무 창피해서 어쩔 줄 몰라야 하는 게 정상인데, 나는 그것이 아버지 식의 "아멘"이라는 것이 느껴졌다. 그래서 오히려 정말 기뻤다. 누가 이런 마음을 이해할 수 있으랴! 예배를 마치자 아버지는 예배당을 나가시며 담배에 불을 붙이고 날 돌아보며 한쪽 손을 높이 올리고는 간다고 하셨다. 그날 밤 아버지는 심장마비로 돌아가셨다.

이 경험은 하나님이 내게 주신 영원의 선물이었다. 그동안 아버지로 말미암아 막혀 있었던 모든 과거를 청산할 수 있었기 때문이다. 더 이상 아버지 운운하며 상처에 주저앉아 있을 이유가 없어졌다. 아버지가 내게 남겨준 이 짧은 경험은 아버지와의 다른 모든 악하고 힘든 경험을 무산시켰다. 그리고 나는 새로운 꿈을 꾸게 되었다. 1995년 11월 '아버지학교'를 창설할 수 있게 된 것이다.

꿈의 시작

1995년 1월, 남편 황은철 목사가 서울 온누리교회에서 부목사로 섬기게 되었다. 나와 두 자녀 모두 갑자기 한국으로 가게 된 것이다. 2년 동안 한국 교회를 섬기며 목회를 배우고 오라는 상파울루 동양선교교회 당회원들의 요청이자 바람이 있었다. 그렇게 한국 생활을 시작하면서 엄마도 다시 만나게 된 것이다. 부산에서 작은 가게를 하며 살고 계셨던 엄마는 작은 트럭에 이삿짐을 싣고 무작정 나와 같이 살겠다고 올라오셨다. 한 번도 물어보거나 의논하는 절차를 밟지 않은 부모님. 부모님의 집행 행위는 여전했다.

우리는 방 두 칸에 삼대가 살게 되었다. 누구에게 드러내놓고 말할 수 없는 엄마와의 동거, 서먹한 관계, 그러나 엄마는 아무 일도 없었던 것처럼 언제나 그랬듯이 나를 생각하지 않고 모든 일에 앞장서서 우리 가족을 진두지휘해 나가셨다. 나는 또 자녀들 앞에서, 남편 앞에서 별 힘도 없고, 쓸모도 없는 존재가 되어버린 것이다.

그렇게 몇 달이 지나갔다. 이렇게는 안 되겠다 싶어 뭔가 하기로 작정했다. 둘 다 박사 학위를 받았는데 교회에서는 부목사나 사모의 전공에 대해 별 관심이 없었다. 그래서 나는 5월 초 하용조 목사님께 편지를 썼다. 그로부터 나는 두란노 어린이 연구원을 개설하여 원장으로 일하게 되었다. 6월부터 3개월의 시장 조사를 통해 개설할 학교들을 성실히 준비했다. 9월부터는 태아교육세미나, 대화학교, 아버지학교를 차례로 개설하게 되었다.

나는 본격적으로 가정 사역을 펼쳐나가기 시작했다. 아버지와의 화해의 경험과 엄마와의 회복의 경험이 없었다면, 절대로 일어날 수 없는 사역들이었다. 엄마는 전적으로 아이들을 돌봐주셨고, 가정 살림을 도맡아주셨다.

우리 가족은 1995년 1월 초에 한국에 도착했다. 더운 브라질에서 살다보니 겨울옷이 하나도 없었는데, 여름옷을 아무리 겹겹이 껴입어도 따뜻하지 않다는 사실을 그때 알게 되었다. 새벽예배를 가기 위해 이태원 보광동에서 서빙고동까지 걸어가던 그 길과 살을 에는 듯한 추위가 지금도 선명히 기억난다.

새벽 기도회에 빠지지 않고 참석하는 것이 내게 너무 큰 일이었다. 하루는 남편과 내가 동시에 울음이 터진 날이 있었다. 남편은 자기 아버지가 보고 싶다고 울고, 나는 아버지의 나쁜 언행들이 다시 생각나서 울었다. 그 와중에 기도하면서 나는 잊지 못할 환상을 보게 되었다. 아버지들의 큰 무리를 보았고, "주님, 제가 아버지입니다!", "아버지가 살아야 가정이 산다!"라는 함성을 듣게 된 것이다.

나는 내가 모르는 세계를 꿈꾸기 시작했다.

그 후 이 두 함성이 '아버지학교'를 창설하는 중요한 슬로건이 되었다. 그 두 기둥 언어가 IMF로 좌절해 있던 대한민국의 아버지들을 살리고 일으키기 시작했다. 나를 꿈꾸게 하신 하나님의 비전은 나의 한계를 넘어서게 하셨다. 하나님은 상황을 만들어가셨으며, 상처를 딛고 일어나 아버지에 대해서 솔직 담백하게 말하고, 아버지의 중요성을 선포하게 하셨다. 하나님은 나같이 보잘것없는 사람을 또 다른 도구로 사용하기 시작하셨다.

아버지학교는 주의 은혜로 내가 창설하기는 했지만, 나의 학교가 아니었다. 하나님은 아버지학교가 아버지들의 운동이 될 것이라고 말씀하셨고, 아버지들에게 맡기라고도 말씀해주셨다. 나는 1996년 한 해 동안 5회의 아버지학교를 했다. 전체 6회를 마치고 나서 나는 팀에게 아버지학교와 아버지운동을 맡기고, 2년 만인 1997년 모 교회인 브라질 상파울루 동양선교교회로 돌아왔다. 그 후 남편은 동양선교교회 담임목사가 되어 그로부터 21년간 담임목회 사역을 했고, 만 56세에 은퇴하면서 선교사로 파송을 받아 지금 한국에 나와 있다. 은퇴 후 북경을 베이스로 삼아 평양으로 들어가려 했으나 지금은 그 길이 막혀 북한에 들어가지 못하고 있다. 나는 생각지도 않게 2020년 레헴 가정생활연구소를 열게 되어 다시 본격적으로 가정 사역을 시작하게 되었다.

꿈꾸지 못하던 아이의 꿈

나는 생존하는 아이, 꿈을 꾸지 못하는 사람으로 성장했다. 나에게 꿈은 사치스러운 것이고, 나는 그런 사치를 부릴 만한 여유가 없었다. 그런데 예수를 믿고 가정 사역이라는 단어를 듣게 된 순간부터, 나는 건강한 가족을 꿈꾸게 되었고, 레헴 가정생활연구소를 통해 가정해부학을 기초로 삼아 가정을 시스템으로 가르치고 있다. 24개 과목을 4학기 2년 동안 가르치며 대화 사역자를 양성하는 것이 꿈이다.

상담자를 만나는 것은 자기가 문제가 많은 사람처럼 보이기 때문에 조금 꺼리는 일이 되지만, 대화 사역자를 만나면 쉽게 마음을 풀고, 얽힌 상감을 풀어낼 수 있는 매우 중요한 소통 사역자로서 영향력을 끼칠 것이다. 우리에게도 가정마다 학교마다 기업마다 이 대화 사역자가 필요하다. 상담을 받기 전에 대화 사역자를 만나 먼저 마음을 풀고, 그다음에 상담자를 만나면 문제 풀이가 더욱 수월해질 수 있다.

시니어를 위한 아보트학교도 시작되었다. 우리나라는 이미 인구 절벽이 현실이 되었다. 그 수가 적은 젊은이들을 귀히 여겨야 한다. 하지만 정말 구체적으로 잘 계획해야 할 중요 사항은 노인의 노동력이다. 60에서 80세까지 노인의 노동력을 잘 활용할 수 있는 일자리 창출에 힘써야 한다. 교회의 회복과 함께 노인을 깨우고 노인을 바로 세울 할아버지 할머니들을 위한 놀라운 학교가 준비되어 있다. 그 밖에도 가족 캠프와 청소년 캠프, 부부 캠프 등 건강한 가정 시스템을 위해 필요한 자원들을 제공하는 일에 최선을 다할 것이다.

나는 만 63세에 수영을 배웠다. 이제 자전거도 배울 것이다. 그리고 레헴을 통해 대한민국과 열방이 건강한 가족 세상이 되기를 꿈꾸고 있다. 초고령화 시대를 맞아 시니어를 위한 아보트학교도 열심히 섬길 것이다. 교회들이 이 사역에 함께하여 노인이라는 뉴 제네레이션, 한 번도 살아보지 않은 새로운 세대, 죽고 싶어도 죽을 수 없는 백세시대를 어떻게 살아가야 하는지 알려주어야 한다. 살아 있는 조상으로 '아보트'로, 노인을 일으켜 세워야 이 나라가 산다. 섬김을 받기만 하는 노인으로 그냥 주저앉혀서는 안 된다. 오늘을 살아갈 사명을 주고, 역할과 기능을 부여해주어야 한다. 노인들이야말로 그런 세상을 살아온 장본인들이 아닌가.

오늘도 지속적으로 꿈을 꾸는 것이 나의 최선의 사명이다. 꿈꾸기를 쉬지 않아야 한다. 오늘도 미련한 나의 뒤통수를 치시며, 그 순간 꼭 해야 할 것을 깨달아 이루게 하시는 하나님을 손들어 찬양한다. 멈춰 서있는 나의 등을 떠밀어 앞으로 나아가게 하시는 하나님을 온 맘 다해 사랑한다.

나는 오늘도 하나님이 주시는 꿈을 꿔야 한다

류마티스 관절염의 아픔을 머금고 있는 나에게, 지속적으로 꿈을 꾸라고 그 길을 재촉하시는 하나님께 온몸과 마음을 숙여 감사한다. 불가능한 일임에도 순종만 하면 길을 내시고, 가능케 하시고,

성취하게 하시는 하나님이 한없이 사랑스럽다. 하나님의 꿈을 꾸면 반드시 그가 이루어 가심을 알게 하신다.

내가 억만장자가 되겠다고 꿈을 꾼다면 그것도 이루어주실 것이다. 그렇지만 그것은 내 꿈이 아니다. 나는 가족을 살리는 꿈을 꾼다. 온통 거기에 쏠려 있다. 어떻게 가족을 잘 살게 할 것인가에 대해 고심한다. 더욱 건강한 가족 세상을 꿈꾸게 하시니 얼마나 감사한지 모른다.

나는 친정 부모님과 형제들을 구원하는 꿈을 꿨다. 나는 턱없이 부족하여 내 말을 들을 사람이 없다고 믿으며 살았다. 15년을 기도하던 어느 날부터 하나님은 한 사람씩 주님의 품으로 가족을 데려오기 시작하셨다. 나를 사용하셨고, 나는 그 큰 영광을 입었다.

나는 오늘도 가정을 잘 설명할 수 있기 바라는 꿈을 꾼다. 가정을 시스템으로, 그 작동 방법을 잘 설명하여, 사람들이 그 악의 올무에서 빠져나오는 지혜를 얻기를 소망한다. 점점 더, 조금씩 더, 지식을 주시고, 총명을 허락하시고, 명철도 주셔서 이해하게 하신다. 지혜를 구하니 넘치도록 주시고, 상상할 수 없는 관계의 비밀들에 대해 눈을 열어주셨다.

아버지 때문에 얻은 억울함이라는 나의 주제 상감이 은혜로 말미암아 해결되면서 모든 것이 다 내가 만들어내는 자작극이라는 것도 알게 하셨다. 가족과 가정의 비밀이 더욱 환하게 열리기 시작한 것이다. 내가 류마티스 관절염으로 바닥을 헤매고 있을 때, 하나님은 가정에 대한 거룩한 지식과 지혜로 내게 한층 더 진한 사명의 기름을 부어주셨다. 그래서 나는 오늘도 꿈을 꿔야 한다.

이제는 또 다른 불가능한 꿈을 소망하며 기도한다. 가정 사역의 플랫폼을 만들어가는 꿈이다. 모든 가정 사역자들이 같이 공부하고, 연구하고, 정보를 나눌 수 있고, 누구든지 부르심이 있다면 필요한 훈련을 받을 수 있도록 전 세계에 흩어져 있는 가정 사역자들이 연대하는 것이다. 아직도 부족하고 연약하지만, 내게 꿈을 주시면 반드시 주가 이루신다는 믿음이 생겼다. 그래서 오늘도 내 얼굴에서 미소가 떠나지 않는다. 우리 부부나 자녀들 역시 여전히 점과 흠투성이지만 그것이 무슨 대수인가. 꿈을 주시고 그 꿈을 꾸게 하시는 것을 막을 수 있는 것은 이 세상에 없다. 하나님이 쓰시겠다고 마음만 먹으면 나귀도 입을 열어 말하게 하시지 않는가.

상감은 하나님이 주시는 선한 꿈을 꾸면 저절로 없어지는 것들이다. 생각도 나지 않게 하신다. 그들의 존재의 값이 없어진다. 더 이상 내 속에 그들의 자리가 없다. 꿈을 꾸라. 진하게 꿈을 꾸라! 꿈을 먹고, 말하고, 살아라.

상감은 나의 모든 꿈을 삭제해왔지만, 꿈꾸는 자에게는 반드시 믿음과 소망과 사랑이 따른다는 사실도 알게 되었다. 꿈은 희망을 살찌우고, 믿음의 불을 지핀다. 창조가 일어나고, 아들이 탄생하며, 가족이 건강해진다. 꿈꾸는 자 요셉이 상감을 이긴 이유가 바로 여기 있다. 이제 나도 꿈꾸는 자의 대열에 들어섰다. 오늘 내 나이 만 63세다. 이제부터 또 다른 인생을 시작한다.

세월을 아껴라

사람은 각자에게 주어진 시간만큼 산다. 그래서 사람에게 시간은 그 자체가 기회다. 조금 전까지 내가 어떤 수모를 당하고, 어떻게 마음이 상했는지 상관없이, 새 시간과 새로운 상황에 적응하는 능력이야말로 이 험악한 세상을 이기는 가장 좋은 방법이자 세월을 아끼는 비법이다.

상처나 아픔이나 고생이나 고난에 닻을 내려 그곳에 멈춰 서지 않는 비법 말이다. 자기 성찰의 시간을 갖되 과거와 상처가 오늘 그리고 지금 반복되지 않도록 홍해를 멈춰 세우고, 그 험악한 바다를 가로질러, 주가 인도하는 광야로 나아가는 연습과 훈련 말이다. 그래야만 산다. 그래야 과거와 그 상처의 노예가 되지 않는다.

자기에게 유익하지 않을뿐더러 전혀 보호해주지 않고, 언제 어떻게 침몰될지 모르는 그 상처의 바다에서 잠시 머물러 물장난이라도 하겠다는 생각조차 하지 말아야 한다. 애굽 병사들을 수장시키듯 상처의 갑옷을 입은 과거의 병사들을 수장해버려야 한다. 자신은 '그럼에도 불구하고'의 전신갑주를 입고 그럼에도 불구하고 주어진 오늘을 잘 살아내기 위해 하늘의 은혜와 지혜와 능력을 한껏 사용할 줄 아는 신앙적 처세술이 필요하다.

우리는 반드시 처해 있는 어려운 상황을 극복하고 일어서야 한다. 어려움이 닥친 순간, "주님! 도와주세요! 주님, 앞서 행하세요! 주님, 선한 뜻을 이루세요!"라고 기도하며 선포하라. 장애물이 많은 그 길을 뚫고 앞으로 나아가야 한다. 장애물은 하나님께 올려드릴 또 하나의 제물이요 간증 거리일 뿐이다.

사랑하는 가족들이여, 세월을 아끼자! 우리에게 주어진 가장 소중한 자원은 '오늘'뿐이다. 오늘은 하나님이 우리에게 보내주시는 24시간짜리 낱장 영원이다. 내게 주어진 오늘을 잘 살아내면 내일은 미소 짓는 오늘로 다시 다가와 있을 것이다. 매일매일 열심히 살아도 좋아질 낌새가 없다는 말에 속지 말라. 절대 그럴 수 없다. 뭔가 좋아져 있고, 뭔가 달라져 있다.

세월은 절대 속일 수 없다. 매일 영어 한 단어씩 외운 사람과 외우지 않은 사람의 10년 후는 차이가 나는 것과 같다. 우리가 살아낸 오늘을 모아보자. 행복한 오늘이 많이 모아지면 행복한 인생이 되는 것이다. 그러므로 세월을 아끼자.

술 취하지 말라 이는 방탕한 것이니 오직 성령으로 충만함을 받으라

엡 5:18

성경은 술에 취하여 허송세월하는 것이 세월을 아끼는 것에 반하는 행동이라고 말해준다. 우리는 주어진 오늘을 값지고 복되게 살아야 할 충분한 자격이 있다. 그러니 변명하지 말고 절대 빼앗기지 말자. 오늘을 귀히 여기고, 전심전력하여 살아내자. 주를 위하여! 주와 결혼하기 위하여!

새로운 출발선에 서라

나에게는 탄생 자체가 잘못된 출발점이었다. 아들이 아니라는 사실 때문에 아무리 말 잘 듣고, 눈치 잘 보고, 일 잘하고, 공부 잘하고, 뛰어난 재능이 있다 해도 나는 그냥 마이너스 딸이었을 뿐이다. 그러다가 만 15세에 이민을 가서 19세에 야간 고등학교에서 만난 친구, 황은철을 통해 예수를 영접하게 됨으로써 새로운 출발점을 갖게 되었다. 나는 그와 결혼했다. 나를 예쁘고 사랑스러운 여자로 봐주는 남편, 나를 볼 때마다 예쁘다고 해주시던 시아버님, 그리고 하는 것마다 잘한다고 감탄과 감동을 멈추지 않으셨던 시어머니를 만난 후 나는 다른 삶을 살기 시작한 것이다. 나라는 존재 자체가 플러스가 된 삶이 실제 시작된 것이다. 내가 있어서 복이 되고, 나 자체가 좋고 사랑스럽다는 은철이 가족에게 나는 처음으로 진정한 가족을 느꼈다. 나는 순간순간 행복을 느꼈다.

나는 여전히 상처투성이였지만 이제는 매일 새롭게 다가오는 오늘이 기다려졌다. 새벽에 묵상한 하나님의 말씀이 오늘을 살아갈 시나리오가 되었고, 나의 하루는 그 시나리오대로 살아가는 연극이었다. 물론 힘들고 괴로운 일들이 지속적으로 날 공격해왔지만, 그럼에도 불구하고 복 되고 행복한 순간들을 수집할 줄 아는 새로운 사람의 연습을 시작한 것이다.

나는 너무 연약했기 때문에 하나님이 새로운 환경을 조성해주심으로써 확연한 새 출발을 할 수 있게 해주셨다. 혹 당신은 그렇지 못하다고 생각하여 좌절하지 말기를 바란다. 하나님이 당신을 나보다 더욱 믿으시기 때문일지도 모른다. 새 출발이 필요하다면 오늘부터 첫 날을 선포하고, 예수의 이름으로 자기를 축복하고, 새날을 시작하면 된다. 하나님 아버지가 이를 원하신다. 자기 스스로 새날을 시작한다면 성령이 얼마나 기뻐하시겠는가? 능동적으로 새사람을 연습한다면 성령이 기쁨을 이기지 못하실 것이다.

새롭게 시작하기를 두려워하지 말라. 혹 시작했다가 실패한다면 곧 또다시 시작하면 된다. 실패할 때마다 곧 다시 시작한다면 새사람은 더욱 강건해진다. 생활 근육이 튼튼해진다. 매 순간 곧 다시 시작하는 그 자체가 복임을 명심하자.

결혼은 공식적으로 선포하는 새로운 출발점이다. 그러나 보통 실수와 실패가 결혼생활 공식에 포함되어 있다는 것을 간과한다. 그래서 차이가 문제를 만들 때 사랑이 아니었다거나 사랑하지 않는다는 답을 얻게 된다. 서로 다른 두 사람이 만났기 때문에 같은 경험도 다르게 해석할 수밖에 없다는 것을 간과하는 것이다. 새 출발이 온통 핑크색으로 물들어 있기를 바라는 어리석은 계산 때문이다.

새 출발이 불행을 향해 가지 않지만, 불행한 순간도 있다. 그렇다고 어둠 속에서 헤매지 말자. 우리는 빛의 자녀들처럼 낮에 행하는 공식을 사용해야 한다. 사건을 풀 때 그 사건보다 해석이 더 커서는 안 된다. 좋게 해석하는 것도 좋지만, 나쁜 것을 배가시키는 해석은 내려놔야 한다. 한 사람의 건강이란 사건과 해석의 값이 같을 때만 일어나는 결과다. 오늘을 어떻게 살아갈지 그 결정권이 당신에게 있고, 그 값이 당신에게 있다는 사실을 명심한다면 모든 상황은 나보다 작기 때문에 풀어갈 수 있다는 믿음으로 새 출발선의 선을 그어야 한다.

"자, 그럼 시작해볼까!"라는 말과 함께 선택하고, 결정하고, 그에 대한 정당한 값을 치르면 되는 것이다. 누군가 당신의 출발선을 그어주는 일은 없기를 바란다. 모든 선택과 결정은 스스로 하는 것이다. 당신의 인생을 남이 주장하도록 내주지 말라. 만약 그렇게 했다면 원망 없이 그 값을 치러야 한다. 결국 자기 인생은 자기가 사는 것이니 누가 뭐라 해도 복되고 보람 있는 인생을 설계하고, 그렇게 살기를 소망하면 되는 것이다.

당신이 그은 새 출발선이 그 누구에게도 악이 되지 않기를, 그리고 당신에게 정말 풍성하고 형통한 삶이 되기를 축복한다. 세월을 아끼자. 할 일이 많고 후손들에게 남겨야 할 일도 많다. 상감과 싸워 승리하자!

거룩하고 건강한
사랑의 언어

4

10
아버지의 감성은 사랑이다

감성의 기능과 능력은 사람이 하나님의 형상과 모양으로 만들어졌을 때 기본 기능으로 주어진 도구적 능력이다. 죄로 말미암아 그 기능과 능력을 제대로 사용할 수 없어 망가진 우리의 삶을 생각하면 속상하기 그지없다. 무엇보다 우리는 먼저 감성에 속한 언어들을 장착시키고, 상황이 발생했을 때 그 언어들을 사용하여 새로운 삶의 영역을 넓혀나가는 데 열정을 쏟아야 한다.

감성 언어는 다른 나라의 언어를 배우듯 알파벳부터 배워야 한다. 알파벳을 안다고 영어를 말할 수 있는 것은 아니지만, 알파벳이 단어를 만들고, 문장을 만들고, 문단을 형성하는 기본 세팅을 제공한다. 감성 언어도 마찬가지다. 그 과정은 영어를 배우듯 느리고 시간이 걸릴 수 있다. 그러나 외국어를 배우듯 서두르지 말고, 천천히, 일관성 있게, 반복적으로 지속하면 시스템화되어 어느 날 자기 언어가 되어 있을 것이다.

이 세상은 누구나 할 것 없이 자기 선악으로 판단하는 시스템이 작동한다. 에덴동산에서 선악을 알게 하는 나무의 열매를 따 먹은 아담 부부 때문에 일어난 결과적 현상이다. 그래서 세상은 영원과 물질, 빛과 어둠, 하늘과 땅, 낮과 밤, 남자와 여자 등 대칭 구조로 작동한다. 그 선악의 대칭 구조 안에서 감성과 감정의 작동 방법을 살펴보고자 한다. 건강하고 형통하게 살기 위해 감성 능력 시스템을 클릭하고, 가능한 대로 상감 시스템의 클릭을 피하는 새로운 수고를 감당해보자. 곧 인생이 달라지는 것을 확연하게 경험할 것이다.

사랑, 가장 큰 감성이며 능력이다

감성은 엄청난 능력이다. 그중에서도 사랑은 가장 으뜸 되는 감성이요, 가장 큰 감성이요, 가장 큰 능력이다. '거룩하고 건강한 사랑'을 기준으로 인간의 희로애락을 풀어간다면 이 세상에는 그 사람을 이길 수 있는 다른 능력이 없다. 그 사랑이 하나님을 아버지 되게 했고, 독생자 예수를 십자가에서 죽게 하심으로써 그 아들을 믿는 자마다 아들 안에서 영생을 얻어 영원토록 아들로 살게 하신 것이다. 아무리 상하고 변질된 감정이라도 사랑받는 하나님의 아들이 된 사람을 이길 수는 없다. 그 진리만 안다면 넘어져도 하늘을 바라보며 다시 일어설 수 있다. 혹 넘어졌더라도 누구보다도 복원 능력이 빠르다. 생명의 힘과 능력이 솟구쳐 오르기 때문이다.

일관성 있는 거룩하고 건강한 사랑은 관계 속에서 쌍방의 신뢰를 쌓고, 그 관계를 단단하게 굳혀준다. 거룩하고 건강한 사랑은 순종하지 않는 것이 어렵고, 수고하지 않는 것이 힘들다. 아내가 순종하지 않는다고 투덜거리기 전에, 남편이 자기를 믿지 않는다고 불평하기 전에, 먼저 이 사랑을 실천해보라. 상처를 불러오는 자기 모국어가 아닌, 하나님 아버지의 모국어로 생활해보라.

하나님의 거룩하고 건강한 사랑의 언어로 대화해보라. 그냥 져보라. 지는 것 같지만 이기고, 손해 보는 것 같지만 계산할 수 없는 유익이 따라온다. 자기 값이 올라가고, 관계의 값이 건강해지는 것을 확연히 깨달을 것이다. 서로 사랑하고, 감사하고, 존중하며, 피차 복종하는 사랑을 알게 될 것이다. 먼저 희생하고, 먼저 사랑의 값을 치러보라. 그러므로 감성을 대처할 수 있는 한 단어가 있다면 그것은 거룩하고 건강한 사랑이다. "하나님은 사랑이시라"라는 한 구절로 하나님 당신이 어떤 분인지를 설명하는 '사랑' 말이다.

사랑은 가족 하는 능력의 언어다. 거룩하고 건강한 사랑이 가동되면 모든 것이 가능해지고, 좋아지고, 기뻐지며, 희망이 넘치게 된다. 거룩하고 건강한 사랑을 기준으로 선악은 정확히 나뉘고, 왜 화를 내야 하는지, 왜 슬픈지, 왜 즐거워하는지, 왜 화가 나는지 확실하게 구별된다. 거기서부터 모든 감성이 발전하고 파생된다. 왜 혐오해야 하는지, 왜 경멸해야 하는지, 왜 오열하고, 애통해야 하는지가 명확해진다. 거룩하고 건강한 사랑이야말로 새로이 가동되는 감성의 기준이어야 한다. 그래야 하나님의 감성이 어떠한 것인지 깨달을 수 있다. 하나님을 전심전력을 다해 사랑하고, 이웃을 내 몸같이 사랑하는 것, 그것이 거룩하고 건강한 감성의 베이스요, 거기가 감성의 출발점이다.

이 세상은 하나님의 사람-사랑 때문에 창조되었으며, 그 사랑 때문에 모든 것이 이루어지며 결론이 날 것이다. 흙으로 지은 사람을 영원한 하나님의 아들이 되게 하여 영원에서 영원토록 같이 살기 원하시는 하나님의 마음을 이 사랑이라는 단어 하나로 설명이 가능하다는 뜻이다. 하나님은 사랑이시다! 다른 어떤 단어도 대체할 수 없을 만큼 이 정의는 그 자체로 만족스럽다. 그래서 사랑을 가장 크고 강력한 감성이요, 가장 큰 능력이라고 정의한다.

아버지와 아들이라는 하나님의 영성

감성은 새사람에게 주어진 최강의 생활 도구요, 최고의 무기다. 누가 이것을 어떻게 사용하느냐에 따라 인생이 좌우되고, 세상도 변한다. 그래서 감성은 반드시 선한 영성의 영향력 아래 풀어져야만 한다. 그렇지 않으면 감성을 풀어낸 후 자기가 성자가 되고 신이 되는 이단적 현상들이 발생하기 때문이다.

영성이란 한마디로 가치다. 가치성, 가치관, 가치 시스템, 그 존재 값을 나타내는 에센스, 그것이 영성이다. 사람의 영성, 그 존재 값은 하나님의 아들, 예수 그리스도다. 예수의 영성은 당연히 하나님 아버지다. 그리고 하나님의 영성을 묻는다면, 당연히 아들이다. 우리에게 나타나신 하나님은 아버지와 아들이시기 때문이다. 그 관계는 사랑으로밖에 표현할 수 없다. 하나님은 사랑이시다.

사람은 절대 상한 감정으로 자기 값을 내지 못한다. 아무리 더 좋은 값을 내려 해도 상한 감정은 상한 자기 값밖에 드러내지 못한다. 따라서 예수, 하나님의 아들 안에서 새로 태어나는 새사람은 하나님의 오리지널 감성으로 리셋되고 재부팅되어야 한다. 영성이 가치라면 감성은 그 가치를 드러내는 능력이다. 가치만큼 감성인 것이다.

그러면 하나님께 믿음이 영성일까? 절대 아니다! 전지전능하신 하나님이 알지 못하고 보지 못해 믿어야만 할 것이 있겠는가. 믿음은 영원 세상을 모르는 사람에게 필요한 언어적 도구와 기능이지, 하나님의 필요 언어가 아니다. 그럼 하나님께 영성이란 무엇일까? 당연히 하나님의 값을 드러내는 것이고, 그것은 당연히 하나님이 사람의 아버지가 되신 이유요, 원인이다. 하나님의 독생자, 우리의 구세주요, 그리스도이시며, 주요, 신랑이신 예수가 하나님의 값이요, 가치다. 예수 안에서 바라 프로젝트가 실현된 것이다. 그것이 하나님의 존재의 값이요, 가치요, 가치관이며 영성이다.

이 세상 어떤 신이 사람을 사랑하는가? 이 세상 신들은 자기보다 열등한 사람을 부릴 수 있는 어떤 것으로 취급하지, 스스로 사람의 아버지가 되어 사람을 자기 닮은 아들이 되게 하지 않는다. 사람을 자기와 같은 신의 종류가 되게 하여 가족으로 영원토록 함께 살게 하지도 않는다. 죄를 짓고 이미 자기 뜻에서 벗어난 사람을 위해 뜻을 정하고, 길을 정하고, 방법을 정해, 스스로 사람이 되어, 사람으로 생활하시고, 십자가에서 죽어, 자기의 피 값으로 사람을 죄와 악에서 구하고, 죽음에서까지 구하지 않는다. 어떤 죄와 악이라도 그 존재 값을 떨어뜨리지 못하도록 아들이 되고, 아들의 권세까지 주어 죄가 절대로 이 아들을 건드리지 못하도록 만들었는가? 어떤 다른 신도 아버지가 되어 그리 행한 신은 없다.

믿기만 하면 되는 길은 쉽다. 믿으면 시작되는 아들의 길. 하나님이 아들을 얻기 위해 시작한 길이기에 믿기만 하면 시작되는 쉬운 길이다. 자기의 아들 됨을 깨닫고 아들의 길로 들어서기만 하면 되도록 아버지의 마음으로 모든 것을 쉽게 세팅해놓은 참 좋으신 아버지, 그분의 마음을 알면 그 길은 너무 쉽고 좋은 길임을 깨닫게 된다.

하나님의 영성, 하나님께 가장 중요한 가치는 당연히 예수다. 아버지의 값은 아들이다. 아들이면 다 용서되고, 다 치유하고, 다 회복시키고, 다 세워주고, 다 성장하고, 예수 그리스도의 장성한 분량이 충만한 데까지 이르도록 도우신다. 이것이 하나님이 생명을 걸고 시작하신 바라 프로젝트요, 바라 시스템이다.

하나님의 가치 = 아들과 가족

하나님께도 풀리지 않은 사연이 있다. 사람을 사랑해서 시작된 바라 프로젝트가 사탄의 훼방으로 사람이 거짓의 아비인 사탄의 종이 되는 길에 들어서서 돌아설 줄 모르는 것이다. 그것이 풀리지 않은 하나님의 사연이다. 하나님은 사람 누구라도 사탄의 종으로 그 인생을 마감하기를 원치 않으신다. 사람의 존재 목적이 하나님의 아들이 되는 것이기에, 하나님은 아직 아들이 되지 않은 사람이 오늘도 목에 걸린다.

하나님의 영성은 사랑의 감성으로 풀어진다. 아들의 능력은 사랑을 풀어내는 것이다. "그는 선하시며 그 인자하심이 영원함이로다", "여호와는 은혜로우시며 긍휼이 많으시며 노하기를 더디 하시며 인자하심이 크시도다" 등의 묘사는 하나님의 가치가 감성 언어로 표현된 것이다. 전지전능하시고, 무소부재하시고, 영원불변하신 하나님이 왜 선하셔야 하며, 왜 인자하셔야 하며, 왜 긍휼하셔야 하며, 왜 노하기를 더디 하셔야 하며, 왜 오래 참으시고, 왜 용서하시고, 왜 하나 되기를 원하시고, 왜 화목하기를 원하시겠는가. 그 가치가 아들이요, 가족이기 때문이다.

사랑은 하나님의 가치(독생자)에 대한 최고의 표현이요, 최강의 감성이다. 사랑이야말로 하나님 아버지와 사람 아들의 관계를 가장 잘 표현할 수 있는 언어다. 바라 프로젝트가 시작될 때 사랑이라는 단어도 함께 창조됐다. 사탄은 이 사랑을 알지 못한다. 그래서 시기하고 질투하고, 경쟁도 불사한다. 가족을 얻기 위해 무조건 주고, 희생하고, 섬기고, 봉사하는 그 섬김과 수고로움을 모른다. 아들을 창조하기 위해 가족 하는 능력을 창조하신 하나님의 마음을 모른다.

사탄은 사람이 죽듯 십자가에서 사람-예수를 죽이면 다 끝나는 줄 알았다. 그러나 사탄은 자기 아들을 죽일 수 없는 아버지의 마음을 모른다. 절대 죽을 수 없는 생명의 능력을 알지 못한다. 가족하기 위해서 부활해야 하는 사정을 모른다. 사탄의 계산기로는 절대 나오지 않는 사랑의 능력이기 때문에 사랑 앞에서는 그 계산기가 고장 난다.

죽음을 이기고 부활 승천하셔서 신랑으로 다시 오시는 예수! 그리고 우리와 결혼하실 것이다. 아버지와 아들의 관계는 일촌으로 간격이 있다. 그래서 그 간격마저 없애려고 결혼하는 것이다. 부부는 무촌으로 존재적 거리가 없다. 아버지와 아들로 같은 종류임을 증명하시고, 부부로 그 존재의 질과 격과 값이 동일함을 증명해주시는 것이다. 반드시 거쳐야 하는 통과의례다. 얼마나 놀랍고 완벽한 하나님의 배려요, 계획인가!

하나님은 사랑이시라

"하나님은 사랑이시라." 이 문장 하나가 복음을 이해하도록 인도한다.

예수께서 이르시되 네 마음을 다하고 목숨을 다하고 뜻을 다하여 주너의 하나님을 사랑하라… 네 이웃을 네 자신같이 사랑하라 하셨으니 이 두 계명이 온 율법과 선지자의 강령이니라 마 22:37-40

이것이 사랑이 가장 중요한 영적 감성이요, 이 세상에서 풀어져야 할 아버지와 아들의 능력임을 말씀하신다. 하나님의 주제 감성은 사랑이다. 여기서부터 다른 모든 감성이 풀어진다.

창세기 22장 2절에 처음으로 사랑이라는 단어가 나온다.

여호와께서 이르시되 네 아들 네 사랑하는 독자 이삭을 데리고 모리아 땅으로 가서 내가 네게 일러준 한 산 거기서 그를 번제로 드리라 창 22:2

하나님은 아브라함에게 기적의 아들, 이삭을 주셔서 아들을 사랑하는 아버지의 마음을 알게 하신다. 그런데 그 사랑하는 독자를 죽여 번제로 바치라는 명령을 하신 것이다. 낳을 수 없던 아들을 기적적으로 주시더니, 이제 와서 사랑하는 아들을 번제로 바치라니….

그러나 하나님은 아브라함이 아들을 사랑하는 아버지의 마음을 이해하기를 바라셨다. 아버지의 아들이 아니면, 죄악과 거짓의 길에서 사탄의 자식이 되어, 상감과 변감에 질질 끌려다니는 처절하고 비참한 삶을 살든지, 불안과 두려움에 쌓여 살든지, 병적 자기애로 자만하고 교만하게 살든지, 슬픔이나 분노를 무기 삼아 제 살을 깎는 수고로움으로 살든지, 외로움에 지쳐 죽어가든지, 탐심을 키우고, 탐욕을 부려 사탄의 앞잡이로 살아가게 되는 것이다. 중간 지대는 없다.

사람은 저마다 이야기꾼이다. 수시로 자기 이야기를 만든다. 그 이야기는 상감이 빚은 주제 감정이 주된 원동력이다. 주제와 해석이 자기중심적일 수밖에 없다. 그래서 더욱 간절해진다. 부모 사랑의 결정체가 자식이지만, 그 사랑도 개인의 모국어로 점철될 경우 자기 증명과 강화와 보호와 유익을 위한 수고일 뿐이다. 상감적 사랑은 거짓된 결혼생활로 변질되고, 모든 문제의 발단이 개인의 불행감인 경우가 대부분이다.

그래서 바울은 사람이 물과 성령으로 거듭나 새사람이 되어야 한다고 말했다. 새사람의 존재 값이 사랑이기 때문에 그 사랑 안에서 그 사랑으로 모든 것을 해석해 나가야 한다. 그래서 쉬운 회개와 값싼 용서가 가능하고, 수고와 희생이 당연하고, 주고 더 주고 싶은 마음으로 사는 것이다. 자기 것을 다 주어도 여전히 부족함을 느끼는 사랑! 사랑이 인생의 모티브인 사람이야말로 정말 복되고 부한 사람이 틀림없다. 가치는 그 사람의 정체성 언어다.

사랑은 새사람의 생활 언어다. 언어는 자기가 일할 필드(field), 즉 영역, 터전, 진영을 펼쳐나간다. 그 사람의 전반적인 생활 환경이 사랑으로 일하는 캠프로 전환된다. 새사람의 사랑의 영향력이 운동하게 된다. 교회는 사랑의 현장이다. 하나님의 사랑은 영향력이요, 그 사랑은 전 인류를 가족으로 묶어내는 환경 네트워크이기 때문이다. 그 사랑이 하나님의 성품을 감성으로 풀어낸다. 그 사랑이 친구를 위해 목숨을 내주는 용기도 가능하게 한다. 세상 어떤 신도 자기를 사랑이라고 정의하지 않는다. 사랑이 그 차이다.

이 세상에서 아무리 성공한 사람이라 할지라도, 사랑이 없으면 그 결과는 존재적 열등감과 비참함이다. 사랑이 없으면 존재가 하찾아진다. 사랑이 키워드다. 사람은 오직 하나님 아버지의 사랑 안에서, 사랑 때문에, 사랑으로 인하여 아들이 되는 것이다. 하나님이 아버지이시고 내가 아들이기 때문에 나를 넘어뜨릴 수 있는 어떤 것도 이 세상에 없다. 어떤 악도 하나님의 아들 됨을 무너뜨릴 수 없다. 구원의 절정은 바로 아들 됨이다. 아버지와 함께 영원토록 사는 것, 이것이 복음이며 사랑의 열매다.

오늘 그 사랑을 누리며 살자! 지금 그 사랑을 살아내자. 우리가 서로 사랑하면 이로써 모든 사람이 우리가 예수의 제자임을 알 것이다(요 13:35). 물질 세상을 이길 수 있는 유일한 방법은 가족으로 사랑하는 것이다. 우리가 그 사랑을 풀어내자. 사랑이 풀어지면 우리의 생활이 경쾌하고 유쾌하고 상쾌하고 통쾌해진다. 만사형통은 사랑하는 사람만 경험할 수 있는 기적이다. 만사형통하자! 사랑이 허다한 허물을 덮고, 사랑이 하나 되게 하며, 사랑이 한없이 감사하고, 사랑이 믿게 하고, 사랑이 순종하게 한다. 사랑이 우리의 정체성 언어다. 사랑이라면 모든 것을 할 수 있다.

사랑의 4가지 얼굴

첫째, 무조건적인 사랑

사랑은 하나님의 것이며, 영원에 속한 것이다. 아버지가 아들과 살기 위해 창조한 생활 언어라고 할 수 있다. 무조건적 사랑이 아니면 흙으로 지은 사람을 아들이 되게 할 수 없고, 자기와 똑같은 종류의 존재가 되게 할 수 없다. 무조건적 사랑은 하나님이 창조하신 가장 강력한 아버지의 감성이며 능력이다. 못 할 것이 없고, 안 할 것이 없다. 단 아들을 위해 절대 선하게만 사용하신다. 당신이 낳은 아들을 위해, 당신이 창조하는 가족을 위해서 말이다. 무조건적인 사랑은 흙으로 지은 사람을 하나님과 동일한 종류가 되게 하기 위한 하나님의 최고의 은혜이며 배려다. 이보다 더 좋을 수는 없다.

둘째, 조건적 사랑

조건적 사랑은 무조건적 사랑의 반대말이 아니다. 무조건적 사랑으로 탄생시킨 아들은 반드시 성장해야 하는 조건이 있다. 조건적 사랑이 무조건적 사랑을 완성한다. 무조건적 사랑은 아버지의 사랑이고, 조건적 사랑은 아들이 된 자가 완성해야 하는 사랑이다. 무조건적으로 사랑하시는 아버지를 위해, 아들은 그리스도의 장성한 분량이 충만한 데까지 자라가야 하는 조건을 완성해야 한다. 성장은 무조건적 사랑의 유일한 조건이다. 새사람의 가치와 감성을 갖춰야 아들의 권세를 발휘할 수 있고, 누릴 수 있기 때문이다. 아버지의 영성은 물론 아버지의 감성과 지성과 육성까지 다 닮은 아들로서 아버지를 닮았기 때문에 연습과 훈련하여 그 닮음을 증명하는 것이다. 조건적 사랑은 그것을 요구한다.

셋째, 자연적 사랑

자연적 사랑은 부부지간의 사랑, 부모와 자식 간의 사랑이다. 내 남편, 내 아내, 내 자식, 내 부모면 이유 없이 귀하고 예쁘다. 가족이니까 서로 아끼고 사랑한다. 자연적이다. 아마 하나님 아버지의 무조건적 사랑을 깨달을 수 있도록 연결시켜놓은 특별한 관계적 사랑이다. 수많은 남자 여자 중에서 결혼하고 자식 낳고 살아가는 것, 헌신을 마다하지 않고 기꺼이 수고하고, 고생과 고통도 감수하는 사랑을 해볼 수 있는 가족생활이 바로 자연적 사랑의 현장이다.

그러나 이 자연적 사랑은 각자 용량이 다르다. 평생 헌신해도 더 할 수 있는 사람이 있는가 하면, 조금만 헌신해도 헌신은 곧 피해로 계산되는 사람들도 많다. 그렇다. 무조건적 사랑과 조건적 사랑이 완성되지 못하도록 넘어뜨리고 자빠뜨리는 것이 자연적 사랑이다. 왜? 자연적 사랑에는 모국어가 작동하고, 상감이 판을 치고, 사람의 죄와 이기와 악이 작동하기 때문이다. 그래서 자연적 사랑은 이기주의로 쉽게 변질된다. 자기중심적 사랑, 자기 외에는 사랑하지 못하는 시스템이기 때문이다. 자연적 사랑은 아들을 향한 아버지의 무조건적 사랑의 한 모퉁이라도 경험해볼 수 있도록 하나님이 사람에게 베푸신 사랑 시스템이지만, 사람이 죄로 변질되면서 이 시스템도 변질되었다. 감성이 살지 못하고, 사랑 능력이 부족하고, 가족 하는 능력이 부족하다. 안타깝기 그지없다.

넷째, 사명적 사랑

사명적 사랑은 삶의 모든 영역에서 부름받아 살아가는 신앙적 사랑을 말한다. 온전한 사랑은 하나님의 것이라 사람이 행할 수 없는 감성이요, 능력이지만, 사명을 받으면 기적처럼 그것이 가능해진다. 헌신할 수 있어서 감사하고, 봉사할 수 있어서 감사하고, 섬길 수 있어서 감사하고, 아파도 감사하고, 잃어도 감사하고, 오래 참을 수 있어서 감사하고, 손해봐도 감사하고, 억울해도 감사하다. 사명적 사랑 안에서는 이것이 모두 사랑의 영향력이요, 결과다. 범사에 감사할 수 있고 그것을 이루는 사랑은 사명적 사랑으로만 가능하다. 온 마음과 정성을 다해 하나님을 사랑하는 것과 이웃을 자기 몸과 같이 사랑하는 것이 사명적 사랑이다. 자연적 사랑으로는 절대 불가능하다. 가족 사랑은 반드시 사명적 사랑이어야 하고, 그래야만 성취할 수 있다. 조건적 사랑은 사명적 사랑으로 완성되고, 무조건적 사랑은 완성된 조건적 사랑으로 열매를 얻는다.

사랑은 하나님의 감성이요, 큰 능력이다. 사랑하기에 모든 것이 선하고, 모든 것이 가능하다. 사랑하기에 생명을 탄생시키고, 사랑하기에 죽음도 이긴다. 사랑하기에 이 세상이 마치면 물질까지 영원해진다. 그 영원하신 하나님의 사랑을 우리가 지금 경험할 수 있다는 것이 큰 복이다.

사랑으로 풀어내는 에덴의 감성 능력

감성 능력, 감성 관계, 감성 교육, 감성 세대, 감성 경제, 감성 정치, 이렇게 세상은 감성 능력을 알고 있다. 단 그것을 발휘할 때 하나님으로부터 시작된 사람-사랑, 아들-사랑의 가치에 기반하여야 한다. 거룩하고 건강한 사랑에 기반한 사랑만이 감성의 값과 능력을 풀어낼 수 있다.

여기서는 사람의 감성과 그 능력을 에덴에서 발원하여 흘러간 강줄기가 동산을 적시고 땅을 덮은 4대 강의 능력으로 소개해보겠다.

> 강이 에덴에서 흘러 나와 동산을 적시고 거기서부터 갈라져 네 근원이 되었으니 첫째의 이름은 비손이라 금이 있는 하윌라 온 땅을 둘렀으며 그 땅의 금은 순금이요 그 곳에는 베델리엄과 호마노도 있으며 둘째 강의 이름은 기혼이라 구스 온 땅을 둘렀고 셋째 강의 이름은 힛데겔이라 앗수르 동쪽으로 흘렀으며 넷째 강은 유브라데더라 창 2:10-14

성경은 4대 강의 근원이 에덴이라고 분명히 알려준다. '에덴'은 "기쁨"이라는 뜻의 히브리어다. 에덴의 어근은 '에드'로 "증인"이라는 뜻이다. 기쁨의 원천은 이 증인에게 있다. 에덴동산의 증인은 오직 하나님 한 분뿐이다. 누구도 에덴동산이 어찌 시작되었는지 알지 못한다. 에덴동산이 없어지고, 다시는 찾아볼 수 없다 할지라도, 하나님 스스로 증인이시기 때문에 누구도 부인할 수 없다.

에덴이 기쁨인 것은 바라 프로젝트가 실현되는 자궁 같은 시공간이었기 때문이다. 하나님의 형상을 따라 모양대로 지음 받은 사람이 하나님과 실질적으로 함께 생활한 첫 공간이었기 때문이다. 이 아들 만들기 프로젝트의 증인이 하나님이시기에, 스스로 기쁨을 이기지 못하셨고, 그 기쁨으로 생수가 터진 것이다. 에덴에서 발원하였다는 것은 에덴이 어떤 장소가 아니라 하나님이시라는 뜻이다.

뭐가 그리 기뻐 동산을 흠뻑 적시고도 네 개의 강줄기가 만들어질 정도였는지 질문해본다면 어떨까. 하나님의 기쁨은 당연히 아들에 있다. "내 사랑하는 아들이요 내 기뻐하는 자라." 세상 어느 끝에서라도 그 생명수의 강을 만나 그 강줄기만 따라 올라오면 거기서 에덴동산을 발견하게 되고, 하나님을 만나고, 그 하나님이 아버지이시고, 자기가 아들 됨을 깨닫게 되는 것이다. 에덴에서 시작된 바라 프로젝트로 말미암아 하나님의 감성의 능력이 사랑의 강으로 풀어져 동산을 적시고, 온 땅을 둘러 흘러 내리는 광경을 상상해보라. 그것을 기쁨, 분노, 슬픔, 즐거움이라는 4가지 기본 감성으로 풀어 보겠다.

첫째, 비손 강 (Incresing forth)

'비손'이란 생육과 번성, 발전과 성장, 풍요로워지는 능력과 부(富)를 뜻한다. 말 그대로 활기차게 넘쳐흐르는 강이다. 하나님이 기뻐하시는 '아들'에게 쏟아부으시는 아버지의 사랑, 생명력, 그것의 넉넉함과 풍성함을 상징한다. 하나님의 아버지의 사랑이 쏟아내는 생명력을 막을 수 있는 힘은 없다. 막아도 넘치고, 막으면 더욱 힘 있게 넘쳐 흐른다.

박해를 받거나 어려움에 처할수록 하나님의 아들의 생명력은 더욱 넘쳐흐른다. 예수, 하나님의 아들이 십자가에서 죽으심으로 오히려 그 보혈의 생명력이 폭발적인 힘을 발휘하여 온 인류를 구원하고도 남았던 것처럼 말이다.

"금이 있는 하윌라 온 땅을 둘렀으며"라고 비손 강을 설명했는데, 하윌라는 모래 땅, 모래 언덕이라는 뜻이다. 겉으로 드러나 보이는 땅의 상황이 형편없음을 뜻한다. 형편없는 모래사막인데도 순금과 향료와 보석이 있는 땅을 말했다. 혹 하윌라라는 땅을 발견했더라도 그 땅에서 금이나 향료나 보석은 찾을 수 없음을 의미한다. 숨겨진 금은 하나님의 에덴을 발견했을 때만 찾을 수 있기 때문이다. 그 땅을 비손이라는 풍성의 강이 생명력 넘치도록, 힘차게 굽이쳐 흐르고 있음을 설명한다.

흔히 우리는 방향의 순서를 동서남북이라고 하지만, 히브리적 사고는 북남동서로 표현한다. 이스라엘의 군대 진영 역시 북남동서로 그 방향의 순서를 설명했다. 비손 강이 흐르는 하윌라 땅은 금과 베델리엄과 호마노(금과 향료와 보석)도 있는 땅이지만, 실제로는 사막과 같은 형편없는 땅이다. 히브리인에게 북쪽은 보이지 않는 영원한 부와 풍요를 의미한다. 금과 베델리엄과 호마노는 눈에 보이고 손에 잡히는 것들이 아니다. 우리가 힘들고 어려운 삶을 통과할 때 하나님을 만나면 하윌라는 풍성한 땅으로 변한다. 영적인 삶의 풍성함과 풍요로움과 값짐과 고귀함을 나타낸다. "내가 가는 길을 그가 아시나니 그가 나를 단련하신 후에는 내가 순금같이 되어 나오리라"(욥 23:10)라는 말씀이 바로 비손 강의 축복이다.

우리의 영성 역시 예수를 만남으로 말미암아 모든 아픔과 고통과 괴로움과 슬픔과 화와 억울함들이 보배로운 보석으로 변화하여야 한다. 그것은 누구도 빼앗을 수 없고 훔칠 수 없는 금과 향료와 보석이다. 가치는 보이지 않지만(영성), 감성은 그 가치가 보이고 느끼고 만질 수 있게 한다. 주 예수를 알고 감성이 살아나 모든 땅을 보배롭게 하는 비손 강이 우리에게 넘쳐흘러야 한다.

> 욥이 그의 친구들을 위하여 기도할 때 여호와께서 욥의 곤경을 돌이키시고 여호와께서 욥에게 이전 모든 소유보다 갑절이나 주신지라
>
> 욥 42:10

욥의 시련은 풀리지 않는 사연으로 남지 않았다. 오히려 빼앗을 수 없는 교훈으로 남아 여호와의 가치를 깊이 새기는 놀라운 사건이 되었다. 욥의 감성은 살아났고, 친구들을 위해 기도하는 자로 드러났고, 곤경에서 빠져나와 갑절이나 풍요로운 삶도 경험하게 되었다. 이것이 넘쳐흐르는 비손 강의 축복이다. 예수를 믿은 사람에게 부어주시는 기쁨의 기름부음이 이 비손 강이다.

비손 강의 기쁨의 감성을 누리기 위해서 우리는 반드시 하나님의 영적 가치인 예수를 만나고 깨닫고 알아야만 한다. 그럴 때 상감으

로 힘들었던 모든 사건들이 주님 안에서 새로운 조명을 받아 보석 같은 교훈들이 되는 것이다. 기쁨은 아들-사랑으로부터 발원되는 하나님의 감성이기 때문에 영원의 능력이지만, 이 땅의 생활 속에서도 풀어져 아버지의 사랑을 깨닫게 하는 능력임에 틀림이 없다.

하나님의 아들-사랑은 기쁨의 감성으로 흐른다. 예수를 영접하고, 예수 안에서 하나님의 아버지 되심과 우리가 그의 아들 됨이 확인되고, 그 아들이 가져야 하는 마땅한 가치와 권세를 되찾고, 아들로 생활하는 그 자체에 기쁨의 기름부음이 있다. 기쁨은 하나님 아버지로부터 오고 그 아들 예수께 속했으니 당연히 영원한 존재가 되어야만 그 기쁨의 맛을 알게 된다. 그러면 비로소 생활 속에서 기쁨의 능력이 풀어져서 모든 것을 보배롭게 한다.

기쁨의 능력

기쁨은 하나님의 아들이 경험하는 으뜸 감성이다. 하나님의 가정, 나라, 천국 모두 기쁨이 강처럼 흘러가야 한다. 그 기쁨은 만족감이다. 만족감은 당연히 사람을 행복하게 한다. 하지만 기쁨이 반드시 정서적 행복감을 말하는 것은 아니다. 친구를 위해 죽음을 마다하지 않는 것이 행복한 감성은 아니다. 아마존 인디언을 섬기는 선교사가 기쁘고 만족해도 행복하지 않을 수 있다. 사랑하면 기쁘고, 그 사람을 생각하면 항상 기쁘다. 그래서 기쁘면 선을 행한다. 서로 평안하고, 신뢰하고, 존중한다. 평안과 신뢰와 존중과 선행은 기쁨의 자연스러운 열매다.

기쁨은 사랑으로 풀어지는 제1 감성이다. 교회에게 느끼는 첫 번째 감성이자 능려기 기쁨의 기름부음이다. 기쁨이 풀어지면 두려움, 불안, 초조, 긴장, 염려, 걱정, 근심, 가난함, 비참함, 누추함, 어떤 존재적 부족도 삭제할 수 있다. 조건과 상황을 초월하여 사랑할 수 있고, 불행할 수 없음을 깨닫고 희망이 솟고, 믿어진다. 존재적 만족과 풍성을 경험하는 것이다. 존재적 부족 상태, 그것이 죄인의 상태다. 하나님의 아들에게 주어지는 기쁨을 경험하지 못하면 만족이나 행복은 불가능하다.

비손 강은 하나님의 감성의 능력이다. 모든 메마름을 풍성하게 하는 비손 강의 능력! 그 강이 우리를 둘러싸고 있다. 비손이 흐르면 주의 이름으로 겪는 모든 고난과 괴로움도 아름답고 보배로운 보석이 된다. 내가 보석이 된다. 에덴동산이다! 기쁘기 한량없다!

둘째, 기혼 강 (bursting forth)

'기혼'은 샘솟는 강, 유출, 넘쳐흘러 용솟음치듯 솟구쳐 오른다는 뜻이다. 기혼 강은 솟구쳐 터져 나오는 샘과 같다. 우리가 하나님의 아들이 되면 그 기쁨은 내면에만 머물지 않는다. 그 생명은 샘솟듯 솟구쳐 올라 밖으로 터져 나온다(요 4:14, 7:38). "그 배에서 생수의 강이 흘러나오리라."

생명을 만난 사람은 그대로 있을 수 없다. 생수의 강이 그 사람에게로 흘러 들어가 솟구쳐 올라온다. 그것이 기혼 강의 특징이다. 땅

속에 강줄기를 가지고 있다는 것은 어디서 어떻게 시작되어 흐르는지 드러나지 않아 그 강의 길을 알지 못하는 것이다. 그러나 갑자기 땅을 뚫고 솟구쳐 올라 샘을 이루고, 강줄기를 만드는 것이 기혼 강이다. 그 솟구쳐 오르는 힘과 양이 얼마나 강하고 많은지, 강이 되어 흐르기에 부족함이 없다는 것 역시 특징이다.

미국 옐로우스톤 국립공원에 가면 올드페이스풀(Old Faithful)이라는 샘솟는 물이 있다. 일정한 시간이 되면(90분 정도) 어떻게 솟아오르는지 알지 못한 채 갑자기 6-10미터 이상(1분 정도) 공중으로 물이 솟아오른다. 정말 장관이다. 멋있고, 황홀하기까지 하다. 땅 위에는 물줄기의 어떤 모양도 찾아볼 수 없는데 말이다. 솟아오른 물은 그 주위의 땅을 비옥하게 하고, 생물들이 마실 수 있는 생수가 된다. 나만 가지는 보물이 아니라 함께 나누어주는 자원이다.

생명은 모든 죄와 악과 역경을 이겨내는 근원이요, 힘이요, 능력이며, 지혜다. 그 근원은 하나님의 아들을 재생산하는 영적 에너지가 된다. 그 생수의 에너지가 흘러 모든 민족과 나라와 땅끝에서 솟구쳐 올라 하나님의 아들을 생산한다. 에덴에서 발원하여 동산을 적시고, 조용히 동산 속으로 흘러 들어가 흑암의 구스 온 땅을 돌아 흘러 어느 곳에서 생명력 넘치게 솟아오르는 것이 기혼 강이다.

기혼 강은 솔로몬이 왕으로 선포된 곳으로도 유명하다. 성경은 그곳을 기혼 샘이라고 명명하였다(왕상 1:33 이하). 이 샘은 예루살렘 급수원으로 이를 위해 바위를 깎아 터널을 만들어 예루살렘까지 공급로를 확보하기도 했다(대하 32:30). 기혼은 하루 종일 간헐적으로 용솟음치는 샘으로 중요한 수자원으로 사용되었다.

하나님의 아들이신 예수의 생명과 진리의 말씀이 사람 속에 들어와 그 말씀이 사람을 사망에서 생명으로 옮기고, 아들로 태어나게 하며, 하나님과 세상을 그 생명력으로 바라보고 해석할 수 있게 된다.

하나님의 아들이어야만 생명을 얻어 영생한다. 아들이 아닌 자는 그 생명을 얻을 수 없어 영원한 죽음 가운데 거하게 된다. 사람이라면 누구나 하나님의 아들이 되어야 하는 것, 그것이 운명이다. 이것이 창세기 1장 1절이 말하는 창조의 청사진이다.

신뢰의 능력

기혼 강은 남쪽 강이다. 예로부터 남쪽은 풍요로움의 상징이다. 우리 조상 아브라함과 이삭이 기근을 당했을 때 남쪽으로 간 이유가 여기에 있다. 따라서 인간이 자기 힘을 믿고, 인간의 지식과 지혜가 문명과 문화를 이루어, 자만심이 가득한 곳이다. 애굽이 그렇고, 소돔과 고모라가 그렇다. 하나님이 필요하지 않다. 때맞춰 비가 내리고, 바람이 불고, 늘 푸르고, 춥지 않은 땅이기 때문이다.

죄를 짓지 않고 살기에 세상은 너무 유혹적이다. 그래서 보이지 않는 영적 세계를 갈망하기보다 논리적이며 계산적으로 사는 것이 성공의 지름길이라고 배운다. 콩 심은 데 콩 나고, 팥 심은 데 팥 난다. 그래서 자연의 질서와 법칙이 진리 중의 진리다. 과학이 신보다 낫다. 자연이 가장 큰 힘이자 가장 어려운 변수이기도 하다.

땅속으로 흘러 보이지 않다가 솟구쳐오를 때 비로소 알게 된다. 보이지 않으니 믿을 수 없으나 그렇다고 요행만 바랄 수는 없다. 보이지 않는 것은 없는 것이고, 증명되지 않는 것은 미신일 뿐이다. 사람과 사람 사이도 유익하면 친구이고, 무익하면 남남이고, 피해를 주면 원수이고, 싸우자고 달려들면 적수가 될 뿐이다. 규율 없이 자기 멋대로 행하는 것을 믿을 수는 없다. 보이지 않고, 없어지는 물일 뿐이다. 세상은 기혼 강 같은 사랑의 감성을 외면한다.

그런데 기혼 강은 사랑과 은혜처럼 내면에서 솟구쳐올라 생명의 힘이 되는 강이다. 믿어지고, 좋아지고, 가까워지고, 친밀해진다. 어떤 이유가 있어서가 아니다. 신뢰하기로 작정했기 때문이다. 하나님의 아들이 되면, 교회라는 그리스도의 몸의 관계에서 서로 신뢰해야 한다는 숙제가 생긴다. 우리는 다 죄인이고, 다 거짓말쟁이들이다. 그것이 기본전제임을 잊지 말아야 한다. 모두 하나님의 은혜로 예수가 믿어진 사람들이다. 그 사실에 집중해야 실망하지 않는다.

우리는 여전히 거짓말도 하고, 나쁜 짓도 한다. 그러나 회개하는 빈도가 잦아지고 농도가 깊어지면서 죄짓는 것이 싫어진다는 것이 조금 달라진 현실이다. 그래서 상대방이 거짓말을 해도 그 사람을 믿기로 작정하는 것이 달라진 현상이다. 하나님의 성품을 연습하는 것이다. 하나님의 성령이 일해주실 것을 믿으며, 그 사람을 주께 부탁하고, 그 사람이 옳은 길을 선택하도록 간구한다. 그렇게 연습해 나간다. 피해를 입어도 절교하지 않고, 주 안에서 한 몸임을 믿고, 주의 선하심이 일하실 것을 더욱 신뢰하며, 오히려 더 가까이하기를 연습한다. 하나님의 아버지 되심을 믿는 것이다.

보이지 않는 기혼 강이 흐르는 땅은 애굽처럼 아름답고 풍성한 땅이지만, 그 속은 처절하고 절실한 생존의 땅이다. 그런 땅에서도 샘이 치솟는 것을 경험하는 자들은 다른 세상을 아는 자들이며, 진정한 풍요가 무엇인지 아는 자들이다. 인생의 반전을 알고 있다.

하나님의 슬픔

사람은 하나님의 아들이 되기 위해 창조되었다. 그러나 사람은 뱀의 말을 듣고 자기가 누구인지 의심했다. 죄는 행동의 문제가 아니라 존재의 문제다. 선악과를 따먹고 안 먹고의 문제가 아니라 선악과를 먹으면 눈이 밝아져 하나님과 같이 된다는 것을 믿은 존재의 문제다. 이미 하나님의 아들이 되도록 창조된 존재이지만 미처 하나님의 사랑을 알지 못하는 연약하기 그지없는 사람, 특별히 에덴동산에서 역할과 기능이 없다고 느낀 여자, 사탄은 가장 취약한 그 존재를 건드린 것이다. 그래서 넘어졌다. 선악과가 아니라 존재의 값 때문에!

슬픔 또한 하나님의 감성적 능력이다. 사람이 자기의 값을 모르고, 아들이 되지 않아 흐르는 감성이 바로 슬픔이다. 하나님의 아들임을 몰라서 하나님이 슬퍼하신다는 뜻이다. 솟구쳐 오르지 못하면 슬픔에 빠진다. 모든 생활은 솟구쳐 오르는 생명의 능력을 경험해야 한다. 그러나 스며들어 솟아오르지 못하면 그 존재를 알릴 수 없고, 설명할 수 없기 때문에 슬프다. 존재의 값에 문제가 생긴 것이다.

사람이 제값을 모르면 하나님은 그것을 슬퍼하신다. 여자의 값, 아담의 값, 사람이 자기의 값을 모르면 세상이 자기에게 주는 값을 얻으려고 별짓을 다 한다. 자기 값을 제대로 드러내겠다고, 잘살아 보겠다고, 모든 시간과 에너지를 다 사용한다. 온갖 정욕으로 갖은 악을 저지르기까지 한다. 하나님은 스스로 하나님의 아들이 아니라고 선포하며, 하나님이 없다고 말하기 때문에 슬퍼하신다. 애통하고, 괴로워하고, 속상해하고, 안타까워하고, 애처로워하신다. 어떻게든 하나님을 발견하고, 온전한 자기 값을 알게 하시려고 오늘도 기혼 강이 되어 솟구쳐 오르기를 소망하신다. 그래서 전도와 선교를 원하신다. 우리가 복음을 전해야만 그 슬픔이 잦아들 것이다. 사람들이 예배 가운데 나와 하나님의 속마음을 알게 하시고자 하시는 이유다.

"애통하는 자는 복이 있나니 그들이 위로를 받을 것임이요"(마 5:4). 이 말씀은 어찌할 수 없는 자기의 죄성과 죄인 됨을 깨달은 애통함이다. 자기로서는 해결할 수 없는 존재적 문제에 대한 아픔이요, 슬픔이다. 그것을 깨달으면 하나님의 위로가 임한다. 솟구쳐 올라오는 성령의 생명의 생수가 그 배에서 흘러나오는 것이다.

기혼 강은 사람 속에 스며들어 그 사람의 존재적 애통함을 발견하게 하고, 회개와 간절함과 돌이킴을 통해 솟구쳐 올라오는 생명의 성령의 생수다. 하나님을 아버지로 발견하고, 예수를 구세주로 만나고, 성령을 생명의 영으로 만났을 때 일어나는 기적이다. 예수 없는 옛사람과 예수 안에서 탄생한 새사람을 확연히 구분하는 기적의 생수다. 예수가 없고 예수가 있는 그 존재적 차이를 알게 하는 기적이다.

자기가 누구인지 몰라 죄인으로 살아가는 사람들 때문에 하나님은 정말 슬퍼하신다. 사람이라면 누구를 막론하고 하나님의 아들이 되어 영원토록 하나님과 같이 살아야 하는 것이 운명이요, 창조의 목표다. 그런데 이 운명에서 벗어나 살아가는 사람들 때문에 하나님은 슬퍼하신다.

이 세상은 아들을 생산하기 위해 마련된 임시 자궁 같은 곳이다. 자궁은 아들을 낳는 사명과 책임을 다하면 그 기능이 없어진다. 아들이 완성되고, 세상이 없어지는 이유가 바로 여기에 있다. 비로소 사람이 하나님과 하나 되어 영원 세상에서 살게 되는 것, 그 사실을 알리기 위해 기혼 강은 오늘도 솟구쳐 오른다.

하나님을 슬프게 하지 말자. 그분의 슬픔은 우리 모두를 죽게 한다. 노아의 홍수는 하나님의 분노로 인한 것이 아니라 하나님의 슬픔으로 인한 것이다. 애통의 눈물이 홍수가 된 것이다. 그들을 살려두면, 자기 값을 몰라 더욱 악해지고, 땅은 더욱 황폐해질 것이기 때문이다. 그래서 자기 값을 아는 노아와 그 은혜를 함께 입은 식구 일곱을 살려내신 것이다. 그러니까 홍수는 살리기 위함이지, 죽이기 위함이 아니다. 하나님의 슬픔은 엄청난 값을 치렀다.

셋째, 힛데겔 강 (Active forth)

'힛데겔'은 티그리스 강이라고 알려져 있다. 빠르고, 능력 있고, 기운찬, 에너지가 넘치는 강이요, 힘과 존귀를 의미하는 강이다. 힛데겔은 급류라는 뜻이다. 힛데겔 강은 앗수르 동편을 흐르기 때문에 이방 땅에 흐르는 강을 상징하기도 한다.

힛데겔 강은 물의 양이 많은 강이다. 넘쳐흐르는 물의 양 때문에 무서울 정도로 빠르고 왕성하게 흘러가는 강이다. 그래서 하나님 아버지의 분노를 상징하는 강이기도 하다. 하나님의 아들 됨을 방해하는 모든 것에 대해 진노하시는 하나님의 감성이요, 그에 따른 능력이다. 세상이 마치 자기 것처럼 으스대는 모든 불의와 악을 향해 분노하는 능력이다. 힛데겔 강의 많은 물과 급한 물살은 모든 것을 쓸어버리는 능력이다.

힛데겔 강은 동쪽으로 흐르는 강이요, 아들 안에서 넘쳐나는 자존감과 자신감과 힘과 존귀와 선한 생활 에너지를 상징하며, 반대로 악에 대응하는 놀라운 능력이기도 하다. 예수, 하나님의 아들 안에서 아들 된 사람은 이 힛데겔 강의 위력을 경험한다. 인간으로는 여전히 연약하고, 여전히 죄를 짓는 생활이 지속되는 현실이지만, 회개하고 돌아설 수 있고 그 아들 됨을 깨닫고 확신할 때마다 새롭고 강력한 존재적 확신으로 존귀와 권세와 힘과 능력을 경험하게 되기 때문이다. 넘어져도 다시 일어서고, 자빠져도 믿음과 희망으로 일어선다. 실수하고 실패해도 아들은 아버지 덕에 강하다.

죄인임을 알고 있고, 죄성 때문에 자석처럼 죄에 끌리지만, 엎어져도 좌절하지 않고, 또다시 일어나 악과 맞서 싸우고 있음을 드러내는 감성이다. 힛데겔 강의 급하고 강력한 힘과 능력이 모든 악과 죄와 싸워 이기도록 도와준다. 어떤 상황이든지 피 흘리기까지 악과 맞서 싸울 수 있는 힘이 여기에서 나온다. 싸우고, 물리치고, 살리고 또 살려내는 생명의 성령의 능력이 정결하게 하고, 새롭게 살게 한다. 놀라운 생명력으로 돌이키게 하고, 치유하고 회복하고 다시 세운다. 다시 믿게 하고, 소망하게 하고, 다시 생활하게 한다. 수치와 절망과 죽음을 헤쳐 나와 주님의 생명을 살아낸다. 이것이 힛데겔이다. 출애굽 하는 것이다. 애굽 군사들을 수장시키는 것이다. 여호와의 불기둥과 구름 기둥을 경험하고, 하나님이 말씀하시는 대로 살아가는 것이다. 그 와중에 일어나는 모든 악한 궤계들을 주 예수의 이름으로 담대히 물리치는 것이다.

하나님의 분노

하나님의 분노는 사람이 하나님의 아들 됨을 방해하는 모든 것에 대해 강하고 급한 힛데겔 강처럼 분노로 작동하시는 하나님의 감성과 그 능력을 의미한다. 하나님의 분노는 하나님께 불순종한 사람에게 향해 있지 않다. 사람이 하나님의 아들 됨을 모르게 하고, 자기가 누구인지 그 존재의 값과 정체성을 깨닫지 못하도록 방해하는 모든 악한 세력에 대해 진노하심이다. 아들을 아들 되지 못하도록 좌절시키고, 지속적으로 죄악에 빠지게 하여, 좌절하게 하는 악한 세력에 대해서 분노하시는 것이다.

그 분노는 엄청나게 강하고 급하여 싹 쓸어버리고 다 태워버린다. 악을 제거하는 능력이다. 미움과 증오는 물론 혐오하고 경멸하신다. 혹 그것이 사람이라도 그런 악을 저지른다면 하나님의 화는 강하고 급하게 그 사람을 강타한다. 오래 참음으로 기다리시지만 악을 친구 삼아 살아가는 악한 자들에게는 가차 없이 그 뿌리를 잘라버리신다. 힛데겔의 강력한 급류를 막을 수 없다.

명심하자. 하나님의 가치(영성)는 아들(예수) 하나뿐이다. 그 아들을 위해서 어떤 값도 치르신다. 사람이 아들이 되는 일을 방해하는 어떤 것도 용서하지 않으신다. 끝내 아들이 되기를 원치 않는 자들에게 임할 저주 또한 강력한 힛데겔의 급류와 같은 힘과 능력이다. 막을 수 없다.

넷째, 유브라데 강 (frutful forth)

유브라데 강은 결실하다, 풍부하다, 영광과 찬송이라는 상징적 의미를 가지고 있다. '유브라데'는 흐른다는 뜻을 가지고 있는데, 그 흐름을 알지 못할 정도로 조용히 그러나 도도하게, 그리고 항상 풍성하게 흐르는 풍요의 강이다. 유브라데는 감미(甘味), 즉 단맛이라는 두 번째 뜻이 있다. 시편 19편 10절 말씀처럼 성도 속에서 예수 그리스도의 말씀으로 일하시는 성령의 역사가 꿀송이보다 더 달다는 것을 상징적으로 증명하는 강이다.

유브라데 강은 현재 유프라테스 강이라고 불리며, 길이는

2,850(kmfh)이고, 강 하류에서 티그리스 강과 합류한다. 이 강은 현존하며 메소포타미아의 수운과 농업 발달에 원동력이며, 그 지역이 고대 문명의 발상지였고, 지금도 그 강의 위력이 여전하다. 유브라데 강의 영적 상징은 열매를 맺는 강이다. 계시록에 나오는 사시사철 풍성한 생명나무가 있는 생명의 생수의 강을 상징하는 강이다. 마르지 않고, 핍절하지 않고, 병들지 않고, 썩지 않고, 불임이 없는 강이다. 생명의 열매를 맺는다는 뜻은 결실하다, 풍부하다와 일맥상통한다. 그래서 찬송과 영광이란 뜻을 세 번째 의미로 가지고 있다.

하나님의 즐거움

생명의 풍성은 재물의 부를 초월한 부요함이요, 부귀이다. 평강과 화목이 어우러진 풍성한 부요, 나누어주고도 남는 부다. 칭찬과 명성이 자자하다는 것이 유브라데 강의 열매다. 유브라데 강의 부는 자기의 힘으로 축적한 부가 아니라 자기를 드러내고 자랑하며 교만해질 근원이 없다. 그래서 항상 감사의 찬양을 올리며 그 모든 영광이 주님의 것임을 인정하는 아름다운 예배가 있는 부요함이다. 그래서 즐겁고, 매사 신난다. 일어나는 관계와 일들로 말미암아 행복하고, 그 행복이 건강하고 에너지 넘치는 즐거움으로 연결되는 삶이다.

하나님의 즐거움이 그런 것이다. 지속적이고 영원한 즐거움! 경쾌한 음악이 맞춰 춤을 추듯 그렇게 흐르는 유브라데 강의 즐거움이다. 모두가 마시고 즐거워하는 복된 포도주다. 생활 리듬이 즐겁다. 지속적으로 즐거운 생활 상태로 감성이 지속적인 고조되는 것을 경험하는 생활이다.

예수를 믿는 신앙인들은 항상 기쁘고, 기본적으로 즐겁다. 예수, 하나님의 아들 안에서 그 아들 됨의 혜택을 받으며 살아가기 때문이다. 혹 문제가 발생할지라도 순간 감정은 속상하지만, 그 아들 예수의 이름을 부르며 감성을 회복하여 다시 바로 설 수 있다. 기본적인 기쁨과 생활의 기본 상태인 즐거움, 그것이 삶을 향한 아들 됨의 기본자세를 취하게 한다. 그래서 항상 바로 다시 시작한다. 맛있는 케이크와 커피 한잔을 즐길 수 있는 즐거움이 항상 있다. 아들은 아버지의 축제를 즐기는 자이기 때문에 생활이 즐겁다.

예배를 축제라고 말한다. 즐거운 현장이기 때문이다. 춤추고 노래를 부르며, 환호를 보내고, 교제가 있다. 말씀을 먹고, 성령의 생수를 마시고, 하나님을 배우고, 서로를 나눈다. 얼마나 즐거운 현장인가. 우리의 생활도 이런 현장이어야 한다. 즐거움을 잊지 말고, 넉넉히 즐기며, 풍요롭게 살아가자. 예수 안에서의 삶은 풍요로운 즐거움, 그 자체다.

11

하나님의 성품에 참여하라

감성은 사람이 가질 수 있는 가장 강한 능력 언어다. 혹 세상 언어를 배울 기회가 없었던 사람이라도 감성 판이 잘 장착된다면 기본적인 생존과 그 생활의 품격이 올라간다. 사람과 사람 사이에 있어야 할 사랑의 언어를 사용하기 때문이다. 힘든 사람을 보면 돕고, 불의를 보면 싸우고, 거짓에 대해서는 진리를 말하고, 무엇보다 가족을 먼저 사랑하고, 허다한 허물을 덮을 것이기 때문이다. 평안을 알아차리고, 배고픔과 배부름을 알고, 울 때와 웃을 때를 알고, 슬퍼할 때와 춤출 때를 알고, 필요를 채우고, 욕구를 절제할 줄도 알 것이다.

사람이 죄를 지은 이후 감성의 판은 상하고 변질되었다. 상감에 집중하고, 상감으로 작동하는 것이 생존 능력이 되었다. 그러나 아직 건강하고 풍성하고 성장 가능성이 무한한 존재다. 감성만 풀리면 세상이 감당할 수 없는 존재가 된다.

신성한 성품에 참여하는 자?

이로써 그 보배롭고 지극히 큰 약속을 우리에게 주사 이 약속으로 말미암아 너희가 정욕 때문에 세상에서 썩어질 것을 피하여 신성한 성품에 참여하는 자가 되게 하려 하셨느니라 그러므로 너희가 더욱 힘써 너희 믿음에 덕을, 덕에 지식을, 지식에 절제를, 절제에 인내를, 인내에 경건을, 경건에 형제 우애를, 형제 우애에 사랑을 더하라 이런 것이 너희에게 있어 흡족한즉 너희로 우리 주 예수 그리스도를 알기에 게으르지 않고 열매 없는 자가 되지 않게 하려니와 이런 것이 없는 자는 맹인이라 멀리 보지 못하고 그의 옛 죄가 깨끗하게 된 것을 잊었느니라 벤후 1:4-9

이 말씀은 놀라운 비밀을 열어준다. 물리적인 사람이 영이신 하나님의 성품에 어떻게 참여한다는 말인가? 풀리지 않는 질문에 대한 정확한 답을 주고 있다. 하나님은 자신을 '말'(Word)이라고 표현하셨다.

태초에 말씀이 계시니라 이 말씀이 하나님과 함께 계셨으니 이 말씀은 곧 하나님이시니라 요 1:1

말은 하나님으로부터 시작되었다. 그래서 영적이다. 하나님은 말과 당신을 동일시했다는 사실로부터 모든 것을 시작하신다. 태초에 말씀이 계시고, 이 말씀이 곧 하나님이시라는 공식은 영적 세계와 물리적 세계를 연결하고 통하게 하는 아주 중요한 암호와도 같다. 영적 세계의 말이 물리적 세계를 어떻게 풀어가는지를 알려주는 암호다.

말은 영적 세계의 것이요, 하나님의 질이요, 격이요, 값이다. 그 말이 사람을 영적 세계로 인도한다. 영적인 말에 물리적 소리를 가미하셔서, 소리 나는 말로 자기를 표현하시고, 존재적 이유와 목적을 전달하시는 도구로 삼은 것이다. 여기서 한 가지 두드러지는 한계는 이 소리 나는 말을 가진 사람의 한계가 곧 자기가 알아듣고 이해하는 언어만큼의 한계라는 것이다.

바벨탑 사건으로 온 세상의 말이 갈라졌다. 한 종류의 소리 나는 말을 모두가 이해할 수 없게 된 현실이 가장 큰 한계로 드러났다. 인간의 말이 하나가 되면, 악이 더 왕성해질 수 있어서 언어를 흩으신 것인데, 갈라지고 흩어진 무리마다 독특한 문화를 형성해, 자기를 두드러지게 만든 것도 문제다. 해석하는 방법과 이해하는 방법이 서로 다르게 되었다는 것 또한 문제다.

예수님이 하나님의 어린 양이라는 말은 히브리인들에게는 너무 이해하기 쉬운 문화적 언어이지만, 양을 생활화하지 않는 한국인에게는 매우 생소한 언어다. 우리는 양과 친하지 않을뿐더러 양과 생사고락을 함께하는 민족이 아니라서 그것이 뭔지 잘 모른다. 이런 소통의 문제가 아니라도, 소리 나는 물리적 언어로 영적 세계는 물론 영이신 하나님까지 이해한다는 것은 그 자체가 사람의 한계를 넘어서는 일이다. 사람은 하나님이 말씀하시는 모든 것을 자기가 경험하는 모국어로 이해할 수밖에 없기 때문이다. 그래서 믿음이라는 단어가 하나님과의 관계를 잇는 첫 관문이 된다. 왜냐하면 하나님이 말씀으로 표현하시고, 드러내놓으시고, 약속하신 모든 것을 무엇보다 먼저 믿어야 하기 때문이다. 믿음이 가장 먼저 가야 하는 언어다.

"신성한 성품에 참여하는 자가 되게 하려 하셨느니라"(벧후 1:4)라는 말씀은 그 자체가 불가능한 말이다. 그러나 하나님이 말씀하셨고, 하나님이 책임지시는 말씀이기에 소리 나는 언어로, 점차적으로, 한 번에 조금씩, 설명해나가시는 하나님의 배려와 인내, 자비와 은혜에 감사하지 않을 수 없다. 하나님은 영성으로 우리와 관계하시기보다 하나님의 감성에 참여하게 하여 하나님을 알아가게 하신다는 것을 깨달아야 한다. 그래서 성품은 감성으로 이해해야 한다.

믿음에 덕을

사람에게는 믿음이 영성이다. 왜냐하면 하나님은 영이시고 영적 세계가 있다는 사실을 믿어야 시작되는 것이 신앙이기 때문이다. 그 방법 외에 물리적 한계를 가진 사람이 영이신 하나님과 그 영적 세계로 진입할 수 있는 방법이 없기 때문이다. 그래서 사람에게 믿음이 영성이다. 그 믿음으로 영적 세계의 게이트를 여는 것이다. 그래서 보이지 않고, 들리지 않고, 만질 수 없고, 맛볼 수 없고, 느낄 수 없고, 생각할 수 없는 하나님의 존재와 영원한 세계를 알게 된다. 들어설 수 없는 문을 열고 들어가게 되는 것이다.

더욱 흥미로운 사실은 믿음이라는 첫 관문을 통과하여 준비된 그 다음 언어가 덕이라는 것이다. 덕이 곧 신의 영적 성품이라는 뜻이다. 놀랍지 않은가! 사람이 말하는 덕이 하나님의 성품이라니, 우리가 그 신의 성품에 참여한 것이라니 참으로 놀라운 말이다.

덕은 헬라어로 '아레테'다. 영어로는 'virtue'다. 아레테는 미덕, 덕성, 명성, 칭찬, 신적 권능이나 기적의 표상을 의미한다. 이를 풀어 말하면 지극히 도덕적이며, 고상한 성품에서 우러나오는 이웃 사랑의 자연적인 생활 언행과 그에 따르는 선한 결과를 뜻한다.

덕은 자기 혼자 수양해서 쌓거나 열매를 맺을 수 있는 것이 아니다. 반드시 상대방이 있어야 한다. 덕은 공동체적이다. 관계적이며 진영적이다. 한 사람의 덕은 자기만의 가치나 만족이 아니라 그가 속한 공동체의 정체성이 되고, 가치 시스템이 되며, 생명을 풍성하게 하는 힘이다. 이해타산이 작동하지 않고, 상부상조와 상호유익과 함께 살아가는 기쁨과 즐거움을 선사한다. 그래서 덕은 개인의 훈장이 아니며, 모두의 기상이며, 선한 에너지요, 살맛 나게 하는 사랑이요, 살아갈 목적과 이유를 선사하는 원동력이다.

덕에 조금이라도 이해타산이 가미된다면, 덕은 곧 그 자신감을 잃고, 틈이 생겨 무너진다. 덕은 아들을 사랑하시는 하나님의 지극히 선하시고 자비로우시고 은혜로우신 성품이다. 아무 유익을 계산하지 않고, 무조건적인 사랑으로 이익을 남기는 행위다. 흙으로 지은 사람을 하나님의 아들이 되게 하시려고 값을 치르신 사랑의 행위를 의미한다. 그것이 덕이다.

하나님의 이웃은 사람이다. 덕은 하나님이 사람을 얼마나 사랑하시는지 알려주는 첫 신호탄 같은 것이다. 믿으면 덕이라는 풍요로움을 경험할 수 있다. 상상할 수도 없는 거룩한 감성이 이웃 사랑이라는 목적을 위해 흘러넘치게 된다. 십자가에서 피 흘려 죽기까지 사랑하신 예수님의 사랑, 그것이 신성한 성품인 덕이다.

'아레테'는 베드로전서 2장 9절에서도 사용되었다.

> 그러나 너희는 택하신 족속이요 왕 같은 제사장들이요 거룩한 나라요 그의 소유가 된 백성이니 이는 너희를 어두운 데서 불러 내어 그의 기이한 빛에 들어가게 하신 이의 아름다운 덕(아레테)을 선포하게 하려 하심이라 벧전 2:9

덕은 실행 언어이지만, 그전에 존재적 언어로 먼저 세팅되어야 한다. 선하니까 선행이 터져 나오는 것이지, 악인이 선해지려고 선행을 하는 것이 아니기 때문이다. 그래서 덕을 행하는 사람이 아니라 덕이 있는 사람이라고 말한다. 덕은 존재적 언어이다. 드러난 행위만으로 덕이 있는 사람이라고 판단할 수 없다. 존재적 질과 격과 값이 앞서야 하는 언어다. 그래서 성품이다. 감성의 능력이다.

사람들은 덕을 쌓는다, 덕을 세운다는 말을 사용한다. 이것은 태어나면서부터 덕스러운 사람을 가리키는 말이 아니다. 덕 있는 사람이 되기 위해, 그 덕이 존재적 가치가 되기 위해, 선행으로 자기를 세워간다는 뜻인데 선을 쌓는 것으로 사람의 본질을 바꿀 수는 없다. 행위의 플러스와 마이너스의 결과로 존재의 가치를 판가름할 수 없다. 선행은 덕이 아니다. 공로의 깃발을 꽂을 수 있는 조건이 된다면 덕은 독이 된다.

덕은 존재적 언어다. 덕은 신의 성품의 능력이다. 아들의 권세다. 존재의 값과 질과 격이다. 하나님의 은혜로 말미암아 주어지는 영적 성품이다. 하나님의 은혜로 터지는 선한 샘이다. '나', '너', '가족', '이웃'이 하나가 된 언어다.

아레테는 믿음에서 터져 나오는 능력이다. 존재적 변화를 경험하고, 하나님의 택하신 족속이요, 왕 같은 제사장들이요, 거룩한 나라요, 그의 소유가 된 백성이며, 하나님의 아들이 된 존재만 참여하여 누릴 수 있는 영적 품위다. 덕은 곧 하나님의 이웃 사랑이다. 생명을 풍성하게 하는 선한 성품이요, 그로부터 흘러나오는 선행이다. 결과의 유익을 계산하지 않는다. 고귀한 인격이다. 지극히 선하고 도덕적인 하나님의 기본 성품이다. 우리가 그것을 같이 누리며 사는 것이다. 그래야 하나님께 영광(값)을 돌려드릴 수 있다. 이웃이 되는 모든 사람들이 예수 안에서 함께 아들이 되도록 감동시키는 능력! 그것이 신의 성품인 덕이다.

믿음과 덕은 하나님의 성품이다. 그의 영원과 영적 세계를 사람이 이해하도록 풀어주는 하나님의 감성이다. 그러므로 덕은 믿음으로 말미암아 마시게 되는 하나님의 영적 성품의 강물이다. 우리는 하나님의 성품인 덕을 행하고 누리며 살도록 선택되었고, 그렇게 설계된 존재다. 하나님이 아들을 위한 설계요, 계획이요, 마땅히 이루어져야 할 사명이다. 이보다 더 큰 은혜가 세상에 어디 있겠는가.

덕에 지식을

지식은 '기노스코'에서 유래된 것으로 '그노시스'다. "알다, 알게 되다"라는 뜻을 가졌다. 이 지식은 하나님의 속성으로의 지식, 하나님을 알아가는 지식을 의미한다. 하나님의 의를 기준으로 모든 옳고 그름을 분별하는 지식이다.

> 깊도다 하나님의 지혜와 지식의 풍성함이여, 그의 판단은 헤아리지 못할 것이며 그의 길은 찾지 못할 것이로다 롬 11:33

사람의 죄성은 자기 상감을 중심으로 세상을 풀어가는 능력을 발휘한다. 이는 날이 갈수록 더 커져가는 능력이다. 죄인은 하나님을 잊고 싶어 하고, 하나님은 없다는 공식으로 살아가고 싶어 한다. 그러면 덜 불편하다는 지식에 사로잡혀 있기 때문이다. 그래서 점점 더 하나님 없이 살기를 원하고, 하나님 없는 세상을 꿈꾸며, 하나님 없이도 잘 살 수 있다는 것을 증명하는 모든 수고에 환호와 갈채를 보낸다. 그러나 지식, 그노시스는 성경이 말씀하는 지식이다.

영생은 곧 유일하신 참 하나님과 그가 보내신 자 예수 그리스도를 아

는(그노시스) 것이니이다 요 17:3

항상 우리를 그리스도 안에서 이기게 하시고 우리로 말미암아 각처에서
그리스도를 아는(그노시스) 냄새를 나타내시는 하나님께 감사하노라

고후 2:14

성경이 알려주는 지식, 그노시스는 세상을 알아가는 지식에 대한
것이 아니라 먼저 하나님을 경외함으로 얻어지는 부속물이다.

여호와를 경외하는 것이 지식의 근본이거늘 미련한 자는 지혜와 훈계
를 멸시하느니라 잠 1:7

지식에 해당하는 히브리어는 '다아트'다. 단순한 정보적 지식이
아닌, 경험으로 깨닫고 다져진 지식을 의미한다. 분별하다, 이해하
다는 뜻으로 어떤 대상에 대한 선악의 분별력(왕상 3:9)뿐 아니라 예
리한 통찰력으로 그 본질을 정확히 파악할 수 있는 이해력을 의미한
다(신 4:6). 또 "내 백성이 지식이 없으므로 망하는도다"(호 4:6)에서
사용된 단어이기도 하다. 이미 알고 있으면서 버렸다는 뜻으로, 이
스라엘의 악하고 고의적인 동기를 지적한 것이다. "하나님의 율법을
잊었으니 나도 네 자녀들을 잊어버리리라"(호 4:6). 이 메시지가 전해
주는 것처럼 하나님의 무서운 경고와 결과를 전하고 있다. 하나님
을 경외하는 지식을 거부하는 것은 자기의 인생은 물론 대대로 망하

는 지름길임을 알려주신다.

이 구절들에서 사용된 그노시스의 중요성은 분별력과 이해력을 사용하여 사람의 죄를 가려내고, 정죄하여 결과를 당하게 하는 것이 아니다. 하나님의 다아트는 사람으로 하나님의 아들-사랑을 깨닫게 하기 위함이다. 정죄하고 죄값을 치르게 하는 데 목적이 있는 것이 아니라 어떻게 해야 진정한 하나님의 아들로 제대로 살게 하느냐에 목적이 있다.

점도 없고 흠도 없는 예수 안에서 아들이 되게 하려는 것이다. 하나님을 경외하는 부모의 마음 또한 그렇다. 자녀가 잘못했을 때 야단치는 것이 목적이 아니라 잘못을 깨닫고 잘 살기를 원하는 것이다. 어떤 핑계를 찾아서라도 자식을 용서할 수 있기를 바라는 마음 말이다. 자식이 소중한 부모의 마음, 그 지식을 알기 원하시는 것이다.

또한 모든 것을 해로 여김은 내 주 그리스도 예수를 아는 지식(그노시스)이 가장 고상하기 때문이라 내가 그를 위하여 모든 것을 잃어버리고 배설물로 여김은 그리스도를 얻고 그 안에서 발견되려 함이니 빌 3:8-9

이것이 바울의 고백이다. 그러므로 신성한 성품에 참여하는 자로서 우리 믿음을 완성시키기 위해서는 덕-아레테, 하나님과 그의 아들 예수 그리스도를 아는 지식-그노시스, 영생과 하나님과 그의 아들을 아는 지식-다아트, 이것은 하나님이 허락하셔야만 얻을 수 있는 영적 분별력이요, 이해력이다. 세상 어떤 지식으로도 얻을 수 없는 언어의 샘이며 영원한 강물이다.

지식에 절제를

절제(temperance)를 표현하는 히브리어는 '마차르'다. "자기의 마음을 제어하지(마차르) 아니하는 자는 성읍이 무너지고 성벽이 없는 것과 같으니라"(잠 25:28)라고 해서 구약에서 단 한 번 나오는 단어다. 믿음 안에서 덕과 지식을 얻게 되면 모든 것을 다 가진 것처럼 느껴져 순간 교만해지고 거만해질 수 있다. 그러므로 절제는 아름다운 덕을 드러내기 위한 필수 조건이다. 어떤 것도 사람으로부터 오지 않았기 때문에 자기 자랑거리는 전혀 없다. 처음부터 신의 성품이고, 그 성품에 참여한 자일 뿐이기 때문에 절제는 덕과 지식이 일할 수 있는 필요 조건이 된다.

절제는 헬라어로 '엔크라테이아'다. 절제란 '~의 능력 아래'라는 뜻으로 사용된다. 자기 능력 아래라면(in Self-control) 이 세상에서 자기 증명과 강화와 유익과 보호를 위해 필요한 자기 방어 기제(self-defense mechanism)가 될 것이고, 성령의 능력 아래(in Spirit-control)로 해석되면, 믿음으로 시작한 덕과 지식이 성령의 열매를 맺기 위해 필요한 절제력이 될 것이다. 절제는 모든 관계에서 엄청난 능력이요, 영향력으로 작동한다.

절제는 자기를 드러내지 않고 겸손하게 관계를 풀어갈 수 있는 능력이다. 성령은 진정한 절제의 영이시다. 아무한테나 아무렇게나 드러내시지 않는다. 매우 신중하고, 매우 조심스러우시다. 예수님은 자기를 환영하지 않는 자기 백성에게 오셨지만, 성령님은 민감하셔서 자기를 환영하지 않는 어떤 자에게, 어떤 곳에서도 자기를 드러내기를 원치 않으신다. 악은 무섭게 휩쓸어버리시지만, 사람에게는 한량없이 부드럽고 따뜻하신 분이다. 찬양을 좋아하시고, 감사를 좋아하시고, 경배를 좋아하시고, 하나님의 값이 온전해지는 것을 무척 즐기신다. 풍성하시고, 자유로우시며, 한계가 없으시고, 은혜가 풍성하신 분이다. 잔잔하고 부드럽고 넓고 풍요로운 유브라데 강처럼 말이다.

교회인 우리는 유브라데 강의 혜택을 받아 누리는 자들이다. 서로 사랑하고 상부상조하는 가운데 부와 부귀를 누린다. 그래서 절제해야 한다. 우리의 잘남을 드러내기 위한 도구가 아니라 신의 성품이기 때문에 우리가 믿는 분이 드러나야 한다. 조금이라도 우리의 것인 양 자랑거리가 된다면 하나님을 슬프게 하는 일이 될 것이다. 아들 됨을 잊었기 때문이다. 절제의 영이신 성령이 우리를 도우시기를 간절히 기도한다.

절제에 인내를

인내를 가리키는 헬라어는 '후포모네'다. 참고 견딘다는 뜻도 되지만, 꾸준함, 항상성, 지구력, 일관성을 의미하는 단어다. 항상성은 분명한 의도와 목적이 있어야 가능한 덕목이다. 그 목적을 위해 지속적인 실천이 있어야 한다는 것을 뜻한다. 의도한 목적을 위해 자리를 지키고 기본적인 훈련을 끊임없이 받는 선수를 의미하기도 한다. 눈이 오나 비가 오나 자기 자리를 지키는 군인처럼 말이다. 변함없는 지속성! 그것이 후포모네다.

믿음으로 시작한 덕에 지식을, 그리고 지식에 절제를 붙여주고, 절제에 인내를 붙였다. 놀랍지 않은가! 가진 것이 많아 절제도 힘겨운데, 거기에 인내라니 정말 해도 해도 너무 한다는 느낌이 들 것이다. 그러나 그렇지 않다. 골탕 먹이려는 뜻이 아니라 연습하고 훈련하여, 결국 견고한 자기 성품이 되기를 바라는 하나님 아버지의 마음이다. 유브라데가 넓고 풍부한 강이지만, 그 강물을 한꺼번에 다 마실 수는 없다. 그러니 꾸준히, 성실하게, 일관성 있게 훈련을 받으라는 뜻이다.

고난이 닥쳤을 때 우리는 신의 성품에 참여한 자로서 하나님의 감성을 능력으로 풀어낼 수 있어야 한다. 힘들수록 하나님을 닮은 아들임을 명심해야 한다. 그리고 하나님의 감성을 풀어내야 한다. 원망하고 불평해도 사건은 잘 풀리지 않는다. 그것을 기억해야 한다. 소리치고 화를 낸다고 풀어지는 것이 아니다. 그러니 감성을 작동시켜라. 하나님의 성품을 사용하는 아들이 있다면 하나님이 가만히 계시겠는가. 하나님이 보기에 좋고, 듣기에 기쁜 그런 언어들을 사용하라. 하나님의 성품에 참여할 뿐 아니라 하나님의 언어까지 사용한다면 일은 이미 잘 풀렸다고 봐도 좋다.

인내는 끝까지 지속하는 것이다. 우리의 끝은 이 세상이 아니다. 예수와 결혼하는 날이다. 그날까지 필요한 것이 끝까지 인내하는 것이다. 포기하지 말고 끝내지 마라. 끝까지 하자. 끝까지 인내하자. 끝까지 사랑하자. 신의 성품에 참여한 자가 되었으니 값과 격과 질을 절대 낮추지 말자. 우리가 하나님의 성품에 참여하였으니 하나님이 끝까지 책임지신다. 유브라데 강에서 마음껏 생수를 마시자.

인내에 경건을

경건은 헬라어로 '유세베이아'다. 좋은 두려움, 바람직한 두려움이라는 뜻이다. 두려워해야 할 존재를 두려워할 줄 아는 능력이라고 해석하면 좋겠다. 경건은 무서워한다는 뜻이 아니다. 존재의 차이를 깨닫고, 당연하고도 마땅한 예의와 지극히 선한 존경심을 갖는 것을 의미한다. 경건은 경건의 대상을 항상 생각하게 하고, 바라보게 하고, 바라게 하고, 닮아가고 싶게 한다. 그 대상을 모방하게 하고, 배우게 하고, 깨닫게 한다. 경건의 연습은 자기의 한계를 기꺼이 그리고 기쁘게 뛰어넘어 그 대상에게 최대한 가까이 다가가는 것이다. 친밀하게 말이다. 닮고 싶은 마음에 모든 것을 기억하고 기록하고 기념한다. 그래서 경건의 끝은 결국 자기 값을 발견하는 것이다.

사람이 하나님의 아들이 된다는 사실은 불가능한 일이다. 그리스

신화에 나오는 헤라클레스를 보라. 그는 신과 사람 사이에 태어난 반신반인(半神半人)이다. 인간의 몸으로 신들 중에서 자기 값을 증명해야 하는 사명으로 산다. 자기도 신이고, 신의 아들이라고 인정받기 원해서 그렇다. 결국 헤라클레스는 최선을 다해 신다운 자기 값을 증명해낸다. 반신이기도 하니까 가능했다고 생각한다.

그러면 우리는 어떤가. 흙으로 지어진 사람은 그야말로 하나님의 생각 속에서만 아들이 아니던가. 현실은 멀고 멀다. 육체로 살고 있으니 죽을 수밖에 없는 한계가 분명히 있는데 어떻게 영생하시는 하나님과 같은 종류의 존재임을 증명해낼 수 있겠는가. 그 자체가 불가능하다. 결국 하나님의 아들 됨을 증명하는 사명이 사람에게 달려 있다면 그것은 불가능한 사건이며 어불성설이다. 그러나 사람이 하나님의 아들임을 증명하는 모든 수고가 다 하나님께 달려 있다면 이야기는 달라진다. 사람은 자기를 증명해봤자 사람에 불과하다. 그런데 하나님이 나서서 다 수고하시고, 다 이루셨다. 모든 것이 다 하나님의 몫이다. 사람은 죄지은 것밖에 한 것이 없는데, 하나님이 스스로 당신의 아들 됨을 증명해주셨다. 사람의 아버지가 되신 신에 대해서 들어본 적이 있는가?

경건-유세베이아, 이 단어는 하나님 아버지의 능력 아래 있는 아들에게 아버지를 닮기 위해서가 아니라 닮을 것을 알도록 연습하라는 뜻이다. 얼마나 하나님을 쏙 닮았는지 경험하라고 열어놓으신 기회의 장이다. 닮아서 태어나지 않는 한 연습해서 닮을 수는 없다. 지어진 존재는 지은 자를 닮는 것이 아니다. 닮아서 태어났기 때문에 신의 성품에 참여하는 새사람이 되어 있다는 사실을 반드시 알아야 한다. 닮았다는 사실은 성장하면 할수록 더욱 드러나 알게 되기 때문이다.

사람이 하나님의 성품을 연습하는데, 얼마나 이질감을 느끼며, 그 차이로 말미암은 좌절감을 느끼는지 모른다. 그 차이가 크기 때문이다. 경건은 믿음으로 시작하여 덕과 지식과 절제와 인내를 차근차근히 연습했을 때, 비로소 시작할 수 있는 연습이다.

경건에 형제 우애를

경건은 도 닦는 행위가 아니다. 매사에 유익이 되는 경건의 연습은 자칫 홀로서기를 뜻한다고 믿고, 조용한 곳을 찾아가 홀로 거하며 경건함을 연습한다. 그러나 신의 성품을 연습하는 것이 관계에서 벗어나 홀로 거하는 생활이라면 그것은 뭔가 굉장히 잘못 생각하는 것이다. 경건의 연습이 죄짓지 않는 것인가? 경건한 사람은 죄를 짓지 않는가? 아니다. 경건의 연습은 반드시 공동체적이어야 한다. 회개하고, 용서하고, 화해하고, 화목하고, 하나 되고, 가족 하고, 가족 하는 능력을 연습하는 것이 경건이다.

홀로 거하며 어떤 유혹도, 불편함도, 복잡함도 겪지 않는다면 경건이 어떤 근육을 얻겠는가? 경건에 반드시 형제 우애를 접목시켜야 한다. 경건은 반드시 생활 가운데서 연습해야 한다. 가족을 먹여 살리기 위해 삶과 씨름하며 온갖 더러운 일과 추잡한 일 앞에서 붙이

익도 감수하면서도 신의 성품을 연습하기 위해 경건의 연습을 하며 경건의 근육을 키우는 고된 훈련을 마다하지 않는 것이다. 욕하고 때리고 매일 행패 부리는 남편과 그럼에도 불구하고 가족 하는 능력을 발휘하여 살아가는 것이 신의 성품에 참여하는 자의 경건의 연습이요, 형제 우애를 더하는 일이라고 믿어 의심치 않는다. 나눠 쓰기에 턱없이 부족한 상황에서 콩 한 쪽도 나누며 살아가는 것이 경건의 힘이요, 형제 우애를 더하는 행위이며, 이웃을 내 몸과 같이 사랑하는 것이 경건에 형제 우애를 더하는 것이 아니고 무엇이겠는가.

형제 우애는 'brotherhood', 헬라어로는 '필라델피아'다. 관계하는 것, 관계하며 사는 것, 관계 가운데 거하는 것, 관계를 유지하는 것뿐만 아니라 관계를 성장시키기 위해 값을 치르는 행위가 필라델피아다. 경건은 곧 공동체성이라서 가족 하는 능력, 곧 형제 우애를 필히 더해야만 한다. 믿음에 덕, 지식, 절제, 인내, 경건에 형제 우애를 더하는 것이 신의 성품을 완성해가는 것이며 신의 성품 중 클라이맥스가 형제 우애라니 아무리 봐도 이런 신은 정말 이 세상에 없다.

교회에서 복음의 진리를 깨닫는 것만큼이나 형제 우애가 중요하다. 진리를 고수하겠다고 형제를 멀리하고 피하는 일이 얼마나 많은가. 이해타산의 문제, 관계의 문제, 이것이 다 개인 모국어와 상감이 손을 잡고 희생과 수고가 기본적인 신의 성품인 형제 우애를 망가뜨리는 것이다. 이 형제 우애를 위해 믿음, 덕, 지식, 절제, 인내, 경건이 필요했다는 사실이 참으로 가슴 뛰는 놀라움이다.

형제 우애에 사랑을 더하라

그렇다! 결국 사랑이다. 하나님의 감성인 사랑, 그것이 곧 신의 성품이다. 하나님의 영성은 사람의 존재의 값을 알려준다. 그 값이 어떤 모양으로 생활 속에서 풀어지느냐는 곧 감성이요, 그 능력이다. 신의 성품에 참여한다는 말은 신의 감성에 참여한다는 뜻이다. 그럴 수밖에 없다. 땅의 사람이 영원성(영성)을 닮을 수 없기에 영원성의 대표 감성인 사랑으로 신의 성품을 소개하고 있다. 이보다 더 완벽한 배려는 없다.

신의 성품은 곧 감성이다. 하나님 닮은 것을 용기 내어 연습하기만 하면 생활 속에서 선한 능력으로 풀어질 수 있다. 사랑은 가족 하는 하나님의 능력이다. 사랑이라는 시스템으로 영원부터 세팅된 일이 아니라면 사람이 하나님의 아들이 되는 것과 영원하고 무조건적인 사랑을 경험하는 것은 불가능하다. 그래서 우리가 하나님의 성품인 가족성을 소유하고, 가족 하는 능력으로 살아가도록 아예 설계해놓으신 것이다.

생존이 힘들어 가장 중요한 것들을 포기하고 사는 청년들이 늘어난다는 소식들이 귓전을 때릴 때마다 가슴이 아린다. 사랑하기를 포기하다니, 가족 하기를 포기하다니, 가족 하는 능력이 가장 크고 아름다운 능력인데, 돈 때문에 생존보다도 못한 것을 선택한다는 것이다. 사랑하지 않고 사는 삶 말이다. 이 세상에서 생존이 아무리 힘들어도 가족을 만들고, 가족 하는 능력을 발휘하며 사는 것이 가장 아름답고 선한 능력인데, 그것을 포기한다면 사탄이 제대로 정곡을 찌른 것이다.

모든 것의 기준은 사랑이다. 영원 세계를 알 수 있는 가장 좋은 예화도 사랑이다. 사랑은 하나님이 드러내신 영원한 감성이다. 아버지의 세상을 알려줄 수 있는 것이 이것밖에 없다.

12

하나님의 감성의 희로애락

하나님의 대표 감성은 사랑이다. 거기로부터 모든 것이 파생된다. 사랑은 희로애락으로 표현하기에 심히 위대하다. 하지만 하나님의 입장에서 사랑은 감성의 알파벳에 해당하기 때문에 용기를 내서 설명을 시도해보려고 한다.

우선 감성을 어떻게 설명할 수 있을지 고민을 많이 했다. 감성은 하나님의 영성(가치)을 사람이 이 세상에서 생활화할 수 있도록 풀어내는 것이다. 감성은 성품으로 드러나며 연습만 하면 생활 능력으로 나타난다. 하나님은 자기를 사랑이라고 표현하셨다. 사랑이라는 한 단어로 자기를 표현한 신은 없다. 사랑은 하나님의 대표 감성이고, 그 사랑은 아들-사랑이다.

희로애락, 감성의 기본 틀

희 : 기쁨

희(喜, Joy), 기쁨은 하나님의 아들-사랑이라는 가치에서 나오는 사랑의 기본 감성이다. 기억하듯이 신의 성품의 대미가 사랑이다. 하나님이 아버지 되시고, 사람이 하나님의 아들이 되는 것이 가장 중요한 하나님의 영적 가치임을 깨닫고, 그 가치가 사람 안에서 실현되었을 때 드러나는 하나님의 첫 번째 감성이 기쁨이다. 하나님의 동산이 왜 에덴(기쁨)인지 그 원인과 이유가 여기 있다.

예수를 구세주로 영접하면 기쁨의 영이 부어진다. 그래서 교회는 기본적으로 기쁨의 영으로 기름부음을 받는다. 기름부음이란 영원에 속했다는 뜻이다. 그래서 기름을 붓는 행위가 상징적인 언어가 되는 것이다. 교회는 기쁨의 기름부음이 있다. 교회는 영원하신 하나님의 것이며, 교회는 영원 세계의 것이라는 선포다. 하나님의 소유권을 선포하신 것이다. 하나님의 아들로 거룩하게 구별되었다는 말은 곧 기쁘다는 말로 연결이 된다. 아들 됨은 곧 기쁨이며 아들의 기본 감성이다.

한국의 유교 문화의 영향력은 매우 크다. 신중하고 심각하고 점잖아야 믿을 만한 아들이라는 감정 코드가 작동하기 때문에 장손, 장남은 대부분 웃지 않고, 말이 없고, 가만히 있는 사람들이다. 교회 역시 조용하고, 신중하고, 심각해야 거룩한 줄 아는 감정 코드가 작동하는 것이다. 그것은 거룩을 감정화한 상태다. 하지만 그것은 교회에 부어지는 기쁨의 기름부음과 아무 상관이 없다. 기쁘면 경망스럽다고 생각하는 것은 상감 문화의 편협한 정의다. 잃었던 아들을 찾았고, 그 아들이 아버지를 만나는 예배는 축제의 현장이다. 예배는 아버지와 아들의 만남이다. 집안의 잔치요, 신나는 축제다. 다른 어떠한 감성도 아버지가 아들을 만나는 기쁨을 대신할 수 없다. 기쁨이야말로 거룩하고 건강한 사랑 안에서 아들이 가장 먼저 회복해야 할 아버지의 감성이다. 기뻐하고, 기쁨을 누리고, 기쁨을 전염하는 아들이 되어야 한다.

노 : 화

노(怒, Anger)는 하나님의 아들-사랑의 영적 가치, 즉 하나님이 아버지가 되시고, 사람이 하나님의 아들 되는 영적 가치를 깨닫고, 이를 실현하는 과정을 방해하는 것에 대한 하나님의 마음을 표현하는 감성 능력이다.

> 그의 아들에게 입 맞추라 그렇지 아니하면 진노하심으로 너희가 길에서 망하리니 그의 진노가 급하심이라 여호와께 피하는 모든 사람은 다 복이 있도다 시 2:12

하나님은 자기를 거스른다고 해서 화내지 않는다. 그런 화는 얼마든지 조절이 가능하다. 왜냐하면 하나님과 사람의 차이는 개미와 사람의 차이보다 더 크고 엄청나기 때문이다. 사람이 개미한테 화내는 것이 얼마나 이상한 일인가. 하나님은 함부로 화내지 않는다. 그러나 하나님이 아버지가 되시고, 예수 안에서 사람이 아들 되는 바라 프로젝트를 방해하는 것에 대해서 하나님은 분노하신다. 하나님은 거짓의 아비인 사탄의 방해와 거기에 동의하는 모든 것에 대해서 분노하신다. 그럴 때 화는 거룩하고 건강한 사랑 안에 있는 아들-사랑의 능력이다. 이 화가 없으면 아버지가 무엇을 싫어하시는지 세상은 알 수 없다.

애 : 슬픔

슬픔, 애(哀, Sadness)는 하나님의 아들-사랑의 영적 가치, 하나님이 아버지가 되시고, 사람이 하나님의 아들 됨을 깨닫고 실현되어야 한다는 것을 모르는 모든 사람과 모든 것에 대해 표현되는 하나님 아버지의 감성이요, 능력이다.

팔복 중에 왜 애통하는 자가 복이 있다고 했는가(마 5:4). 하나님의 아버지 되심과 사람이 하나님의 아들 됨을 모르는 것을 애통하는 하나님의 마음을 알려주시는 것이다. 우리는 하나님의 긍휼을 구하며 기도하고 간구해야 한다. 이에 대해 하나님의 위로가 있기 때문에 애통하는 것이 복이라고 말한 것이다. 그 위로는 하나님 아버지 자신을 위한 위로다. 하나님은 자신이 사람의 아버지인지 모르는 그들 때문에 지금도 애통해하신다.

거룩하고 건강한 사랑의 감성 표현인 슬픔은 하나님이 상처받아서 슬픈 것이 아니다. 슬픔은 하나님이 아버지가 되시고, 자기가 하나님의 아들인 것을 모른다는 것 때문이다. 전쟁, 살인, 불평등, 공의가 하수처럼 흐르지 않아 슬픈 것은 악이 판치기 때문이다. 사람에게서 하나님의 아들 됨이 나타나지 않아서 그렇다. 하나님이 부어주시는 땅의 복을 자기를 위해 축적하여 자기 능력을 증명하는 도구로 삼고, 자기 안위와 자기 확장을 위해 사용하여 자기 왕국을 건설하는 자들, 아들 아닌 자들 때문에 애통하는 것이다. 사람이 하나님의 아들 됨을 몰라 하나님은 이 순간에도 애통해하신다.

이 애통에 대해서 하나님도 위로가 필요하시다. 독생자까지 내어주며 사람을 아들 되게 하려고 애썼는데, 정작 사람이 그 사실을 모르고, 싫어하고, 부담스러워하고, 하나님이 만드신 세상에서 하나님의 것을 누리면서도, 하나님이 없다고 외치며 생존하는 사람들을 보며 얼마나 슬프실까. 하나님 아버지의 애통하는 마음에 위로가 필요하다.

락 : 즐거움

락(樂, Pleasure)은 하나님의 아들-사랑의 가치, 즉 하나님이 아버지가 되시고, 사람이 아들 되는 이 진리가 사람과 사람의 관계 안에서 깨달아지고, 실현될 때 드러나고 표현되는 하나님의 감성과 능력이다. 아들 되는 기쁨이 흘러넘쳐 관계 속에서 잔치가 열리는 것이다.

잔치에는 맛있는 먹거리가 있어야 한다. 맛있는 저녁 한 끼, 오순도순 함께 먹는 즐거움은 무엇과도 비길 수 없다. 도란도란 대화를

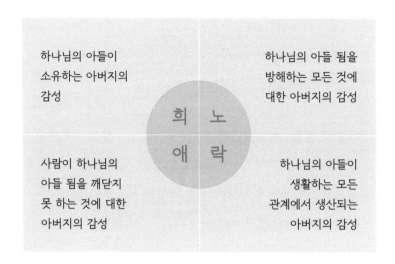

하나님의 아들이
소유하는 아버지의
감성

하나님의 아들 됨을
방해하는 모든 것에
대한 아버지의 감성

희 노
애 락

사람이 하나님의
아들 됨을 깨닫지
못 하는 것에 대한
아버지의 감성

하나님의 아들이
생활하는 모든
관계에서 생산되는
아버지의 감성

나누는 즐거움은 평생 기억되는 순간이다. 그래서 감사가 넘치고, 아낌없이 칭찬해주고, 선물을 나누고, 서로 격려하고 자랑해주는 즐거운 오늘이 되는 것, 그 날은 필히 계수되는 하루가 된다.

예배, 헌신, 수고, 희생, 섬김이 즐거움이 되고 보람이 되는 삶, 주고 또 주고 싶고, 사랑하고 더욱 사랑하는 즐거운 삶, 이웃을 자기 몸처럼 사랑하는 삶, 어둠의 그림자도 깃들 수 없는 빛 가운데 행하는 아들의 삶, 배우고 연습하고 훈련하고 단련하는 삶, 자기를 죽일 줄 아는 삶, 땅의 생활이 하늘로 이어지는 아들의 즐거운 삶, 그래서 막힘이 없고, 뚫어지고, 통과하고, 넘어서고, 정복하고, 다스리는 유쾌하고 통쾌하고 형통한 삶, 축제가 일어나는 삶이 즐거움이다.

'락'은 사람의 생명이 아들로 태어나는 것을 경험하는 삶의 감성이다. 생명이 살아나고 천대까지 이어지는 삶이 즐거운 삶이다. 세상 그 어떤 쾌락도 생명이 풍성해지는 즐거움을 이기지는 못한다.

아들의 감성, 희로애락의 능력

하나님의 아들-사랑, 즉 거룩하고 건강한 사랑이라는 가치로부터 희로애락이 분화되고, 발전하며, 파생된다는 사실은 우리가 관심을 집중해야 하는 매우 중요한 정보다.

친밀감, 만족감, 소속감, 신뢰감, 안정감, 자존감, 자신감, 책임감, 자유, 기쁨, 즐거움, 상쾌감, 유쾌감, 통쾌감, 흐뭇함, 신남, 환희, 평화감, 공의감, 불의감, 평등감, 불공평감, 안타까움, 속상함, 슬픔, 화, 분노, 진노, 울분 등 사람이 하나님의 아들로 살아가기 위해 필요한 기본 감성은 거룩하고 건강한 사랑에서 파생되며, 감성의 기본 틀이 이로부터 형성되고, 거기서부터 희로애락 시스템이 정착된다는 것이다.

그뿐만 아니라 사람이 하나님의 아들로 살아가기 위해 필요한 영적 감성인 선함, 아름다움, 거룩함, 존귀함, 영광스러움, 예배함, 찬양함, 은혜로움, 자비로움, 긍휼함, 하나 됨, 평화로움, 회개함, 용서함, 겸손함, 헌신함, 봉사함, 섬김, 희생감, 중인감, 사명감 등 세상 사람들의 감정으로는 절대 경험할 수 없는 거룩한 감성들로 발전한다. 그래서 거룩하고 건강한 사랑 안에서 희로애락을 풀어야만 비로소 거룩하고 건강한 감성이 무엇인지 감을 잡을 수 있는 것이다.

세상에서는 시기와 질투를 당연하면서도 필요한 성장 요인이라고 배운다. 성공하고 싶으면 지독하게 시기하고, 처절하게 질투하라고 가르친다. 그러나 시기와 질투를 무기 삼아 성공한다면, 누군가 똑같이 성공한 당신에 대해 시기와 질투로 공격할 것이다. 당신이 성공하더라도 여전히 누군가가 시기하고 질투하여, 당신을 끌어내리는 시스템에 속해 있다는 뜻이다. 그런 악순환의 시스템은 거룩하고 건강한 감성을 가동시킬 수 없다.

서로 화합하고 연합하여 함께 지어져 가는 가족 같은 사회를 건축하는 것이 가능할까? 자본주의, 사회주의, 공산주의라는 정치 옵션이나 다른 사람의 신념의 깃발 중 하나를 선택하여 살아야 할까? 갈등과 분쟁 속에서 미움과 증오로 개인과 가족이 망가지는 결과를 반복하며 살아야 할까? 시기, 질투, 불안, 초조, 불신, 수치감, 열등감, 죄책감 등 상한 감정이 주장하는 삶을 여전히 살아야 할까? 가난, 질병, 마약, 동성애, 이혼, 자연재해, 전쟁 등 어쩔 수 없이 악하고 큰 파도에 휩쓸려 살아야 할까?

관계 속에 이미 분열이 일어나고 있다는 신호들이 많다. 사랑하기를 포기하고, 생존하는 것만큼 어려운 것은 없다. 태어나면서부터 분열되고, 세월이 지나면서 원수가 되는 가족의 악순환을 막을 수가 없다. 가정은 피 터지는 투쟁의 현장이다. 가족이 가족 하지 않으면, 이 세상에 사랑은 사그라지고, 희망도 삭제된다.

상감으로 무기를 삼지 않고, 가족 하는 능력을 발휘하는 유일한 방법은 무엇보다 먼저 서로 사랑하는 것이다. 사랑하면 인정할 수 있고, 관용하며 융합한다. 사랑하면 당당한 자존감으로 인해 상대방을 귀히 여기고, 상대를 존중해도 자기가 낮아지지 않는다는 것을 알게 된다. 져줄 줄도 알고, 실패도 성장을 위한 또 다른 교훈으로 생각하고 쉽게 털고 일어선다. 상감을 인정하고, 분리하여 정돈하고 넘어가되, 구덩이에 빠지지 말고, 빨간불이 켜진 신호등 앞에 머물러 있어서는 안 된다. 더 많은 시간을 인격 성장과 성숙을 위해 투자해야 한다.

사람이 하나님의 아들로 살아가는 과정은 기적의 연속이다. 하늘이 열리고, 그 아들을 축복하지 않으면 안 되는 아버지의 마음이 다른 무엇보다 먼저이기 때문이다. 아들과 하나 되고자 하는 아버지의 마음을 아는 자마다 아버지의 집으로 지어져 간다. 그 아들은 가족 하는 능력을 발휘하며 아들-사랑에 근거한 희로애락을 생활 속에서 능력으로 풀어낸다. 그렇기 때문에 기적은 당연한 생활 언어가 된다. 예수가 그러셨듯이, 마치 하나님이 이 땅에서 사람으로 사는 것과 같이 된다는 뜻이다.

이제 우리는 아들의 생활 언어로 이 세상에 하나님을 나타내 보여야 한다. 우리의 가족 하는 능력은 이 세상이 하나님을 사모하게 할 것이다.

사랑에 사무쳐 살면
모든 상감을 이길 수 있다

오랫동안 이 책을 쓰기 위해 고심했다. 가정생활을 연구하고 30여 년간 수많은 강의를 하면서, 왜 우리의 가족 하는 능력이 점점 쇠퇴해 가는지 궁금했다. 나부터도 작은 일에 삐치고, 화내고, 속상해하고, 일일이 말할 수 없어 밥을 못 먹고 잠을 못 자고, 끙끙 앓고, 해결되지 않는 스트레스로 괴로워하다가 자가 면역력이 낮아져 류마티스 관절염에 걸려 병질을 하고, 억울함을 못 견뎌 성질만 더 더러워져 말 그대로 악질이 되어가는 나의 모습이 너무 이상했다.

분명 예수를 믿는데, 성령을 체험했는데, 말씀을 붙들고 있는데, 왜 나의 본질은 날이 가면서 더 고약하게 드러나는지 의문이 들었다. 류마티스 관절염을 앓으며 면도날로 뼈를 깎고, 송곳으로 찔러대는 아픔과 괴로움 속에 중요한 교훈을 한가지씩 깨달아 갔다.

옛 상처가 날 바닥으로 곤두박질치는구나.
억울함이 치솟는구나.
작은 일도 큰 사건으로 둔갑하는구나.

남편이 원망스럽고 가족이 다 싫어지는구나.
교회도 성도들도 다 밉구나.
내가 아프니 제값이 없어지는구나.

나는 내가 열심히 성실하게 살면 모든 것이 다 잘 될 줄 알았고,
하나님도 그런 나를 알아주실 줄 알았다. 그런데 하나님도 무심하
시지, 나쁜 짓 안 하고 정직하게 살려고 애쓴 나에게 왜 이런 고약한
병을 주셨을까? 의사도 내가 성질이 더러워서 병에 걸렸다고 하고,
사람들은 정말 내가 뭘 잘못해서 그런 줄로 알 거라고 생각하니 너
무 억울했다.

하나님, 당신도 밉고, 싫습니다!

나는 바닥을 쳤고, 일어설 힘이 없었다. 그러면서 내 속에서 작동
하는 상한 감정이 매번 도를 넘자 하나님 앞에서, 그리고 사랑하는
가족과 교회 앞에서 절대 해서는 안 되는 생각까지 두려움 없이 하
고 있다는 것을 알게 되었다. 자살까지 생각하게 되고 만 것이다.
나는 상감의 민낯을 알게 되었다. 얼마나 무서운지, 그 악함과
상함을 뼈저리게 느꼈다. 그리고 그대로 알고만 넘길 수 없었다. 이

것을 어떻게 알릴 수 있을까? 류마티스 관절염으로 손가락 끝이 아파 타이핑도 잘 할 수 없었다. 하지만 수많은 밤을 아픔으로 지새우며 생각나는 뭔가를 긁적이기 시작했고, 이 책은 그런 상황에서부터 시작된 것이다.

이 책을 마치면서 나는 하나님의 성품에 참여하게 된 이 영광을 어떻게 표현할 수 있을지 지금도 고심한다. 그 기쁨과 은혜는 글로 적기에 부족하다. 아직도 감성이 능력으로 풀어지는 사실을 더 현명하게 표현하지 못하고 있다. 하지만 사랑이라는 그 거룩한 언어에 예수님만큼 사무쳐볼 수 있으면 좋겠다. 사랑에 사무쳐 살면 모든 상감을 이길 수 있다는 사실을 알았기 때문이다.

영원에서부터 시작된 사랑, 정말 하나님은 기막힌 사랑의 화신이다. 그분이 우리 하나님이요, 우리 아버지이시다. 그것만으로도 치유가 된다. 그 사랑이 오늘도 우리 모두를 구하고, 우리를 가족의 길로 인도하신다. 하나님 아버지의 아들이 되었다는 사실 하나만으로도 이 세상 모든 고통과 고생과 고난이 견딜 만한 것이 되었다. 이후 세상은 분명히 하나님의 가족 세상이기 때문이다.

사랑한다! 그리고 사랑하자! 이 길만이 우리가 살길이다. 가족하는 능력으로 모두를 축복한다!

상한 감정 버리기

초판 1쇄 발행	2025년 1월 21일
초판 2쇄 발행	2025년 1월 27일

지은이 　　　 도은미

펴낸이 　　　 여진구
책임편집 　　 안수경 김도연
편집 　　　　 이영주 박소영 최현수 구주은 김아진 정아혜
책임디자인 　 노지현 정은혜 | 마영애 조은혜
홍보·외서 　 진효지
마케팅 　　　 김상순 강성민　　　　　　　　　마케팅지원　최영배 정나영
제작 　　　　 조영석 허병용　　　　　　　　　경영지원　　김혜경 김경희

303비전성경암송학교 유니게 과정
이슬비전도학교 / 303비전성경암송학교 / 303비전꿈나무장학회

펴낸곳 　　　 규장

주소　06770 서울시 서초구 매헌로 16길 20(양재2동) 규장선교센터
전화　02)578-0003　팩스　02)578-7332
이메일　kyujang0691@gmail.com
페이스북　facebook.com/kyujangbook　　　　홈페이지　www.kyujang.com
카카오스토리　story.kakao.com/kyujangbook　　인스타그램　instagram.com/kyujang_com
등록일　1978.8.14. 제1-22

책값　뒤표지에 있습니다.
ISBN 979-11-6504-591-3 03230

규 | 장 | 수 | 칙

1. 기도로 기획하고 기도로 제작한다.
2. 오직 그리스도의 성품을 사모하는 독자가 원하고 필요로 하는 책만을 출판한다.
3. 한 활자 한 문장에 온 정성을 쏟는다.
4. 성실과 정확을 생명으로 삼고 일한다.
5. 긍정적이며 적극적인 신앙과 신행일치에의 안내자의 사명을 다한다.
6. 충고와 조언을 항상 감사로 경청한다.
7. 지상목표는 문서선교에 있다.